中国道路十讲

胡鞍钢 主编

党建读物出版社

出版说明

中国特色社会主义道路来之不易，弥足珍贵。厘清中国道路的历史渊源和现实基础，对于我们增强道路自觉和道路自信，具有重要意义。为此，我们策划推出了这本《中国道路十讲》。

本书在中央国家机关司局级干部选学课程“中国国情与中国道路”资料基础上整理而成，收录了胡鞍钢、武力、陈锡文、薛澜、王绍光、程文浩、杨伟民、韩毓海等八位知名专家的精彩讲课，是广大读者学习理解中国特色社会主义道路的有益参考。作为带有学术性质的读物，书中文章代表作者个人观点。

序

胡鞍钢

中国共产党是世界最大的学习型政党，中国政府是世界最大的学习型政府，因而中国就成为最大的学习型社会。[①] 这是中国发展奇迹的奥秘所在。诚如列宁所言："我们一定要给自己提出这样的任务：第一是学习，第二是学习，第三还是学习"。也如毛泽东所言："一万年都要学习嘛!"[②]

党政干部成长本质上是人力资本、知识资本不断积累的过程，如同学习曲线与时间函数所构成的知识面积不断扩大，学习越勤奋，学习时间越长久，其人力资本、知识资本存量就越大、质量越高。因此，就要有意识地上好两所大学：一是"社会大学"（指实际工作岗位的历练）；二是

① 2002年，党的十六大报告就明确提出："形成全民学习、终身学习的学习型社会。"江泽民：《全面建设小康社会，开创中国特色社会主义事业新局面——在中国共产党第十六次全国代表大会上的报告》，2002年11月8日。

② 毛泽东：《论十大关系》（1956年4月25日），《毛泽东文集》第七卷，人民出版社1999年版，第44页。

“学术大学”（指在学校的课堂学习）。

为了培养造就高素质干部队伍，推动学习型政党、学习型社会建设，党中央专门下发了《干部教育培训工作条例（试行）》（2006 年 3 月 29 日），规定县处级以上党政领导干部每 5 年应当参加累计 3 个月以上的培训。这就相当于 90 天、720 学时，平均每年 144 学时。如果累积起来，这类正规教育也如同上了一所学术大学。

那么，如何对党政干部进行正规教育和培训呢？除了充分发挥党校、行政学院、干部学院作用之外，也应充分利用普通高等院校优质资源。2010 年，中共中央组织部会同中央直属机关工委和中央国家机关工委，开展中央和国家机关司局级干部选学试点，在北京一地，除了中央党校、国家行政学院之外，还扩大到国防大学、北京大学、清华大学、中国人民大学和北京师范大学等院校承担培训任务。至 2012 年，干部选学工作已实现制度化、常态化。

从 2010 年至 2013 年，清华大学公共管理学院先后承担了 8 个专题班及 1 个讲座的培训任务，累计培训学员超过 500 人次，这是大学服务社会的重要体现。培训中央和国家机关司局级干部，对我们这些大学教授也是极大的挑战，更是一个学习的机会，通过授课、研讨、互动，我们也获益匪浅。

本书收录了 2013 年干部选学“中国国情与中国道路”专题班的授课内容与研讨。该课程于 4 月 8 日至 12 日进行，共计 5 天，40 学时。由我和薛澜教授共同主持。根据中央组织部要求，2013 年选学要以学习贯彻党的十八大精神为主题主线设计培训内容。为此，我作为培训责任教授，负责设计课程主题和内容，具体组织课堂研讨。我们选取了“中国国情与中国道路”主题，系统介绍中国国情，重点介绍中国特色社会主义总道路及具体道路。由于中国总道路是由多个具体的道路所构成，这就需要不断地阐述和分析研究不同的具体道路，这包括：中国特色经济发展道路、中国特色农业现代化道路、中国特色自主科技创新道路、中国特色民主政治发展道路、中国特色廉政道路、中国生态文明建设道路、中国特色文化发展与中华民族伟大复兴等七个方面的具体道路。对这些具体道路的认识有助于学员更好地理解总道路。反过头来，对总道路的认识也有助于理解这些具体的道路及相互的关联。全书共分为十讲，我作一简要介绍。

第一、二讲由我主讲，围绕培训课程主题“中国国情与中国道路”进行阐述，并对培训课程体系进行概要介绍。国情指的是对经济发展起决定性作用的、最基本的、最主要的发动因素和限制因素。回顾历史，领导人对于国情的了解影响着国家发展的进程。基于对于国情的客观把握和真实认识提出的中国道路才能促进国家的稳定、繁荣、富强。改革开放之后，借鉴前人的失败经验，在邓小平总设计师的指导下，中国既不走老路，也不走邪路，走上了一条崭新而正确的“人间正道”，从“一穷二白”的国家变成日益强大的社会主义现代化国家。中国人对于探索自己发展的道路、实现中国梦想，有了高度的自觉和自信。

第三、四讲由武力主讲，主题是中国经济发展道路。他总结了 20 世纪中国发展道路先后经历的三次转变：第一次是中国共产党取得全国政权，完成新民主主义革命；第二次转变在 50 年代，从新民主主义社会转变到社会主义社会；第三次转变是 1978 年以后，从单一公有制和计划经济转变到今天的中国特色社会主义道路。中国道路的选择既有全球的外部环境影响，也受到传统文化的重要影响。他专门从历史视角考察了政府和市场的关系及演变，从古代到现代经济发展过程中政府和市场之间的关系，特别是改革开放三十多年来政府与市场之间关系的演变。他同时也指出，市场经济发展还有两个方面的任务没有完成：一是中国的市场，还没有成熟到能够保证公平竞争和有效配置资源；二是中国的政府，其职能转变尚未到位。

第五讲由陈锡文主讲，主题是中国特色农业现代化道路。他指出，中国特色农业现代化的推进需要从中国特色社会主义现代化道路的大背景出发，结合对于整个世界农业发展的审视，结合好我国的人口资源环境条件、我国要坚持的理论道路和方向、我国悠久的历史文化传统三方面，这样才能真正走出一条中国特色农业现代化的道路。

第六讲由薛澜主讲，主题是中国特色科技创新道路。课程指出，中国的创新体系在过去三十年取得了巨大的进步。科技创新政策经历了从科技政策到创新政策到产业政策的演变过程。“中国科技创新之路”需要结合中国现在面临“三个核心”问题的背景，同时还需要从比较现实的角度去认识、探索和发展。

第七讲由王绍光主讲，主题为中国政治发展道路。课程指出，中西方在讨论政治问题的时候存在“政道思维”和“政体思维”的巨大差异。对于民主问题，西方人从“政体思维”出发，鼓吹多党选举的制度，但实质上无法达到真正的民主；而中国人从“政道思维”出发，坚持实事求是、走群众路线，实现民主之道。

第八讲由程文浩主讲，主题是中国特色的廉政道路。他对腐败用了三个关键词：一是国家巨患；二是社会毒瘤；三是人生大敌。他指出，随着社会的发展，腐败的定义从滥用公共权力扩展到滥用授予权力，再到滥用公共信任，进行不断的扩展。腐败是人类历史的顽疾，也是世界各国的通病，我国正处于容易引发腐败增长的发展阶段。因此需要从国家、组织和个人三大层面开展反腐工作和教育，走一条预防为主的中国特色廉政道路。

第九讲由杨伟民主讲，主题是中国生态文明建设道路。他详细介绍介绍了为什么党的十八大报告把中国特色社会主义总体布局从“四位一体”改为“五位一体”，把生态文明建设纳入其中。结合党的十八大报告关于推进生态文明建设和建设美丽中国的精神，介绍了生态文明的内涵与基本特征、国情背景、理念和原则，生态文明建设的总体要求和重点任务，并作相应分析。

第十讲由韩毓海主讲，主题是从文化视角看中华民族伟大复兴。他指出，在商品经济时代，信用是最根本的文化。经济的发展依赖于信用体系的建立和完善。中国财富的扩大为中国的货币信用制度的建立提供了基础，社会主义文化和有计划、按比例的中国特色经济调控，促进了经济的快速发展。我们需要建立起足够的文化自信，进一步促进经济发展、实现中华民族的伟大复兴。

本书收录的各位讲授者的讲稿内容，实际上都是他们长期研究的重要成果，更详细的内容反映在他们的著作与论文之中，本书可以视为一个导读。此外，本书还收录了部分课堂问答，一方面反映了学员提出了哪些问题，最关心什么样的问题；另一方面，授课者进一步深入分析和解答。这就为信息分享、知识分享与观点碰撞、思想碰撞提供了平台。

为了进一步扩大选学课程的影响力，使知识的正外部性、外溢性更加广泛，我们特意与党建读物出版社合作，对培训进行了全程录像录音，在此基础上整理了文字讲稿并编为本书，正式出版发行。

干部选学是干部培训机制的重大变革。我们希望通过自主选学高端教育、高质量教育，促进学习型政党、学习型政府、学习型社会建设，使更多的参训干部坚定理想信念、增强执政本领、提高科学发展能力，为造就一支集专业化、知识化、职业化为一体的高素质的高级公务员队伍作出应有的知识贡献。

最后，我要感谢各位授课老师对培训课程的大力支持，感谢清华大学公共管理学院院长薛澜教授的领导，他不仅是授课者，还是该项目的负责人。也要感谢国情研究院师生为编辑本书所付出的辛勤劳动，他们包括魏星、杨竺松、宋伟、沈若萌、郑云峰、唐啸、王洪川、黄瑜、刘韬、董丰彦、周顶等。我还要感谢清华大学公共管理学院培训中心为课程顺利进行所做的大量服务工作。最后我要感谢党建读物出版社，正是在他们的共同努力下，我们得以出版本书，奉献给广大读者。

二〇一四年十二月于清华园

目　录

主讲人简介

胡鞍钢

现任清华大学国情研究院院长，清华大学公共管理学院教授、博士生导师。党的十八大代表。1998年在中国科学院获工学博士学位，曾在美国耶鲁大学从事博士后研究，并在美国哈佛大学、牛津大学、日本早稻田大学和世界银行等大学及研究机构担任访问学者。近期著作有《中国道路与中国梦想》《2020中国：全面建成小康社会》《2030中国：迈向共同富裕》《中国：创新绿色发展》等。

“

柳宗元在《封建论》中说:“周之失，在于制；秦之失，在于政，不在制。”同样的道理，毛泽东的失败，不在于制，而在于政。可以说，“大跃进”也好，“文化大革命”也好，它们的失败不是社会主义制度的失败，而是领导人的决策失误；不是社会主义道路的失败，而是急于求成、脱离国情、超越国力的主观主义失误。

在一个十几亿人口的大国建设社会主义、实现现代化没有先例，更没有成功的经验可资借鉴，只能靠中国独立自主的实践、创造性的探索。中国特色社会主义建设，本质上是对中国现代化道路的探索，又是对西方现代化模式的超越。这是从西方发达国家现代化道路中不断取其精华、去其糟粕，从中国现代化历程中不断总结经验，在遭受各种困难、风险和危机中，不断试错、纠错的过程，又是不断寻（次）优、选（次）优的过程。中国之路走对了，就要坚定不移地走下去。”

第一讲　中国国情与中国道路（上）*

胡鞍钢

我们今天的主题是“中国国情与中国道路”。党的十八大报告以及习近平同志的系列重要讲话都谈到了道路的重要性。通过对历史的学习，通过与毛泽东、邓小平这样的伟人去“对话”、去“交流”，我们能够真正理解中国道路这个主题，特别是理解为何中国要坚定不移地走这条道路。所以我们今天会围绕着“道路”这样一个大命题做详细的讨论。

一、为什么要研究中国国情

我先做一个简要的梳理，让大家明白为什么要研究中国国情。对于这个问题的重要性，毛泽东早在1939年就讲道：“认清中国社会的性质，就

---

* 本文系胡鞍钢教授2013年4月8日在中央国家机关司局级干部选学“中国国情与中国道路”专题班授课讲稿，杨竺松、董丰彦协助整理。

是说，认清中国的国情，乃是认清一切革命问题的基本的根据”。① 科学地、正确地、比较完整地认识中国国情是制定正确发展战略的客观依据，也是确定适宜的发展目标、拟定有效的发展政策的根本依据。

1987 年，党的十三大报告指出：“在中国这样落后的东方大国中建设社会主义，是马克思主义发展史上的新课题。我们面对的情况，既不是马克思主义创始人设想的在资本主义高度发展的基础上建设社会主义，也不完全相同于其他社会主义国家。照搬书本不行，照搬外国也不行，必须从国情出发，把马克思主义基本原理同中国实际结合起来，在实践中开辟有中国特色的社会主义道路。在这个问题上，我们党作过有益探索，取得过重要成就，也经历过多次曲折，付出了巨大代价。”报告中并没有提及遇到过什么样的曲折，付出过什么样的代价，特别是没有从定量的角度来分析和讨论。我认为认识中国国情今天仍然是我们的一个重大课题。接下来，我们来讲怎样认识中国国情。

所谓国情，其实是指一国相对稳定的总体客观实际情况，它是指那些对经济发展起决定性作用的最基本的、最主要的发动因素和限制因素，它常常决定着一国长远发展的基本特点和大致轮廓。这个定义有助于我们相对定性地，更重要的是定量地去讨论和分析中国的国情，而不是一般意义地去论述中国国情。因为一个国家或者一个地区，要进行工业化、城镇化和现代化，就面临两类因素，一类是发动因素，一类是限制因素，而且这两类因素总是在发生着变化，甚至在一定条件下还会相互转化。为什么这样讲呢？我们可以通过人口这个问题很明显地得出这样的结论。1949 年我国有 5.4 亿人口，但实际上并不像毛泽东说的那样人多是好事，相反人多其实是包袱，因为在当时 80% 的人口是文盲或者半文盲，另外，从人口的平均预期寿命来看也相当低。但经过 60 年的转变过程，直至今日我国的人口已经达到 13.5 亿，并且

① 毛泽东：《中国革命与中国共产党》（1939 年 12 月），《毛泽东选集》第 2 卷，人民出版社 1991 年版，第 633 页。

现在的人力资本发生了巨大变化。据我们估算，1949 年 15 岁以上人口受教育年限大概是 1.0 年，而到现在已经超过 9 年了。其中，大专以上学历的人口当时只有 18.5 万人，现在已经突破了 1.2 亿人，可以说是世界第一。

同时，我们要更加关注发展过程中的动态变化，现代化的过程本身就是一个动态的变化过程，也是发动因素和限制因素此消彼长以及相互转化的过程，从而形成社会的合力。发动因素和限制因素既可以相互抵消或对冲，也可以同时增加或减少。

了解这些对我们认识国情有什么作用呢？这个答案事实上从马克思到毛泽东都提出过，那就是不仅要认识世界，更重要的是改造世界。因此我们研究中国国情主要有两大任务：一是认识中国国情，即深入认识和了解中国发动工业化、推动经济发展的发动因素与限制因素；二是科学发展中国，即促进发动因素或有利因素的成长，减少和改变限制因素或不利因素的作用。认识中国国情和科学发展中国，两者之间是一个主客观相互作用的过程。认识中国国情，可以说是中国共产党人的一个基本的首要的任务。假设领导人对中国国情的主观认识和客观实际之间存在差距，那么这一差距越小，就越可能成功，反之，失败的概率就越高。从这个意义上说，可以解释毛泽东的成功之处和失败之处。

二、毛泽东对中国国情的认识：人口多、底子薄、经济落后

我们首先看看毛泽东怎么认识中国国情的。毛泽东认识中国国情，也经历了很长的时期。实际上在新中国成立之前，毛泽东就有一个著名的“一九开”的说法，这是毛泽东 1949 年 3 月在党的七届二中全会上作的判断。所谓“一”指的是中国有了 10% 左右的现代工业经济，这是进步的，是和古代不同的。我们用今天的数据来分析也印证了这一观点，在当时整个国民生产总值中，10% 基本上是现代的，包括现代的工业、现代的交通

运输业。所谓“九”，毛泽东认为中国还有90%左右分散的个体农业经济和手工业经济，这是落后的，是和古代没有多大区别的，这表明我们还有90%左右的经济生活停留在古代。此后，毛泽东不断研究中国国情，特别是在他的代表作，就是我们称之为关于中国社会主义建设的代表作《论十大关系》中，对中国国情做了经典的概括——地大物博、人口众多、历史悠久。他还创意性地提出“一穷二白”这个概念，这个“穷”是指没有多少工业，农业也不发达，这个“白”就是指文化水平和科学技术水平都不高，像一张白纸，这是毛泽东当时对中国所处的发展阶段的基本的认识。

实际上，其他的社会主义国家，包括苏联也曾探讨过，到底社会主义是什么样的发展阶段？可以说马克思主义创始人认为未来的社会大体要经历从资本主义社会到共产主义社会的转变，因此提出了共产主义社会的第一个阶段、共产主义社会的高级阶段等基本的思路。

列宁在讨论俄国的时候就指出俄国实际上是一个落后的国家，它只能建成初级形式的社会主义，而不能立即建成发达的社会主义。从这个角度来看，俄国的国情在一定意义上影响了列宁对社会主义和共产主义的认识。但是随着斯大林发动的工业化、现代化的成功，也包括第二次世界大战对生产力的摧毁，苏联共产党特别是斯大林在苏共十九大通过的党章中进一步指出了苏联共产党人的主要任务是从社会主义逐渐过渡到共产主义，最后建成共产主义社会。① 当然他并没有解释在什么样的水平下可以最后建成，也没有提到需要多长时间建成。

到1959年，冷战之后，苏共二十一大宣布苏联进入全面展开共产主义建设时期，对此还有了量化指标，就是按照人口平均计算的产品生产方面赶上并超过最发达资本主义国家，当时主要指美国。1961年苏共二十

---

① 参见《苏联共产党章程汇编》，求实出版社1982年版，第155页。

标，更把赶超美国作为重要的内容和指标。它大体分为两个阶段，第一个阶段，就是从1961—1970年的十年间，要把苏联变成世界第一的工业强国，在工业生产的绝对量方面要超过美国。第二个阶段，是从1967—1980年的十年间，按人口平均计算的工业产品产量要超过美国。当然我们都知道，苏联共产党对苏联社会主义社会所处发展阶段的判断过于超前，其所提出的建设任务及追赶目标也始终未能实现。

目光回到中国，在"大跃进"失败之后，中国共产党人不得不去重新认识中国国情来进一步看待国家的发展阶段。毛泽东在1959—1960年关于苏联《政治经济学教科书》的读书笔记中提到社会主义这个阶段又可能分成两个阶段，一个是不发达的社会主义，一个是比较发达的社会主义，后一个阶段可能比前一个阶段需要更长的时间。这是毛泽东第一次从理论角度探讨社会主义初级阶段。

到了1962年，毛泽东在七千人大会上再次谈到中国国情，他用了几句话，一是人口多，二是底子薄，三是经济落后。但是很可惜毛泽东没有作专业性的分析，例如底子薄是什么概念？用经济学语言就是指人均基本存量低。但无论如何，毛泽东已经意识到要赶上和超过世界上最先进的资本主义国家，实际上指的是美国，他始终把美国视为最重要的追赶对象，这在我的很多著作中已经做了详细讨论。即使在"大跃进"失败之后的七千人大会上，毛泽东仍然保持着这样的梦想。对此，他提出没有一百多年的时间是不行的，他这个一百年时间是从1949年算起。

三、改革开放后党对中国国情的认识：社会主义初级阶段

改革开放以后，作为中国改革开放的领导者、推动者的邓小平和陈云等领导同志又怎样认识中国国情呢？小平同志在1977年9月的讲话中谈道，中国太穷，太落后了。1978年2月陈云同志讲道，美国人口少，耕地多，气候好；苏联土地比我们多；中国耕地少，人口多，是一个基本矛盾。1978年小

平同志进一步谈到中国的国情，他最早提出中国既是一个大国，又是一个小国。他的解释是：中国一是地方大，一是人口多，按生产和科学水平来说，中国只能算是一个小国。他对人口总量和人均量又有一个新的概念。1979年小平同志在进一步讨论中国现代化的时候，谈到了两个重要的特点，就是大家所熟知的底子薄和人口多、耕地少。他特别谈到了中国的一个基本国情，就是中国人口的80%都是农民。毛泽东当年讨论的是90%，到了改革开放之初变成了80%。在1987年8月，讨论到我们所说的社会主义初级阶段时，小平同志讲到社会主义本身是共产主义的初级阶段，而我们中国又处在社会主义的初级阶段，就是不发达的阶段。邓小平所说的不发达阶段和毛泽东所说的社会主义不发达阶段，基本上还是吻合的。他们的观点是什么？就是一切要从这个实际出发，根据这个实际来制定规划。

我们简要地从党代会的正式报告或者决议来分析一下，党中央是怎么来论述社会主义初级阶段的。

首先提出这个命题是在1981年党的十一届六中全会上："我们的社会主义制度还是处于初级的阶段"。

到了党的十三大，提法就专业化了，不仅考虑到人口多，底子薄，最重要的是用了很专业的语言，即"人均国民生产总值仍居世界后位"。1980年以后，世界银行发表报告，都会在最后的数据表中把不同国家的人均国民生产总值数据进行公布，其实中国领导人已经知道当时这一数字大约是200美元，大体在全世界排到一百多位。因此党的十三大这个判断，我们认为是更加具有知识含量和信息含量了。由此，提出了"初级阶段"，党的十四大报告又进一步阐述了这个命题和思想，而且强调了这是一个上百年的很长的历史阶段。

第二次专业化讨论"初级阶段"，是在党的十五大报告中，而且对中国国情的概括，比之前进一步发展了，党中央已经意识到地区发展的不平衡性。还有一句很重要的话，"逐步缩小同世界先进水平的差距"，要注意这个提法是"先进水平"，而不是世界最发达国家，两者是不完全一样的。报告中同时提到“在社会主义基础上实现中华民族伟大复兴”，这就再一次把伟大复兴与历史阶段进行了一个有机的结合。这段话告诉我们什么呢？中国是一个最典型的现代化的后来者，它的历史使命是追赶，这就决定了中国共产党的主要战略是“追赶战略”。

党的十六大报告进一步讨论了初级阶段命题，指出当时达到的小康水平是低水平、不完全、发展很不平衡的小康。这对社会主义初级阶段的认识实际上已经在发展阶段的角度有了一定进步，已经意识到解决了温饱问题，接下来要向着小康前进。在某种意义上，中国对自身发展阶段的定义和西方国家也不完全一样。

到了党的十七大报告，同样重申了社会主义初级阶段，提出了“两个没有变”。到了党的十八大，又进一步增加阐述了“三个没有变”，加上了“我国是世界最大发展中国家的国际地位没有变”这句话，另外提出了社会主义初级阶段是我国最大的国情，社会主义初级阶段本身又是最大的实际这样的认识。党的十八大还提出社会主义初级阶段是“全民奋起，艰苦创业，实现中华民族伟大复兴的阶段”。“伟大复兴”这个概念的提出，实际上和我们中国的工业化、城镇化、现代化，以及开拓中国道路是有关联的，也就是说没有中国的道路、没有中国的工业化，就谈不上我们所说的伟大复兴。

我们怎样从国情研究的角度看社会主义初级阶段基本国情呢？这就是我们一直提出的基本问题。对于这个问题，我们可以认为社会主义初级阶段是中国在现代化过程中不可逾越的发展阶段或者说历史时期，并且直到目前为止，我们也没有跨越这个阶段。因此中国在经济、社会、政治、文化发展等诸多方面都体现了初级阶段的显著特点。但是，同时我们也必须看到中国正在迅速地实现现代化，从发展阶段角度来看，已经不是一般意义的发展中国家，但也不是发达国家或中等发达国家。无论在全国范围内，还是在各地方范围内，欠发达和发达特征同时并存，但是欠发达范围在缩小，发达范围在扩大。所以，我们必须要历史地看、动态地看，还要全面地看。

四、中国的优势和劣势：大有大的好处，大有大的难处

接下来分析一下中国的优势和劣势。显然中国是一个世界性的人口大国，不但国土幅员辽阔，地区差异甚大，并且已成为世界经济科技军事的大国。因此大国的发展问题就不同于小国。

从人口的角度来论述。世界上人口超过 1 亿的国家只有 12 个，而中国的人口相当于 13 个亿级人口国家的人口总和了。世界范围内就业人口过亿的其实只有 4 个国家，其中第一是中国，现在接近 8 亿人；第二是印度，就业人口只有 4 亿多人，而总人口我们只比它多了 1 亿多；第三是美国，它的就业人口只有 1.5 亿人；第四是印度尼西亚，它的就业人口刚刚超过 1 亿人。从人口和劳动力的角度来看，中国作为人口大国，确实不同于小国。而大也就有了大的难处以及大的好处了。所谓好处就是毛泽东同志早在 1936 年讲到的“东方不亮西方亮，黑了南方有北方”。此外，我们还有社会主义集中力量办大事的优势。同样，大国也有大国的劣势，其中最重要的是中国是社会经济发展极不平衡的大国。如果从专业角度来看，中国是世界上主要发展指标地区差异最大的国家。

中国还是一个快速多重转型中的国家。一般来说，发展中国家在工业化和城镇化过程中会发生两个重要的转型，第一个是从农业为主向工业、服务业为主的转型，第二个是从农村人口为主的传统社会向城市人口为主的现代社会转型。而中国除了这两个转型，还在进行从中央集权的计划经济体制向社会主义市场经济体制转型，从封闭半封闭的社会向开放和全面开放的社会转型，从封闭落后的文化向开放先进的中华文化转型。这是我们的独特之处。

此外，近代中国环境的脆弱，生态系统功能的退化，使得生态损害严重。我们是世界少数几个资源大国之一，但同时又是人均资源占有水平较低的资源小国之一。

表1　世界六大国自然资源财富占世界的比重（2000 年，%）

排序	国家	地表或地下资源	木材	非木材性森林资源	自然保护区	可耕地	牧场	自然资本总和
1	美国	17.0	25.0	8.2	22.2	8.6	14.0	14.5
2	中国	5.5	8.8	4.5	1.6	19.6	5.5	9.8
3	俄罗斯	14.5	2.8	21.8	9.1	2.0	5.8	8.8
4	印度	1.7	4.0	1.8	5.9	15.1	5.8	6.8
5	巴西	2.5	6.8	15.0	3.3	3.8	6.7	4.0
6	加拿大	4.8	9.6	4.7	8.4	1.0	1.5	3.7
	合计	46.0	57.1	56.1	50.5	50.1	39.4	47.7

表2　世界六大国人均自然资本价值量比较（2000 年，2000 年美元）

国家	地表或地下资源	木材	非木材性森林资源	自然保护区	可耕地	牧场	自然资本总和
中国	511	106	29	27	1404	146	2223
巴西	1708	609	724	402	1998	1311	6752
印度	201	59	14	122	1340	192	1928
俄罗斯	11777	292	1228	1317	1262	1342	17217
英国	4739	44	14	495	583	1291	7167
美国	7106	1341	238	1651	2752	1665	14752
世界	1933	247	134	343	1477	547	4681
中国/世界（倍）	0.265	0.427	0.216	0.079	0.951	0.267	0.475

说明：地下资产是指在目前的价格水平和技术条件下，已被证实具有经济开采价值，存在地表或地下的矿藏；自然资本包括能源资源、矿产资源、木材资源、经济林资源、农田、牧场和自然保护区。

资料来源：World Bank，2006. *Where Is the Wealth of Nations*? Washington，World Bank。

五、中国走出了一条不同于西方的现代化道路

下面我们要涉及基本的问题，就是中国应该实现什么样的现代化？如何实现现代化？中国特殊的基本国情——社会主义初级阶段基本国情，决定了中国要走出一条与西方国家、与现代化先行国家、与其他发展中大国截然不同的现代化道路。

从现代化的角度来看，全世界大概可以分为两类，一类是西方现代化，一类是非西方现代化。西方现代化本身是由西方国家主导，而非西方国家基本上是从属。作为非西方国家，“落后就要挨打”不仅是中国，也是包括印度等其他国家所共同面临的基本事实。这就有了先发国家和后发国家的问题，而且各自都有先发优势和后发优势。大国和小国的现代化相比，小国容易，大国难。作为一个大国，特别是作为拥有十几亿人口的大国，实现现代化是十分漫长的过程。可以这么讲，欧盟一半人口都没有完全达到特别发达的程度，因为欧洲有相当多欠发达的东欧国家，而其中的发达国家只有 5 亿人。历史上还没有十几亿人能够同时实现现代化的先例。两个多世纪以来现代化都是由西方主导，但现在南北大趋异正在变成过去，取而代之的是南北大趋同。我们预测，2030 年将出现人类历史上前所未有的南北大趋同，包括人均国内生产总值（GDP）、健康指标、教育指标大趋同，这是中国共产党带领的中华人民共和国的第一大贡献。最近我们计算了包括经济总量占世界总量的比重、出口比重、进口比重、外国直接投资（FDI）等指标，现在南方国家已经超过了北方国家。中国的现代化是具有外溢性的。美国现代化也有外溢性，如促进了全世界科技的发展等，而中国现代化最重要的是它的发展道路的外溢。中国现代化已经不同于西方现代化，而成为了一条独特的道路。

中国既是现代化的落伍者，又是现代化的追赶者，既存在因初期扩

大缺口的后发劣势，也存在后发优势。一个有利条件我们称之为天下大治、天下太平。天下大治是对内而言的，天下太平是指周边环境。还有一个有利条件就是进行改革开放，这在我的另外一本著作《援助和发展》中有详细介绍。通过对比我们发现，中国在全世界发展中国家中获得的官方援助和国际援助占 GDP 的比例是最低的，人均也是最低的，但却是发展得最成功的，这主要源于我们 30 多年的改革开放。改革开放可以利用国家潜在的后发优势，从而获取全世界的知识、技术和灵感。

表3 欧盟、美国与中国比较（2012 年）

	欧盟	美国	中国
总人口(亿人)	5.0	3.16	13.54
劳动力(亿人)	2.290	1.549	7.954
GDP(PPP,万亿美元)	15.70	15.66	12.38
人均 GDP(PPP,美元)	31400	49800	9100
研发支出占 GDP 比重(%)	2.33 (2008)	2.79 (2008)	1.97

中国是工业化、现代化典型的落伍者。分析 1870 年以来人均 GDP 的重要数据，已经基本能够反映出中国的特点，可以看到中国现代化的特征。(见图 1) 第一，它发动这场工业化就已经比发达国家或者先行国家滞后了一百年到一百五十年，尤其与英国相比，滞后得更多。第二，它的起点非常低。如果将中国和印度做对比，印度的起点都高过中国许多。例如铁路实际是一个国家最基本的现代化基础设施。那个时候印度已经有了 5 万公里的铁路，而我们只有 2 万多公里。通过图 2，我们可以很直观地发现中国正在迅速追赶美国。数据清楚地向我们揭示了只有在不折腾的时候才会成功这个道理。

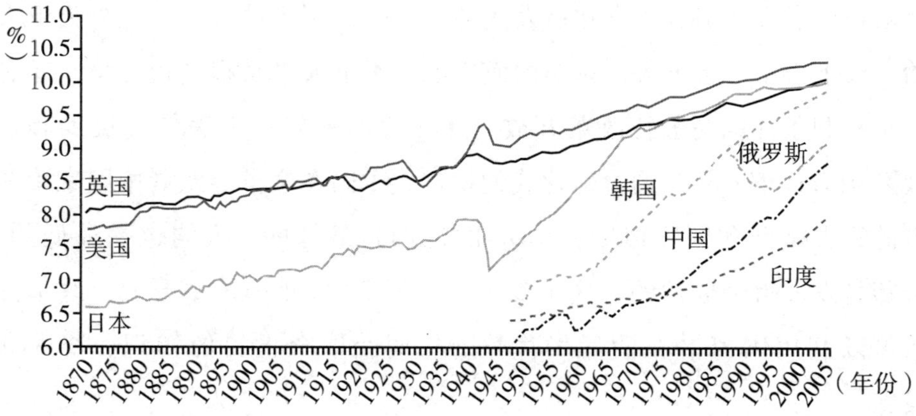

图1 人均GDP比较（1870—2008年，1990年国际美元）

数据来源：Angus Maddison，Historical Statistics of the World Economy：1－2008 AD. http：//www. ggdc. net/maddison/。

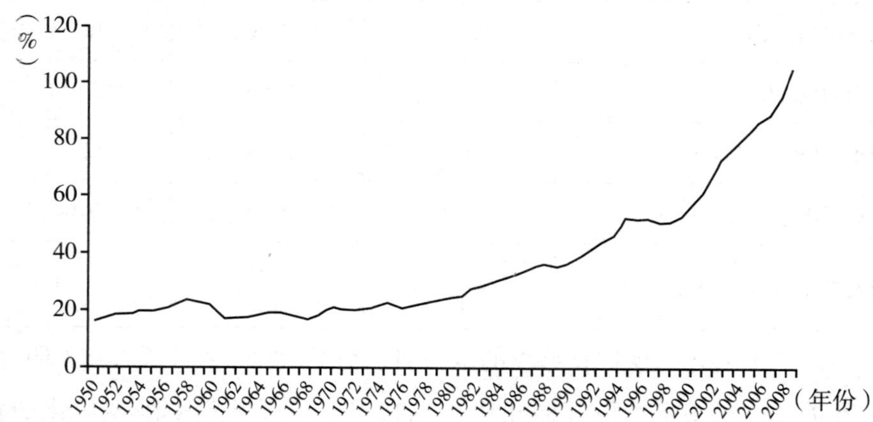

图2 中国GDP相对美国GDP（为100）的追赶系数（1950—2008年）

1950年中国GDP仅相当于美国的17%，1957年非常成功地达到22%，中国当时GDP总量占世界总量比重从4.6%提高了0.9个百分点，达到5.5%，这高于当时的日本，是非常了不起的。但是毛泽东还不满意，希望能更加成功，这就导致他的成功成为他的“失败之母”，使得追赶系数下降了。直到1978年，中国的GDP总量占世界总量只有4%左右，仍然低于1957年，但是相当于美国的23%。在这之后中国的追赶系数一路上升，特别是2000年以后，与美国的比值从54%提高到94%。这个数据与我们另外一项研究“国家发展生命周期”有关。国家发展是有生命周期的，大致经历四个阶段：第一个阶段为初步成长期，在世界之中缓慢提高；第二个阶段为经济起飞期；第三个阶段进入强盛期；第四个阶段就是衰落期。由此可以看出，中国的现代化不仅是落伍者，还是追赶者。将来的目标是经过伟大复兴可以成为领先者、超越者，要超越西方现代化。接下来我们会分析，中国凭什么超越或者在哪些方面可以超越。

六、1.0版中国道路：毛泽东时代

中国道路首先是中国崛起之路。正是沿着中国道路前进，中国从“一盘散沙”“四分五裂”到国家高度统一、各民族空前团结，成为世界政治强国，从世界的“饥荒之国”成为世界第一大农业生产国，从世界工业落后国到世界工业强国，从基础设施落后国到世界现代化基础设施大国，从世界最大的传统农村社会到世界最大现代城市社会。

中国道路还是中国发展之路。正是沿着中国道路前进，中国从“一穷二白”国家到世界第二大经济体，从“文盲充斥大国”到人力资源强国，从“东亚病夫”到“健康中国”，从贫穷人口大国到小康社会，从科学技术“空白之国”到“世界创新国”，从封闭半封闭社会到全面开放社会，从封闭的文化弱国到开放先进的中华文化软实力强国。

中国的社会主义现代化发展历史轨迹并不是一条笔直的大道，也不是预先就设计好的，而是不断探索、不断总结、不断开拓、不断创新的道路。毛泽东是中国道路的奠基者。从国家制度安排或者道路来看，这是1.0版中国道路。1951年毛泽东讲过，完成全国革命任务，这是铲地基，花了30年（时间）（指1921—1951年）。但是起房子，这个任务要几十年之长。形象地讲，前者是铲除旧中国的地基（指旧制度），后者是建立新中国的地基

(指新制度)。可以认为，毛泽东是新中国新制度的创意者、创建者。包括1949年的《中国人民政治协商会议共同纲领》(以下简称《共同纲领》)、1954年的《中华人民共和国宪法》、1956年的《中国共产党党章》等这些有形或无形的一整套新制度，不仅实现了从旧制度向新制度的根本转变，而且也超越了当时的苏联社会主义制度，还超越了被视为最好的美国资本主义制度。很可惜，他在晚年没有始终如一地坚持这些制度，在某些方面违反了这些制度，甚至还摧毁了某些制度，这也成为他晚年错误的重要原因。

(一)毛泽东奠基中国国家制度

新中国的成立过程经历了一个从分裂到统一、从分散到集中、从分权到集权的过渡时期。[①] 从1948年就开始强化中央集权,[②] 逐步建立党领导国家、党领导军队、党领导全国的基本制度，并在实践中不断改进和改革。一方面，继承了抗日战争时期所形成的党的一元化领导方式；另一方面，党的各级组织的发展为领导一个全国性政权提供了重要的组织基础、领导方法和工作制度。[③] 这期间毛泽东所领导的制度创建主要包括：

中央决策权集中。1948年8月14日，中共中央发出《关于严格执行报告制度的指示》，要求严格执行及时的和完备的报告制度，将这件事作为一种绝对不允许违反的指令，以便中央及时了解各地对中央的路线和方

---

① 对此周恩来作了说明：现在我们正处于从根本上打倒国民党走向完全打倒国民党的过渡时期，正在由分散到统一。这不是几个月而是要几年才能走完的。过渡时期是特点，我们要抓住这一特点，不然就会犯错误。统一的方针是，在分区经营的基础之上，有步骤有重点地走向统一。《周恩来在中共七届二中全会上的发言记录》(1949年3月13日)，见金冲及主编《周恩来传(1898—1976)》(上)，中央文献出版社2008年版，第826页。

② 王绍光：《新中国的中央地方关系》，2009年10月14日讲座，清华大学公共管理学院。

③ 中共中央党史研究室：《中国共产党历史第二卷(1949—1976)》上册，中共党史出版社2011年版，第173页。

针、政策的执行情况。9 月，中央政治局会议通过《中共中央关于各中央局、分局、军区、军委分会及前委会向中央请示报告制度的决议》，旨在加强党中央的集中统一领导，将一切可能和必须集中的权力集中于中央和中央代表机关手里。各中央局、分局、军区、军委分会及前委会都不能将自己和中央处于平列的地位，甚或在党内军内造成高出中央的影响。9 月 20 日，毛泽东为中共中央起草关于健全党委制的决定。决定指出：党委制是保证集体领导、防止个人包办的党的重要制度。一切重要问题均须交委员会讨论，由到会委员充分发表意见，作出明确决定，然后分别执行。还须注意，集体领导和个人负责，二者不可偏废。

统一财政经济体制。1948 年 7 月初，成立中央财政经济部，董必武任部长。9 月，华北人民政府成立后，随即成立华北财经委员会，发出《关于统一华北财政工作的决定》。12 月 1 日，由原华北银行、北海银行、西北农民银行合并而成立中国人民银行，并从即日起统一各解放军的货币，发行人民币，并作为新中国的本位币。①

人民解放军统一建制，统一军事指挥。1948 年 11 月 1 日，中央军委发布了《关于统一全军组织及部队番号的规定》，明确规定将人民解放军分为野战部队、地方部队和游击部队。野战部队的纵队改称为军，旅统一为师。军以上设兵团、野战军两级指挥机构，军以下一般按三三制实行编组。团以上各级番号按全军统一顺序编排。地方部队以旅为最高战斗单位，隶属各军区。军区分为一、二、三级和军分区。游击部队仍称纵队、支队。1949 年 9 月《共同纲领》规定："中华人民共和国建立统一的军队，即人民解放军和人民公安部队，受中央人民政府人民革命军事委员会统率，实行统一的指挥，统一的制度，统一的编制，统一的法律。"

---

① 中共中央党史研究室：《中国共产党历史第一卷（1921—1949）》下册，中共党史出版社 2011 年版，第 771 页。

妥善处理中央集权和地方分权的关系。《共同纲领》规定："全国各地方政府均服从中央人民政府。"这一制度成为国家统一的根本制度。

加强党对政府工作的领导责任。1952 年 12 月毛泽东明确提出，党中央及各级党委对政府、对财经工作、对工业建设的责任是：（一）一切主要的和重要的方针、政策、计划都必须统一由党中央规定，制定党的决议、指示，或对各有关机关负责人同志及党组的建议予以审查批准；各中央代表机关和各级党委则应坚决保证党中央及中央人民政府一切决议、指示和法令的执行，并于不抵触中央决议、指示和法令的范围内，制定自己的决议或指示，保证中央与上级所给任务的完成。（二）检查党的决议和指示的执行情况。① 上述基本制度安排形成了党领导政府、全党服从中央原则，使"一盘散沙""山头林立"的中国迅速成为政治统一、决策集中、中央集权体制。

建立党内监督机制。1949 年 11 月，中共中央决定成立以朱德为书记的中央纪律检查委员会和地方各级党的纪律检查组织，主要任务是检查和审理各级党的组织、党的干部及党员违犯党的纪律行为。

实行大行政区制度，建立起五级地方政府：大区，省级，地级，县级（两千多个），乡级（数十万个）。新中国成立后，建立中央政府相对比较容易，但是建立地方政府则需要一个制度建设的过程。当时采取了一个十分简便的办法，就是直接参照中国人民解放军的体制建立政府行政体制。在军队实行解放军总部、野战军、军、师、团编制，相对应的政府实行中央、大区、省、地区、县编制。这种体制转换可以大大地降低建立新政府的成本，也可以减少学习过程，很快在全国范围内实现了军队管理转国家和地方治理，但也增加了政府的管理层次。

在少数民族地区实行民族区域自治制度，建立多民族的统一的单一制

---

① 毛泽东：《党对政府工作的领导责任》（1952 年 12 月），《毛泽东文集》第 6 卷，人民出版社 1999 年版，第 252 页。

国家。毛泽东、周恩来明确提出实行民族区域自治，建立统一的共和国，不实行联邦制，不搞加盟共和国。① 新中国采取了单一制国家体制，并且创造了民族自治的新制度，它不同于苏联1922年所采用的统一的多民族的联邦制。《共同纲领》规定“中华人民共和国境内各民族一律平等”，设计了实行民族区域自治制度。这是将民族自治与区域自治有机结合的制定安排，既有利于保证国家的完整和统一，又有利于在中央人民政府领导下，发挥自治地方少数民族自治的积极性。

基于建立新中国的过程及初期的探索和实践，1953年，毛泽东提出“一化三改”过渡时期的总路线。1954年，新中国第一部宪法即《中华人民共和国宪法》，正式确立和奠定了中华人民共和国三项基本政治制度，即人民代表大会制度、中国共产党领导下的多党合作和政治协商制度、民族区域自治制度，在中国成功地建立起了“一体多元”的现代国家。

（二）毛泽东的重大制度创新

毛泽东时代在中国共产党内部形成了若干重大原则和制度安排。一是“全党服从中央”的组织原则，保证了各级党组织服从党中央；二是“党

① 在起草《共同纲领》时，毛泽东提出：要考虑到底是搞联邦制，还是搞统一共和国，实行少数民族地区自治。毛泽东和中共中央决定实行民族区域自治而不实行联邦制。[参见逄先知、金冲及主编：《毛泽东传（1949—1976）》上卷，中央文献出版社2003年版，第22页。] 1949年9月7日，周恩来在介绍中共中央关于实行民族区域自治制度构想的原因时说：我们主张民族自治，但一定要防止帝国主义利用民族问题来挑拨离间中国的统一。把各民族团结成一个大家庭。今天帝国主义又想分裂我们的西藏、台湾甚至新疆，在这种情况下，我们希望各民族不要听信帝国主义的挑拨。为了这一点，我们国家的名称，叫中华人民共和国，而不叫联邦。我们虽然不是联邦，但却主张民族区域自治，行使民族自治的权力。（参见《周恩来统一战线文集》，人民出版社1984年版，第137页。）1958年3月，毛泽东讲，在苏联的总人口中，俄罗斯族占百分之五十多，少数民族占将近百分之五十，而在中国的总人口中，汉族占百分之九十四，少数民族占百分之六，所以中国不能像苏联那样搞加盟共和国。[参见毛泽东：《在成都会议上的讲话》（1958年3月），《毛泽东文集》第7卷，人民出版社1999年版，第371页。]

指挥枪”的原则，保证了人民解放军及其他武装力量听从党中央的指挥；三是“党管干部”的人事原则，保证了中央及各级干部由中央及各级党委分别管理。这些基本制度都延续下来，保证了党的统一、军队的统一和国家的统一。这些原则和安排直接体现在党的组织结构调整和制度建设上，包括：

不仅加强了中央政府的政治与经济集权，还大大加强了党中央对中央人民政府的政治领导，形成了中国特有的“报告制度”和决策制度。1949 年 11 月，中共中央作出《关于在中央人民政府内组织中国共产党党委会的决定》和《关于在中央人民政府内建立中国共产党党组的决定》，在中央和地方各级政府部门均予以实行。在党中央的领导制度方面也做了调整，设立中央秘书长及经常的秘书长工作会议，负责协助中央政治局和中央书记处研究和处理有关方面的日常事务，成为党的八大之后实行中央书记处会议工作制度的过渡形式和前身。

逐步削弱并取消大区行政机构，加强中央对省市级直接的政治及行政领导。1950 年 3 月，政务院《关于统一全国财政经济工作的决定》就开始上收大区的部分财权。1951 年 12 月，《关于调整机构紧缩编制的决定(草案)》上收大区的人事权。1952 年 11 月，中央决定将各大行政区人民政府委员会（或军政委员会）一律改为行政委员会，确定各大行政区行政委员会为代表中央人民政府在该地区进行领导并对地方政府进行监督的机关，上收大区的行政权。1953 年，中共中央决定调各中央局书记、大区行政委员会主席等负责人到中央工作。① 1954 年 4 月中共中央政治局决定撤销大区一级行政机构；6 月，由中央人民政府下达决定执行。相应地，中共中央决定撤销六个中央局，直接领导各省、自治区、直辖市党委。这是党政体制的重大改革。

---

① 庞松：《毛泽东时代的中国（1949—1976)》（一），中共党史出版社 2003 年版，第 212 页。

采取了单一制国家体制，创新民族区域制度。这不同于1922年苏联采取的多民族的联邦制。1952年8月，中央人民政府发布了《民族区域自治实施纲要》，按照民族聚居的人口多少和区域面积的大小，分别建立不同行政级别的民族自治地区和自治机关。同时规定：各民族自治区统为中华人民共和国领土的不可分离的一部分。各民族自治区的自治机关统为中央人民政府统一领导下的一级地方政权，并受上级人民政府的领导。明确了自治机关享有的自治权。这是一种将民族自治与区域自治有机结合的制度安排，既有利于保证国家的完整与统一，又有利于在中央政府领导下，发挥自治地方少数民族自治的积极性。到1956年，全国建立了2个自治区、27个自治州和43个自治县。这一制度是毛泽东等人的制度创新和创举，极大地促进了少数民族跨越式的经济发展和社会进步，还保证了国家的统一、各民族的团结。

军队也进行了体制改革，中央军委撤销了以野战军为基础的6大军区，成立了13个大军区，由中央军委直接领导。

逐步建立党的分部分级管理干部制度。在干部人事制度方面实行党管干部的原则，除军队干部实行单独管理，其余干部都统一由中央和各级党委的组织部门管理。1953年11月，中共中央发出《关于加强干部管理工作的决定》，提出逐步建立在中央及各级党委统一领导下，在中央及各级党委组织部统一管理下的分部分级管理干部。

从1948年开始准备，经1949年新中国成立，再到1954年，中国共产党成功地、迅速地建立了党领导国家、党领导军队的基本制度，也建立了中国有史以来最强大的、最典型的中央集权政治体制和经济体制。它的主要特征：一是执政党集中和控制了国家政权；二是中央政府控制了全国所有地区的人、财、物及经济管理权；三是军权集中于中央，真正控制了人民解放军及其他武装力量；四是实行单一制政体，其立法权从属于中央。

在毛泽东的领导下，中国实现了从旧中国向新中国的转变，也伴随着从传统国家到现代国家的转变，即从四分五裂到高度统一，从“一盘散沙”到“高度集中”，从“山头林立”到“高度集权”。这是北洋政府（1912—1928 年）、蒋介石政府（1928—1949 年）根本做不到的，国家的四分五裂、“一盘散沙”是中国 20 世纪上半叶急剧衰落的重要制度根源。毛泽东时代是中国 1840 年以来“最集权的时期”。正是在这种强大的中央集权体制下，中国才能在最贫穷的经济条件下和最落后的社会条件下动员社会各种资源和力量，集中全国之力，举办全国大事，在极低收入条件下成功地发动工业化、城市化和现代化，并取得了前所未有的经济发展和社会进步。这一切都是在中国共产党，特别是在毛泽东的正确决策下取得的。但这这种集权式的政治体制和个人决策的决策机制有其天然的缺陷，正是这种政治体制和决策机制的缺陷，使中国出现了“大跃进”“四清”“文化大革命”等一系列政治运动，中国的经济发展也因此发生了多次的“大起大落”。

毛泽东的制度创新首先是党的领导制度的创建。内容包括党的全国代表大会、中央委员会全体会议（全会）、中央政治局全体会议、中央政治局常务委员会、中央书记处、中央纪律检查委员会以及中央军事委员会。我认为最有创意的是设立了中央政治局常委会，这使得中央集体领导体制得以确立。

中国很多制度安排是和危机有关系的，中央政治局常委会实际上是危机后的产物。1956 年，毛泽东创意性地提出增设中央政治局常务委员会，并提议由党中央主席、副主席和中央书记处总书记一起组成该委员会，作为中央领导集体的核心。

毛泽东认为，一个主席，一个副主席（指刘少奇同志），“感到孤单”，需要设几道“防风林”。他称，“天有不测风云，人有旦夕祸福”，这样就比较好办。如果只是个别受损害，或者因病，或者因故，要提前见马克思，那么总还有人顶着，我们这个国家也不会受影响，不像苏联那样斯大林一死就不得不下地了。我们就是要预备那一手。同时，多几个人，工作上也有好处。他特别说道，这一安排，中心的目的就是为了国家的安全，多几个人，大家都负一点责任。他建议，（中央政治局）常委，准备就由主席、副主席和总书记组成。毛泽东还专门介绍了邓小平和陈云，称他们为“少壮派”。当时邓小平和陈云分别为 52 岁和 51 岁。这样安排就在中央政治局常委形成两个梯队，邓小平和陈云是属于毛泽东特意安排的“少壮派”梯队。①

七位中央政治局常委，代表五大机构：中共中央、全国人大、国务院、全国政协、中央军委。中央政治局常委会充分发挥了集体领导、个人分工、内部协调、形成合力的领导核心作用。

可以说毛泽东的这一创意是深谋远虑的，也是高瞻远瞩的。客观地说，这和当时斯大林去世后赫鲁晓夫否定斯大林引发整个社会主义阵营大振荡是有关系的。我总结毛泽东是“别人得病，他先吃药”，就是防患于未然。最重要的是，毛泽东是为了避免将中国的前途和命运系在一两个人身上，包括他本人。这一思想被邓小平所继承。而且这个制度安排，也恰恰是在改革开放后重建。这项制度创新从 1956 年到现在将近 60 年的过程才完成，并且越来越规范化，越来越程序化了。我认为这项制度解决了中国的一个核心问题——长治久安。中国道路的开创，是一段非常丰富的历史，但很可惜，这些道路和故事没关系，所以人们一听就烦，而这恰恰都是我们最精彩的历史，所以，我们要重温这些历史。

毛泽东的创新还包括社会主义国家制度创新。这就是中国的特点了，其他国家主要是国家制度创新，而中国是执政党制度创新加上国家制度创新，然后将两者无缝连接，这可能在人类历史上是独一无二的。这方面的

---

① 毛泽东：《关于中共中央设副主席和总书记的问题》（1956 年 9 月 13 日），《毛泽东文集》第 7 卷，人民出版社 1999 年版，第 110—112 页。

创新反映在三个要点上：一是《共同纲领》。二是《中华人民共和国宪法》，而最基本的原则就是民主集中制。现在西方国家遇到的基本问题就是有民主无集中，我们称之为无政府主义。反过头来，有集中无民主就是专制主义。而民主集中制是先民主再集中，再民主再集中，经过不断的循环过程形成了共识，可称之为“两条腿的民主”，而不是“一条腿的民主”。我的结论就是，“两条腿走路”比“一条腿走路”好。三是人民代表大会制度，这又是毛泽东的创新。袁世凯也搞过议会制，但是臭名昭著。许多学者其实不够了解这段历史，好像有了议事会，我们就成功了。孙中山的遗嘱写着要召开国民会议，国民党天天念孙中山的遗嘱，他们是不能反对国民会议的，而且蒋介石确实开过两次“国大”。毛泽东就提出来，我们继承了孙中山先生的革命衣钵，我们不搞议会制，但我们搞人民代表大会制。

此外，还有中华人民共和国主席制度、国务院制度、中国人民政治协商会议全国委员会制度、中央军事委员会制度、中央司法系统（如最高人民法院、最高人民检察院），等等。

所有这些制度都是毛泽东当时“打地基，建房子”，他打的是新的制度安排的地基。从制度经济学的角度来看，它是一整套执政党的制度、现代军队的制度、现代国家的制度等。当然，最初这一基本制度体系不是完善的，还有很多缺陷、漏洞，而毛泽东在具体实践上，是先制度化，后非制度化，直至邓小平时代再制度化，一直到今天。

七、毛泽东的晚年失误：在于政，不在制

我们对毛泽东时代做一个简要的总结。如何评价毛泽东时代？从专业化的角度分析，就是看结果与目标是什么关系。

从经济学的角度来看，就是看中国在国家发展生命周期的第一个阶段能不能完成国家资本的积累，我们称之为工业化原始积累。1978 年中国的经济总量相当于 1952 年扣掉折旧以后的 16 倍，年平均增长率 11.3%。

什么含义？从20世纪上半叶以来，这个数据是前所未有的。一个国家能不能工业化，不只是看生产了多少钢铁，还要看国家的资本存量。当时的国有资本存量增长了21.38倍，国有工业资本增长了23.31倍，年平均增长率都在12%以上，可以说他们这代领导人完成了其历史任务。

我国在国家发展生命周期的第一个阶段，财政能力和金融融资能力，以及配置这些资源的能力如何？我们给予高度评价。这一点反映在农业基础设施、交通基础设施，以及相关的基础设施建设。特别是农业基础设施的建设，因为我国是农业大国，而且有占世界22%的人口。如果没有农业基础设施的发展，我们能养活自己22%的人口吗？养活不了。1952年的耕地灌溉比例为18.5%，居然低于1820年。这就说明进入近代以来，中国的农业设施被大规模地摧毁。这反映了国家治理能力的低下。随着国家治理能力的提高，国家乡村治理能力相应提高，毛泽东时代的耕地灌溉比达到了45.2%，这是利用人民公社这套动员体制的成果。当然，在一定程度上的确剥夺了农民的劳务收入，但是另一方面，农民也是农业基础设施建设的直接受益者。这一过程实现了从传统农业国向现代农业国和现代工业国的转变，并且在为现代工业国家提供农业剩余积累过程中完成了巨大的基础设施投入。

比较各国经济增长的数据，如表4所示，括号内是中国官方的数据，括号外是英国经济学家麦迪森的数据。一个国家是否进入经济增长期的门槛是：能否持续使得人均收入或者人均GDP按照不变价格计算增长率超过1.0%。这一时期，我们超过了1.0%。根据国际货币基金组织（IMF）的定义，一个国家的经济高增长，就是要能够持续地使人均收入和人均GDP增长超过3.0%，很显然，那个时代实际上已经超过，而且是在受到“大跃进”的折腾和“文化大革命”的影响的情况下。我觉得这段历史非常可惜，毛泽东的失误，当时没有人能够批评，也没有数据能够批评。反过头来，作为后人来反思，我们的底线是什么？——不能瞎折腾。这不是我说的，这是李先念同志1981年说的。第一，经济上不能折腾，不能搞“大跃进”；第二，政治上不能折腾，不能搞“文化大革命”。所以我认为他们这代领导人是痛定思痛。

表4　中国经济增长率与其他国家比较（1952—1978年）

国家/地区	GDP增长率	人均GDP增长率
中国大陆	4.4(6.1)	2.3(4.0)
中国台湾	9.2	6.6
印度	4.0	1.8
印度尼西亚	4.5	2.3
巴基斯坦	4.9	2.2
韩国	8.6	6.2
日本	7.8	6.7
苏联	4.5	3.1
美国	3.5	6.7
世界	4.5	3.1

毛泽东时代最重要的发展其实是人力资本取得了重要的进展，我们做了一些专业的分析。人口平均受教育年限如表5所示。从这个角度来看，“文化大革命”停止招收大学生，少培养了一千万的大学生是非常可惜的人力资本损失，但是到了1970年中国仍然已经超过了世界平均受教育年限。人口预期寿命在新中国成立初期有了很大提高，但很可惜1960年大饥荒又开了倒车。我想说明一点，我们评价国家治理水平主要看这些指标，我们希望把这些国家治理的指标进一步细化并成为地方治理的核心指标，如果这一次能够把人口预期寿命，包括平均受教育年限和预期受教育年限等写到地方的五年规划中就更有意义了，因为这些指标都反映公平、效率等问题。

表5　人口平均受教育年限（1950—1973年，年）

国家/地区	1950年	1973年	1950—1973年增加量
法国	9.58	11.69	2.11
德国	10.40	11.55	1.15
英国	10.84	11.66	0.82
美国	11.27	14.58	3.31
西班牙	5.13	6.29	1.16
中国大陆	1.60	4.09	2.49
印度	1.35	2.60	1.25
日本	9.11	12.09	2.98
韩国	3.36	6.82	3.46
中国台湾	3.62	7.35	3.73

表6　人口平均预期寿命的国际比较（1950—1980年，岁）

国家/地区	1950年	1960年	1970年	1980年	1950—1973年增加量
中国	35.00	36.32	61.74	66.84	31.84
美国	68.00	69.77	70.81	73.66	5.66
英国	—	70.76	70.81	73.66	
法国	65.00	70.24	72.01	74.18	9.18
德国	67.00	69.54	70.46	72.63	5.63
日本	61.00	67.67	71.95	76.09	15.09
韩国	—	54.15	59.93	66.84	
印度	32.00	44.33	49.37	54.18	22.18
中等收入国家	—	45.72	61.20	65.64	
高等收入国家	—	68.92	70.86	73.76	
世界平均	49.00	50.24	58.63	62.57	13.57

对毛泽东的一些失误，我大体从这么几个方面来进行讨论和评价：

一是领导人任职终身制。我们对比了苏联的斯大林和南斯拉夫的铁托，结论是，执政时间越长，出现错误的概率越大。毛泽东的失误实际上和他对中国国情，包括政治国情的认识偏差是有关系的。而这些方面又与他不去亲自调查研究获得第一手材料直接相关。

二是民主决策的正规制度失灵。毛泽东的晚年错误不是不可以避免，也不是不可以及时纠正的，之所以他的错误越来越大，后果越来越严重，是因为党内已经缺乏制约他、限制他、纠正他和替代他的能力。他本人的执政方式，特别是他不遵守和破坏制度的做法使得正规制度逐渐失灵。

三是党内不同意见之争被阶级斗争化。毛泽东与其他领导人的确存在关于中国社会主义现代化的两条路线斗争，但是他是按照阶级斗争方式来处理党内的不同路线，使其他领导人无法表述不同意见，也无法及时纠正他的错误，使他所犯的错误更为严重。

四是毛泽东受自己所批评的斯大林政治模式深刻影响。毛泽东的晚年错误既是个人错误，也是体制性错误，还是历史性错误。1957—1976 年中国的政治体制与斯大林时期的政治体制有相似之处。即使不发生毛泽东的晚年错误，也会发生类似的政治人物现象。毛泽东的晚年错误并不是独有的，是同一政治体制下的相似的政治错误。如同毛泽东所深刻分析斯大林的晚年错误一样，毛泽东的晚年错误即个人脱离（党中央）集体，领袖脱离（人民）群众，主观脱离客观，理论脱离（中国）实际。

邓小平“痛定思痛”指出：“我们过去发生的各种错误，固然与某些领导人的思想、作风有关，但是组织制度、工作制度方面的问题更重要。这些方面的制度好可以使坏人无法任意横行，制度不好可以使好人无法充分做好事，甚至会走向反面。……‘文化大革命’的 10 年浩劫。这个教训是极其深刻的。不是说个人没有责任，而是说领导制度、组织制度问题更带有根本性、全局性、稳定性和长期性。”①

柳宗元在《封建论》中说：“周之失，在于制；秦之失，在于政，不在制。”② 同样的道理，毛泽东的失败，不在于制，而在于政。他发动“大跃进”和“文化大革命”，脱离了中国国情。先是脱离中国经济国情，后是脱离中国政治国情，而且是在党中央大多数人不同意的情况下做的这些事情。由此，我们可以看到，毛泽东的失败不在于社会主义制度，而在于社会主义实践中的政策失误。可以说，“大跃进”也好，“文化大革命”也好，它们的失败不是社会主义制度的失败，而是领导人的决策失误；不是社会主义道路的失败，而是急于求成、脱离国情、超越国力的主观主义失误。

如果我们能深刻理解毛泽东，也就能深刻理解邓小平。其逻辑就是将失败转化为成功，将坏事变成好事。其实毛泽东自己就讲过这样的话，他说错误是正确的先导，失败是成功之母。而“文化大革命”的失败，就成为了邓小平推行改革开放的重要原因。

无论如何，毛泽东的成功和失败都将成为我们的财富。前人的成功是我们后人的成功之母，同时前人的失败也是我们后人成功之母，它们都是历史的财富。

今天就简单地讲到这里。

---

① 邓小平：《党和国家领导制度的改革》（1980 年 8 月 18 日），《邓小平文选》第二卷，人民出版社 1994 年版，第 333 页。

② 这里的“制”是代表着一整套制度，秦朝开创了郡县制，取代了周朝以来的分封制，是中国古代历史的必然趋势，在建立古代国家的中央集权的治理模式上是非常具有历史意义的，成为了此后两千多年封建国家的基本模式。这里的“政”是代表着一整套政策，许多政策是过多的、过激的、过度的，国家财力不堪重负，人民无法休养生息，因而秦朝就成为“短命”的古老国家。

现场互动

问：中国发展之路能否走出去，并对世界共同发展贡献经验？他国沿此路径成功是否可以增加中国特色社会主义的说服力和国际认可度？

答：我们先客观认识一下国际认可度。大家应该知道 MDGs（Millennium Development Goals），这是联合国 2000 年提出的千年发展目标，目标提出到 2015 年削减全球半数的绝对贫困人口，就这一项而言中国已经是世界上贡献最大的国家了。因此，国际社会无论是联合国开发计划署（UNDP）还是世界银行都对此给予了高度评价。其实关于中国的发展之路是否能走出去并贡献经验，这一点我们已经在向全世界分享了。至少对于我来说，7 年的讲课经历，无论是非洲还是南亚地区、拉美地区的公务员，我都在向他们分享中国经验。当然他们更加感兴趣的是如何减少贫困、如何发展教育的问题，不过他们也会涉及像环境污染等一系列的问题。这可以通过习近平总书记对非洲的访问感受到。我们不输出革命，也不输出国际金融危机，我们输出更多的是国际援助，像我们在《2030 中国》这本书中的建议，中国最有能力向南方国家进行官方发展援助（ODA）。我们现在对非洲的援助只占 GDP 的 0.03%，因此我们在书中也建议能不能将援助提高到 0.3%。0.3% 已经达到美国的水平，而 0.7% 相当于经合组织（OECD）的国家水平，将来还可以达到 1.0%，并且这是互惠的，这些国家是我国未来的市场。从这个角度来看，对未来的南方国家作出我们建议的贡献是非常有益的。

问：一个国家的发展与领导人有什么关系呢？

答：这个问题在之前我已经有所提及。毛泽东、邓小平讲到，把一个国家的命运前途系在一两个人身上是危险的。这就是我们强调集体领导制的原因。道理其实特别简单，“三个臭皮匠赛过诸葛亮”，集体智慧大于个人智慧。无论从知识或是信息的角度，都可以用数学公式来验证这一点。我们所说的集体智慧不只是中央政治局常委的智慧，还包括许多专业化的研究机构。例如国务院，国务院设有国务院发展研究中心，有国务院研究室，有国务院的各下属部门，等等。所以说智慧是指集体的，政府的，国家的。集体智慧是很重要的。

问：中国经济快速稳定增长是中国共产党执政合法性的重要支撑，你怎么看待？

答：我觉得不能简单地用经济绩效来确定中国共产党的执政合法性，还要从历史使命来看。作为一个政党，中国共产党承担了什么样的历史使命？之前我们已经提及：第一，现代化；第二，伟大复兴；第三，国家统一；第四，对人类作出巨大贡献。不能简单地说GDP增长率7%时合法性就差一些，10%时合法性就强，这个概念是错误的，并且在宏观经济波动情况下，也没有什么意义。执政是否有效，关键看中国共产党的历史使命是否能够完成。

第二讲　中国国情与中国道路（下）*

胡鞍钢

下面围绕着《中国国情和中国道路》第二部分做一个介绍。前面已经讲到了中国道路第一代发展的思路，并且给予了很重要的评价。总的结论是前人的成功是后人成功之母，前人的失败也成为后人成功之母。所以我们要读历史，特别是读新中国成立以后的历史。

一、改革开放的国际背景

1. 毛泽东为中国对外开放打开战略机遇窗口。20 世纪 70 年代初毛泽东打开中美关系的战略举措为 70 年代末邓小平的对外开放创造了一个有利的前提条件。随着中苏关系交恶，毛泽东根据陈毅等元帅的建议，① 开

---

* 本文系胡鞍钢教授 2013 年 4 月在中央国家机关司局级干部选学“中国国情与中国道路”专题班授课讲稿，杨竺松、周顶协助整理。

① 当时最迫切需要回答的问题：一是中美、中苏之间会不会发生大战？二是苏美两国比较起来，谁对中国安全的威胁更大？三是对打开这种局面有什么新的设想？（转下页注）

始考虑在中、美、苏“三大角”关系中“打美国牌”。毛泽东放弃“一边倒”的外交方针，转而“以敌（美国）为友”，“以友（苏联）为敌”的新战略。中国向西方开放，最大的障碍是中美之间长期对峙、隔绝。消除了这一障碍，也就为中国对外开放打开了战略窗口，铺平了发展道路。从历史的角度来看，中国的现代化进程受到国际影响中最关键的是中美关系。中美关系缓和并正式建交，这是决定性的一步，打开了整个中国的对外开放。此外，中日之间的友好条约的建立，为周边环境奠定了一个好的条件。

2. 邓小平提出创造20年国际和平环境的大战略。邓小平是中国领导人中唯一一个在“文化大革命”期间去过美国的。他到纽约参加了联合国大会特别会议，还正式访问了法国。他回来以后向毛泽东报告，说中国可以获得10年的国际和平环境，使中国工农业总产值翻一番，毛泽东就委托他来组织起草政府工作报告。邓小平在1977年第三次复出，明确提出争取20年不打仗，为中国发展争取时间。

邓小平在1987年提出70年国际和平环境的看法，要利用70年来实现现代化。他的这些战略性设想影响了中国的现代化道路。邓小平意识到中国当时所处的机会是毛泽东在世的时候很少见的，他提出的外交方针政策就是要创造天时、地利，地利就是中国的周边环境——亚洲地区集体崛起。2007年世界银行报告的主题指出过去30年实际上是亚洲复兴，这个复兴的带头者是中国。从这个意义上来讲，邓小平大的战略影响了全世界。

（接上页注①）为此，毛泽东提议由陈毅挂帅，徐向前、聂荣臻、叶剑英参加，提出了国际问题报告［《对战争形势的初步估计》（1969年7月），《对当前局势的看法》（1969年9月）］，陈毅等认为在中、美、苏“三大角”关系中，中苏矛盾大于中美矛盾，美苏矛盾大于中苏矛盾；在目前美、苏两国急于打“中国牌”的情况下，中国处于战略主动地位。见逄先知、金冲及主编：《毛泽东传（1949—1976）》，中央文献出版社2003年版，第1624—1625页。

二、改革开放的初始条件

改革开放的初期有很多有利条件，尤其是毛泽东时代奠定的基础，包括：第一，物质资本基础，即工业化基础。第二，人力资本的基础，包括教育、健康等各个方面。第三，现代化的基础，我在上一讲用数据展示了农业基础设施、交通基础设施的情况。第四，毛泽东时代的制度基础，邓小平重建中国共产党的制度和国家制度，而不是推倒重来。

将中国和苏联做比较的话也有很多有利条件。苏联的 GDP 结构中 95.9%都是国有经济，而中国国有经济只占 54%，其中农业约占 28%，还有很多非国有成分，如集体经济、集体企业、集体单位等。中国想突破国有经济“一条腿”走路，变成“两条腿”——国有和非国有，就比苏联要容易得多。“两条腿”显然就比“一条腿”走得快。非国有经济发展的另外一个好处是可以创造大量就业。

当然也面临很多不利的条件（见表 1）。第一，巨大的人口规模压力，从而也导致了后来不得不实行计划生育政策。第二，中国的人均收入居世界后列。第三，明显的城乡差距。我们用世界银行的数据研究发现 1978 年中国的城乡差距是 2.5 倍，远远高于周边的亚洲地区，包括泰国、印度等，更不用说欧洲地区了。这个矛盾在改革开放初期是成功解决了，从 1978—1984 年这个差距是缩小的，但之后持续扩大，直到 2009 年才开始缩小。

表 1　新中国成立初期与改革开放初期条件和背景比较（1949 年和 1978 年）

	1949 年	1978 年
人均 GDP(1990 年国际美元,PPP)	439(1950)	979
总人口(百万人)	542	963
城镇人口比重(%)	10.6	17.9

续表

	1949 年	1978 年
农村贫困人口		
国家贫困线(亿人)		2.5
国际贫困线(亿人)		9 以上
工业增加值占 GDP 比重(%)	10	44.1
铁路里程(万公里)	2.22	5.17
15—64 岁人口人均受教育年限(年)	1.0	4.0
人口平均预期寿命(岁)	41(1950)	65
人类发展指数(HDI)	0.225(1950)	0.542
农村居民家庭恩格尔系数(%)	65.7(1957)	67.7

在这样的背景下，中国要完成工业化、城镇化、现代化，还要从高度集中的计划经济体制向社会主义市场经济体制转变。这些任务和挑战，使得领导人重新认识中国国情。

三、“文化大革命”结束后三条道路的选择

毛泽东之后的中国该向何处去？中国的前途及选择是什么？占世界总人口 1/5 的中国到底要走什么道路？

摆在中国领导人面前的道路有三条：

一条道路是老路。就是按照过去方针办，即坚持毛泽东晚年错误路线的“两个凡是”，继续走传统的教条式的社会主义老路。以华国锋为首的“文化大革命”领导人与邓小平为首的改革领导人之间的斗争为主线，其实质是坚持毛泽东晚年的传统社会主义路线（老路），还是开辟改革开放的新社会主义路线（新路）。

一条道路是邪路。否定社会主义道路，模仿和转变到西方之路。从全球来看，实际上就是撒切尔、里根主义，英美所带动的全球性的新自由主

义。美国从冷战之后实施了和平演变路线，让社会主义国家自身演变，转向资本主义道路。他们崇拜西方资本主义国家的“民主”“自由”，否定社会主义。[①] 只有极少数知识精英持有这一主张，既得到个别领导、极少数党内人士同情，自称为“改革派”，也得到欧美等国媒体的公开支持，被视为所谓“中国民主派”。邓小平曾公开拒绝了极少数人主张的走资本主义邪路的要求。

一条道路是新路。由邓小平独辟蹊径开创的“中国之路”，换言之是“中国特色的社会主义现代化道路”。在坚持社会主义的基本政治方向下，以渐进主义方式改革传统的高度集权的计划经济体制和政治体制，主动对外全面开放，开辟一条中国发展的新路。这条新路，也就是中国共产党领导中国人民独立自主地走自己的路，就是人间正道，就是中国崛起之路。

30 多年前，邓小平如何使得中国摆脱老路进入新路？需要讲到新制度经济学的两个概念：一个是路径依赖；一个是路径锁定。怎么样摆脱一个老路进入新路？这是一个非常大的挑战，这解释了为什么许多国家在大转型过程中都会出现大衰落。中国如何有效地从老路转向新路？

1. *确立中国改革思想路线*。1978 年 5 月 10 日，中央党校内部刊物《理论动态》刊登了《实践是检验真理的唯一标准》一文。6 月 2 日，邓小平在全军政治工作会议上讲话，阐述“实事求是是毛泽东思想的出发点、根本点”的问题，主张“使我们的思想来个大解放”。[②] 该讲话全文于 6 月 6 日在《人民日报》上公开发表。邓小平、陈云等共同否定了华国

---

① 邓小平：《搞资产阶级自由化就是走资本主义道路》（1985 年 5 月、6 月），《邓小平文选》第 3 卷，人民出版社 1993 年版，第 123—124 页。

② 邓小平：《在全军政治工作会议上的讲话》（1978 年 6 月 2 日），见《邓小平文选》第 2 卷，人民出版社 1994 年版，第 103—110 页。

锋、汪东兴“两个凡是”的话语权，重新确立了“实事求是、解放思想”的思想路线，这就为否定“文化大革命”理论与实践作好了充分的舆论准备。

2. 召开十一届三中全会与陈云政治出山。陈云同志提出把我们党的重心转移到经济建设。十一届三中全会之后的新的领导集体，尽管华国锋仍然是主席，但邓小平和陈云的合作使这场改革得以真正启动。

3. 否定“文化大革命”的理论和实践。1981 年 6 月的党的十一届六中全会《关于建国以来党的若干历史问题的决议》指出，历史已经判明了“文化大革命”是一场由领导者错误发动，被反革命集团利用，给党、国家和各族人民带来严重灾难的内乱。

4. 维护毛泽东的历史地位，科学地坚持和发展毛泽东思想。比较清晰地界定了毛泽东思想不是他一个人的，是党和革命人民的智慧的集体结晶和产物。邓小平能够区分毛泽东思想和毛泽东的晚年错误，毛泽东思想成为邓小平理论和后来人的理论来源，这是财富。中央决议使得“文化大革命”之后各种不同的观点，经过民主、协商、集中、讨论、辩论，最后形成了政治共识，决议中提到我们党犯了这些错误，但从历史发展的观点看是暂时的。我们 30 年之后看这段论述，觉得很有道理。党不会不犯错误，包括党的领导人，关键就是能不能坚持真理，随时纠正错误。

5. 十一届六中全会决议。决议肯定了十一届三中全会以来逐步确立的适合我国情况的建设社会主义现代化强国的正确道路，进一步指明了我国社会主义事业和党的工作继续前进的方向。

四、重新恢复、建设党和国家基本制度（1977—1981 年）

中国的现代化不只是物质现代化，还有一个根本的现代化是国家制度现代化。包括两类：一类是执政党制度的现代化；另一类是国家制度的现代化。从 1977—1981 年，毛泽东时代的基本制度和基本政策被继承和恢复，也就是回到新中国初期的制度。这就讲到毛泽东的制度创新。我们认为毛泽东的失败不在于制，而在于政。制是制度，毛的失败不是制度的失败，是政策的失败，一定要把这两者分清楚。

中国的改革显示了“内部人”改革的性质，这是执政党在“文化大革命”失败与危机之后的“自我反省、自我批判、自我改革、自我更新”。十一届六中全会的决议就是一个自我批评，而且是非常深刻的反省。1980 年 8 月 18 日，邓小平在中共中央政治局扩大会议上以《党和国家领导制度的改革》为题的讲话，对中国政治国情做了深刻而尖锐的分析。邓小平对中国政治体制的特征和弊端的认识既是唯物的、客观的，又是历史的、现实的。他决心要重建党和国家的基本制度，逐步改革政治体制。主要包括以下内容：

重新修改《中国共产党党章》，特别是对党的基本制度采取了更明确更规范的要求。恢复、重建了集体领导体制，重建中央领导机构体制，恢复了八大党章关于“在民主基础上的集中和集中指导下的民主”原则。同时，1979 年设立中纪委，加强党内的制度建设。当时陈云主持中央纪委工作，陈云主持中央纪委工作的第一件大事就是重新建设党的基本制度，恢复党的执政制度基础。

恢复和加强社会主义法治建设，从 1979—1982 年制定了一些基本的法律，修改宪法，重建国家领导机构。1979 年 9 月中共中央《关于坚决保证刑法、刑事诉讼法切实实施的指示》规定，对各项法律制度，从党中央主席到每一个党员，都必须坚决遵守。绝不允许有不受法律约束的特殊公民，绝不允许有凌驾于法律之上的任何特权。在党的十一届三中全会之后，中央决定着手部分修改 1977 年宪法，恢复 1954 年宪法的地方人大和政府体制。

进一步精简党政机构。国务院所属的部委、直属机构、办公机构，由

100 个裁并为 60 个，国务院副总理由 13 人减为 2 人，新设了国务委员这样的职务。重建了全国政治协商制度。重建其他的社会机构，恢复了工会、共青团和妇联，全国各种文艺机构也开始恢复活动，全国各民主党派也开始恢复活动。

总而言之，经过三年到四年的准备，中国进入到“天下大治”的时代，已经开始摆脱老路。以十一届六中全会为标志，中国开始走上新路。邓小平在党的十二大的开幕词中就正式提出了中国道路。从历史的发展逻辑来看，这个命题的提出，是基于前面我介绍的各种政治准备，邓小平、陈云等人为中国走上这条道路作了重要的贡献。

五、中国之路 2.0 版：邓小平时代

20 世纪 80 年代初，邓小平提出改革和完善党和国家领导制度，从制度上保证党内政治生活民主化、国家政治生活民主化、整个社会生活民主化。这些重大的制度安排主要反映在 1982 年党的十二大通过的《中国共产党章程》和第五届全国人大第五次会议通过的《中华人民共和国宪法》所规定的党和国家的正式制度以及具体实践上。它们成为治党、治国的根本大法，也成为中国政治体制改革的根本大纲。

邓小平实施了以执政党和现代国家制度重建为主要内容的政治体制改革。这两方面的制度重建具有互补性，也具有“路径依赖”特征。更多地继承 50 年代的党章和宪法的历史经验，而不是采用西方政党和国家政治体制模式；更多针对毛泽东时代的体制弊端进行“修正”，而不是“推倒重来”；更多基于内部政治共识，而不是人为地扩大政治分歧。它具有国情的适应性、实践的可行性、调整的灵活性，避免了政治体制陷入“历史真空”之中。它们不一定是最好的模式，但却是最适宜的模式，它们不是激进主义而是渐进主义式的改革，既大大推动了中国政治变革，也保证了中国政治稳定。

新路是一个改革的实践。很多人认为中国没有政治改革，这些人所言的政治改革其实是西方话语体系下的。从中国的角度来看，更多强调的是立字当头，破在其中，先立而后破。什么是立？立就是基本制度。什么是破？在基本制度条件下，仍然存在着体制弊端，要通过制度建设去解决体制弊端。

我们非常强调历史记忆、历史经验、历史教训，确实可以说，毛泽东晚年的失败成为改革开放的成功之母。他们这一代人完成了转化，中国道路从1.0版升级转化为2.0版。

（一）执政党制度建设：依党章治党

1. 制定《中国共产党党章》。以党章治党，是中国共产党制度化的重大标志。它回答了一系列根本性的问题：党执政之后，在社会主义国家的地位是什么？它的主要的任务是什么？它的作用是什么？

2. 1982年之后的“制度重建”。反省、吸收毛泽东晚年破坏制度的历史教训；根据变化了的环境，探索、创新有效治党的新制度。在很大程度上，逐渐实现了领导决策机制的“三化”：制度化、科学化、民主化。

3. 党的重大会议召开制度化。党的全国代表大会定期召开，明确了党的全国代表会议重大职权。重新规定党的中央委员会实行五年任期制。中央委员会全体会议召开制度化。中央领导人实行任期保障制度。党章明确了党内任何人不得有“特例”，所有的领导人在规则面前人人平等。

4. 重新构建党和国家的权力配置。实行集体交接班，党、政、军最高职务分别由多位中央政治局常委担任。党章废除了终身制，实行正常的离休退休制度。推动党的领导人革命化、年轻化、知识化、专业化以及新老交替的制度化。（见表2、表3）加强和改善党内民主集中制。

表2　十二届以来中央政治局委员及常委新当选人数及比例（%）

	十二届	十三届	十四届	十五届	十六届	十七届	十八届
政治局常委							
新当选人数	3	4	5	2	8	4	5
总数	6	5	7	7	9	9	7
比例(%)	50	80	71.1	22.2	88.9	44.4	71.1
政治局委员							
新当选人数	14	13	14	8	17	10	15
总数	25	17	20	22	24	25	25
新当选比例(%)	56	76.5	70	36.4	70.8	40	60

注：新当选委员比与前一届一中全会选举者相比较，不包括其他全会新当选者。

计算资料：姜华宣等主编《中国共产党重要会议纪事（1921—2006）》（增订本），中央文献出版社2006年版；新华网《习近平等领导同志像》，2012年11月15日。

表3　十二届以来中央领导机构成员平均年龄（岁）

	十二届	十三届	十四届	十五届	十六届	十七届	十八届
政治局常委	73.8	63.6	63.4	65.1	62.1	62.1	63.4
政治局委员	71.8	64	61.9	62.9	60.7	61.4	61.2
书记处书记	63.4	56.2	59.3	62.9	59.7	56.7	61.6

资料来源：十二届至十五届数据引自 Zheng Yongnian, 2004, *Will China Become Democratic? Elite, Class and Regime Transition*, Eastern Universities Press；十六届和十七届数据系作者根据中共十六届和十七届中央领导机构成员资料整理。

执政党领导核心集体的人力资本也发生变化了，如表4所示，在十二届的时候，无学历的有3人，小学文化程度有10人，中学文化程度有3人，大专以上只有9人。十八届研究生以上学历是72%。

表4 十二届以来中央政治局委员教育程度（人数，%）

	十二届	十三届	十四届	十五届	十六届	十七届	十八届
无学历	3 (10.7)	0	0	0	0	0	0
小学	10 (35.7)	0	0	0	0	0	0
中学	3 (10.7)	5 (27.7)	3 (13.6)	2 (8.3)	0	0	0
军事院校	3 (10.7)	1 (5.6)	1 (4.5)	2 (8.3)	4 (16.7)	2 (8)	2 (8)
大专以上	9 (32.2)	12 (66.6)	17 (77.2)	18 (75.0)	20 (83.3)	25 (100)	24 (96)
本科					17 (70.8)	23 (92)	5 (20)
研究生	0	0	1(4.5)	2(8.3)	4(16.7)	9(36)	18(72)
总数	28	18	22	24	24	25	25

注：括号内为百分比。

资料来源：十二大至十五大数据引自 Li Cheng and Lynn White, 1998, *The Fifteenth Central Committee of the Chinese Communist Party: Fall Fledged Technocratic Leadership Partial Control by Jiang Zemin*, Asian Survey, Vol. 38, No. 3。十六大至十七大数据系作者根据中共十六届和十七届中央领导机构成员资料整理。

（二）现代国家制度建设：依宪治国

1. 全面修订宪法，依宪法治理国家，使之真正成为安邦治国的根本大法。这部宪法的历史意义就在于它从一开始就为中国的改革开放奠定了一个制度框架和制度基础。使得整个中国政治稳定、社会稳定，保证中国改革开放沿着民主的、法制的轨道前进。随着中国改革开放，宪法能够与时俱进，不断地吸收新的经验、新的成果，做出必要的调整。

2. 加强全国人大及其常委会建设。1982年宪法修订之后，全国人大确定了国家最高权力机关的地位。这一制度成为整个现代国家政治体系的核心和基础。同时也解决了党管理一切事务的问题，党通过国家机构来对国家进行治理。

3. 正式恢复国家主席制度和增设国家军委主席制度。邓小平认为，中国是大国，设国家主席对国家有利。新中国成立以来的实践证明，设立国家主席对健全国家体制是必要的，也比较符合我国各族人民的习惯和愿望。彭真指出，军事委员会主席由全国人大选举，对全国人大和及其常委会负责。中国共产党缔造和领导的人民解放军，在中华人民共和国成立以后，就是国家的军队。这就恰当地规定了军队在国家体制中的地位。

4. 强化政治协商制度。1954年曾有过政协是不是上院的讨论。毛泽东、刘少奇都说过，政协不是上院。我们不搞二元化，搞一元化。一元化是什么定义？权力集中在人大。全世界没有一个议会、上议院、众议院能够超过中国人大的所有权力。

5. 建立正常的退休制度。1982年2月中央作出《关于建立老干部退休制度的决定》，规定副省级、副部级干部60岁退休，正省级和正部级65岁退休。

六、江泽民、胡锦涛：巩固完善社会主义基本制度

江泽民是邓小平所开创的中国之路的捍卫者、继承者。江泽民稳妥处理了大规模动乱后的各类矛盾，使中国很快进入“天下大治”并保持至今；在世界社会主义出现严重曲折，东欧剧变，南斯拉夫“一分为七”，苏联解体，“一分为十五”，以美国为首的西方国家制裁中国等严峻的考验面前，“捍卫了中国特色社会主义”。

这一时期，加强和完善了社会主义基本制度，如人民代表大会制度、中国共产党领导的多党合作和政治协商制度、民族区域自治制度等；确立

和制定了社会主义市场经济体制的改革目标和基本构架，创新和完善了公有制为主体、多种所有制经济共同发展的基本经济制度和按劳分配为主体、多种分配方式并存的分配制度；创新和实行了中央与地方分税制，大大地提高了国家汲取财政的能力，加强和完善了宏观调控体系，保持了宏观经济稳定，实施“扩大内需”方针，成功地应对了亚洲金融危机；提出并实施了经济体制和经济增长方式的两个“根本转变”，提出并实施了“科教兴国”和“可持续发展”两大战略；根据邓小平的“两个大局”设想，做出了“西部大开发”的战略决策，兴建了一大批基础设施和生态保护工程；果断地作出了军队、武警部队和政法机关不再从事经商活动及党政机关与所办经营性企业脱钩，实行收支两条线、工程招标、政府采购制度等重大决策，努力从源头上预防和遏制腐败①；果断作出了加入世界贸易组织的重大决策，开创了全面对外开放、融入世界经济的新局面；如期实现现代化建设第二步战略目标，人民生活总体上达到小康水平，我国改革开放和社会主义现代化建设取得历史性进展。

这一时期，党中央十分清醒，抵制各种资产阶级自由化思潮，抵御国际敌对势力西化、分化我国，防止类似1989年政治风波那样大规模的动乱②；明确提出在指导思想上绝不搞多元化，坚持和加强马克思主义在意识形态领域的指导地位；坚持公有制经济的主体地位，明确不能搞私有化，反对个别人公开宣扬私有化；坚决抵制国内外“军队非党化”“军队非政治化”和“军队国家化”等错误政治观点；果断处理“法轮功”事件，坚决打击“藏独”“疆独”等各种分裂势力；坚持与西方国家“以两

---

① 参见江泽民：《通报中央政治局常委“三讲”情况的讲话》（2000年1月20日），见《江泽民文选》第2卷，人民出版社2006年版，第550页。

② 江泽民指出，中央政治局常委认为，只要我们始终坚持中国共产党的领导，实行正确的路线方针政策，国家经济不断发展，人民生活不断改善，类似1989年那样大规模的动乱是可以避免的。[参见江泽民：《通报中央政治局常委“三讲”情况的讲话》（2000年1月20日），见《江泽民文选》第2卷，人民出版社2006年版，第553页。]

手对两手，又斗争又合作，以斗争促合作”①。从而保证中国始终沿着社会主义道路不断改革、不断开放、不断前进。

胡锦涛是中国之路的坚持者、再创新者，继续观念创新、实践创新、理论创新、制度创新，特别是创新了科学发展观，使之成为引领“中国道路”的指导思想，完成了21世纪上半叶中国社会主义现代化“五位一体”的总体布局，使中国迅速成长为世界经济实力、科技实力、综合国力第二大国家，并大大缩小与美国的相对差距，也充分显示了“中国道路”的独到之处、成功之处。党的十八大报告，就是对“中国道路”的实践、理论、观点、战略的历史性集成、创新性集成。

深刻阐述了什么是中国道路的问题。中国特色社会主义道路，就是在中国共产党领导下，立足基本国情，以经济建设为中心，坚持四项基本原则，坚持改革开放，解放和发展社会生产力，建设社会主义市场经济、社会主义民主政治、社会主义先进文化、社会主义和谐社会、社会主义生态文明，促进人的全面发展，逐步实现全体人民共同富裕，建设富强民主文明和谐的社会主义现代化国家。

中国应如何探索中国道路？在一个十几亿人口的大国建设社会主义、实现现代化没有先例，更没有成功的经验可资借鉴，只能靠中国独立自主的实践、创造性的探索。中国特色社会主义建设，本质上是对中国现代化道路的探索，又是对西方现代化模式的超越。这是从西方发达国家现代化道路中不断取其精华、去其糟粕，从中国现代化历程中不断总结经验，在遭受各种困难、风险和危机中，不断试错、纠错的过程，又是不断寻（次）优、选（次）优的过程。中国之路走对了，就要坚定不移地走下去。

下面看一看改革的邪路，邪路就是否定社会主义道路，模仿和转向西方之路。刚才我已经讲到这方面了，邓小平有先见之明，拒绝了社会上的

① 江泽民：《通报中央政治局常委“三讲”情况的讲话》（2000年1月20日），见《江泽民文选》第2卷，人民出版社2006年版，第546页。

少数人主张的资本主义邪路。实际上这里头涉及资产阶级自由化，有些人想当然地觉得西方有灵丹妙药，而且这个灵丹妙药只要从西方移植过来就可以了。但事实表明，中国避免了这条邪路，逃脱了苏联的命运。这一点是邓小平作出的巨大贡献。

最近我有一篇文章讨论天下大治和天下大乱，天下大治是福，天下大乱是祸。从经济学的角度，天下大治是全国性、公益性产品，如同新鲜空气。大家呼吸新鲜空气的时候，既看不见也摸不着。但是没有新鲜空气，你就不会生存下来。我们把它界定为公益性产品，它有点不同于公共服务产品。天下大治、天下太平是一个整体性的公益性产品。

邓小平看待 1989 年那场政治风波的时候，就说要将坏事变成好事，中国可以搞得更好。20 多年之后再回顾一下小平同志这段话，已经被实践所证明，被时间所验证，也被历史所验证。

不同的道路会有不同的结果。我们来看一看这张图（见图 1）。1989 年或者是 1990 年，俄罗斯 GDP 占世界总量的比重达到 2.4%，中国只有 1.6%。到 2011 年俄罗斯达到 2.7%，略比 1990 年的 2.4% 高了 0.3 个百分点，但是中国已经达到了 10.4%。

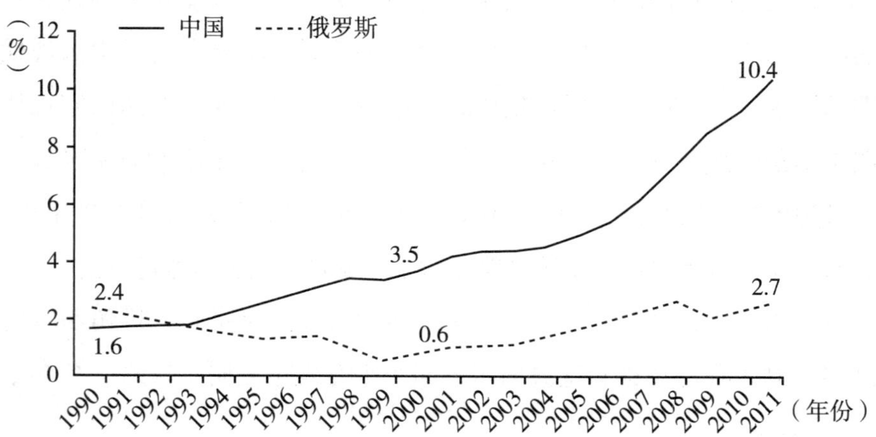

图 1　中俄 GDP 占世界总量比重（1990—2011 年，%）

1991 年苏联解体开始了转入到资本主义道路，1998 年的 GDP 相当于 1991 年的 60.5%，摧毁了 40%。我们算一下，在 1940—1945 年，由于德国入侵苏联，摧毁苏联的工业生产能力，包括军事工业生产能力和经济能力，大体损失 20%，但很快苏联就恢复了。这场和平演变没死多少人，但 GDP 下降了 60%，到了 2011 年仅比 1991 年高出 18 个百分点，俄罗斯的经济学家认为这个相当于两个卫国战争的损失。

表 5　俄罗斯经济指标增长指数（1991—2011 年）

	1991 年	1998 年	2011 年
GDP	100	60.5	118.0
工业增加值	100	48.2	87.7
加工业增加值	100	40.7	83.7
居民人均收入	100	52.5	125.1

因此我们认为俄罗斯从老路到邪路，还不如老路。包括在斯大林时代、赫鲁晓夫时代、勃列日涅夫时代以及 20 世纪 80 年代初，总体上苏联占世界经济总量第二位，后来日本超过它。现在俄罗斯饱受中国的刺激，中国提出中国梦、中华民族的伟大复兴，他们也提出俄罗斯伟大复兴。但是根据我们计算，俄罗斯经济占全世界的比重不可能回到苏联的最高峰了。

中国所走的道路是人间正道，从三流国家变成二流国家再变成一流国家。俄罗斯从老路走到邪路，付出了巨大的代价。就是这样一个铁的事实。这是经过实践检验、时间检验、历史检验的。从这个意义上来看，中国如何探索自己的道路，就在于我们能不能有高度的自觉自信，有强烈的创新意识。

现场互动

问：您讲到的1.0、2.0、3.0版的依据是什么，是否有4.0版？

答：我们在2005年出版的那本书，从发展目标、发展战略、体制模式和处理若干重大关系等方面分析，认为确实存在1.0、2.0、3.0版。至于4.0，我们现在还没有看到。基本上分清一代版本很简单，25年到30年左右。如果从党代会的角度来看，应该是五届到六届，也就是随着国情变化、在全球地位的变化、发展问题的变化，那么发展政策、发展目标、发展方面就发生变化了。每一代人一定要搞清楚，首先是继承，其次才是创新。中国道路是一代一代人持续走下去的，不要做超越历史的事情。

问：如何保证中国道路长期走下去，中国发展面临的最大危险是什么？

答：我觉得总体上来看中国最大的危险来自内部。20多年前我和王绍光写报告就是这么看的，尽管当时苏联解体、东欧剧变，美国带头经济制裁我们。我们还有一个担心，就是腐败问题。我们在1994年有一个专门研究，这本质上就是执政党面临的最大挑战。中国道路能不能走下去，关键在中国共产党，这是我的一个基本看法。20年前如此，现在也是如此。

问：您是否认同普世价值？马克思主义是否具有普世性？

答：在我们看来并没有什么普世价值。现在世界不是四大文明，已经演化为许许多多个文明了，从民族的角度来看有几千个民族，不同的民族都有自身的文化。因此，从中国的角度，我们不会去学西方霸权，把我们的价值观强行输出。马克思主义对中国来讲很重要，但并不等同于要让菲律宾等其他国家接受。

问：如何理解老路、邪路、新路的关系？路只有走后才知道是新路，是正确的、顺利的，在没有走之前如何判断我们选的路就是实现中国梦的正确新路呢？

答：这个问题问得很有水平。确实没有先知先觉，我们还是强调摸着石头过河。但是像邓小平这样的人，他比同时代的人站得高，看得远，想得深。他在 1987 年不仅提出了要用 70 年实现“三步走”，还提出了 70 年的国际和平环境。所以说他大体感悟到这个方向，而不是盲目地一直走。在走的过程中要摸着石头过河。我跟日本学者交流，他说在我们这些学者中发现毛泽东的影子。我告诉他们，“文化大革命”我们在农村的时候没什么可学的，只能学毛泽东的文集，所以对毛泽东的思想非常熟悉。我称之为学习投资的红利，它会影响你一生。读懂了，就比同代人站得更高，想得更远。

主讲人简介

武　力

现任中国社会科学院当代中国研究所副所长、研究员。兼任中国经济史学会副会长、中国现代经济史专业委员会会长。1981年毕业于北京师范大学历史学系，获历史学学士学位；1984年毕业于中国人民大学中共党史系，获法学硕士学位。曾在中国社会科学院经济研究所从事中国现代经济史研究工作。近期著作有《中国发展道路》《中华人民共和国经济史》《中国共产党治国经济方略研究》。

“今天的中国仍然面临着很多选择。现代化的路径是多元的，与力争实现现代化同样重要的，是我们在走向“现代”、不断汲取人类优秀文明成果的过程中，不仅能够拥有自主选择发展道路包括方向的权利，而且具备这种能力。在 90 多年的历史中，中国共产党与中华民族的命运紧密相连，在带领中国人民走向现代化的探索和实践中，既有成功的经验，也有失败的教训。但值得庆幸的是，我们始终保持着制度与发展模式的自主选择权。这一点在已经过去的近百年历史中至关重要，在未来也同样重要。

从世界史和中国史的角度来看，政府和市场之间的关系是核心问题。对于这个问题，我想说以下几点：第一，政府的存在并不仅仅是为了经济。第二，政府和市场有所不同，政府受到了国家地理边界的制约，市场的发展则可能突破国家的界限。第三，关于政府与人口和市场的关系，政府可以有效地管辖其国民，但无法管辖资本在国际上的流动，而且这是一个越来越强的趋势。第四，从历史的角度看，政府与市场的边界是变动不居的，不存在一个固定的、最佳的点。”

第三讲　20 世纪中国发展道路的三次转变*

武　力

20 世纪世界上出现了多种发展道路，但是概括起来说无非两种：一是以资本主义为核心的现代化；二是以社会主义为核心的现代化。在前一种发展道路方面，又由于时代、国情、发展基础、国际环境、文化等差异，表现为各种形态，其中欧美的发展模式最具代表性。在后一种发展道路方面，也是由于国情、执政党、发展基础以及文化等因素的影响，表现出各种形态，其中在 20 世纪 90 年代以前以苏联发展模式最具代表性，而 90 年代以后，则以中国发展模式最具代表性。

20 世纪的中国，从中国共产党诞生之日起至今的 90 多年里，在中国共产党的领导下，先后经历了新民主主义革命、社会主义革命和改革开放三场伟大的社会变革，也由此先后跨越了资本主义发展道路和苏联模式的社会主义发展道路，最终形成了中国特色社会主义发展道路。这条发展道

---

* 本文系武力教授 2013 年 4 月 10 日在中央国家机关司局级干部选学“中国国情与中国道路”专题班授课讲稿，王洪川协助整理。

路的选择使中国成功地摆脱了鸦片战争以来的积贫积弱状态，在经济的快速发展中逐步成长为一个令世界瞩目的强大国家。

这里要讲清楚一个道理：任何一个道路的选择，除了有外部的环境、条件的刺激以外，还有一个重要因素就是它的传统。尤其是一个大国，一个历史悠久、文化悠久的大国，它在社会发展和转型过程中所面临的问题和一个比较落后、没有深厚文化积淀的小国是不一样的。它有一种非常大的发展惯性，有自己政治、经济、文化发展出的一种高度自洽的文明。中国在传统农业文明基础上建立的大一统的封建国家向资本主义工业文明转变，遇到的问题、困难可能就更多，变革中的复杂因素也就更多。我觉得这个是我们从经济视角研究历史所说的非经济因素。如果我们从政治的角度进行研究的话，政治的传统影响是巨大的。实际上要是把它系统地理一理，从历史上去看一看，长期文化的影响依然在发挥作用。分析 1840 年以前的中国的政治、经济、文化的特点，可以对我们后来的道路选择，对于中国共产党为什么能在中国成功作一个历史的注脚。

中国是一个文明高度发达、历史悠久的大国。传统农业在明清时期已经达到了在当时条件下世界的顶峰。在政治上出现了高度大一统的多民族国家。在文化上高度自洽，形成了一整套以儒家思想学说为主体的统治理念和统治知识。形成了一批以知识分子为基础的，而不是以王公贵族或军人为基础的政治集团。这些都是对后来影响非常大的。所以当工业文明以资本主义对外侵略的方式进来的时候，它遇到了一个很强的抵抗。表现在战争上，中国一次一次打，一次一次败。从思想文化上来看，这种抵制甚至一直延续到今天。

一、1840 年以来的民主革命选择了新民主主义

19 世纪前期到 19 世纪六七十年代，第一次工业革命大大推动了资本主义国家的发展和殖民扩张，许多国家沦为其殖民地和半殖民地，资本主

义世界市场初步形成。而英国在经历了 18 世纪中叶的产业革命后，迅速发展为强大的资本主义工业国家。在第二次工业革命的推动下，资本主义经济在 19 世纪末 20 世纪初迅猛发展。与此相伴的是世界交通运输业的显著发展，这不仅便利了国际间的经济交流，也将大多数国家进一步纳入了世界市场体系。

工业革命在西方的兴起及快速推进，使世界经济格局发生了戏剧性的变化，按照有些研究者的观点，在此前相当长的历史中，“世界发展过程的空间焦点长期在东方徘徊”①，亚洲尤其是中国的经济发展水平领先而不是落后于欧洲。然而，随着侵略者的入侵、鸦片战争的爆发，中国的这种地位在很短的时间里就发生了颠覆性的变化。据麦迪森估计，1820 年中国 GDP 总量占世界 GDP 总量的 33%，居世界首位；到 1900 年则下降到 11%；到 1950 年则进一步下降到 5%。从人均 GDP 来看，1820 年中国人均 GDP 相当于世界平均水平的 90%，1900 年则下降至 43%，到 1950 年则进一步下降至 21%，差距不断扩大。② 另据麦迪森估计，1820—1952 年间，中国 GDP 和人均 GDP 的年均增长率分别为 0.22% 和 -0.08%，而同期欧洲的 GDP 和人均 GDP 的年均增长率则分别为 1.71% 和 1.03%。③

鸦片战争所带来的对于中国人精神、思想层面的冲击，丝毫不亚于西方的坚船利炮对这个古老国度产生的影响。中国在这次以及此后的一系列战争中所经历的失败和屈辱促使中国人开始了对自身的反省和对世界的重新认识。自 1840 年直到 20 世纪初期，中国在自强和发展的道路选择上，从继续维护封建集权帝制到君主立宪再到民主共和，变动甚为迅速；在思想观念上，则从最初的“师夷长技以制夷”到“中学为体、西学为用”

① ［德］贡德·弗兰克：《白银资本》，刘北成译，中央编译出版社 2001 年版，第 371—393 页。

② ［英］安格斯·麦迪森：《世界经济千年史》，伍晓鹰等译，北京大学出版社 2003 年版，中文版前言。

③ 转引自蔡昉、林毅夫：《中国经济》，中国财政经济出版社 2003 年版，第 5 页。

再到“全盘西化”。

尽管西方国家从制度到经济，在当时很多中国人的心目中都被视为一个样板，但“全盘西化”的努力仍没有找到能够彻底解决中国问题的出路。侵略者不会、也不愿意给中国足够的时间去复制西方的先进制度与强大实力。而近代以来西方文明在中国所表现出来的破坏性，以及第一次世界大战之后满目疮痍的欧洲和继之而来的世界经济危机，更推动了中国人对于西方文明的反省，此前被无限推崇和向往的西方制度似乎也不是那么完美无缺。晚年的梁启超在游历欧洲之后就曾提出，年轻人首先应当存有“尊重爱护本国文化的诚意”，继而是要拿“西洋的文明”来扩充、补助我们的文明，以成就“一个新文化系统”①。这意味着中国人在学习西方的同时已经开始了反思和重构自身文化、价值体系的努力。这种反思的出现是必然的，这并不仅仅因为我们对于自身文化和历史在感情上的认同，更重要的原因是我们根本不可能放弃一个民族几千年的历史积淀，做到与传统的完全割裂和对西方文化的全盘接受。但是反过来，中国的传统文化在近百年来抵御西方侵略过程中却屡战屡败，已经被证明不能解救民族危机和重新振兴中华，这也是 1915 年后全国兴起新文化运动的重要原因。同样，新文化运动的应运而生，也标志着中国开始运用马克思主义来改造中国文化和探索民族独立和振兴之路。

中国必须找到一条自己的发展道路。马克思主义恰恰在这一时期传入了中国，这一理论很快就有了坚定的追随者。一方面，社会主义的理论、手段和设想的制度，不仅可以帮助中国完成反帝反封建的民主革命任务，同时还可以避免资本主义社会已经暴露出来的对外侵略、对内压迫人民和周期性经济危机的弊病，即为中国人指出了一条超越西方、通向“大同世界”的路径。另一方面，俄国十月革命的成功以及新生的苏联对中国

---

① 梁启超：《欧游心影录》，《饮冰室文集》第 23 卷。

所表现出的友好，进一步加深了中国人对社会主义这种新的社会制度的好感和向往。更何况这种体制本身又被赋予了一种理想色彩，即使单纯从道义的角度而言，追求正义、自由、平等和富裕的社会主义，对深受帝国主义、封建主义压迫剥削的中国人民来说，也是极具吸引力的。因此，一生追求中国独立富强的民主革命家孙中山先生在晚年就提出："今后之革命非以俄为师断无成就。"① 而所谓的苏联革命，实质上就是无产阶级政党领导的革命。

中国共产党正是在这样的背景下应运而生的。1921 年 7 月，中国共产党第一次全国代表大会通过纲领，确定把实现社会主义、共产主义作为自己的奋斗目标。② 中国共产党的成立以及马克思主义的传播，让中国人看到了一条不同于西方、却可以让中国走向独立、平等和富强的道路。在两次世界大战的险恶国际环境下，中国共产党带领中国人民走出黑暗，为现代化扫清了政治障碍，实现了国家的独立和统一。

作为中国共产党领导的新民主主义革命，在打倒帝国主义、封建主义和官僚资本主义的同时，其所选择和建立的经济模式则是新民主主义经济。

早在抗日战争时期，毛泽东就对新民主主义革命理论进行过系统阐述。1939—1940 年间，毛泽东相继发表《中国革命和中国共产党》《新民主主义论》等重要文章。他指出，鸦片战争后，处于半殖民地半封建社会的中国，其革命必须分为两个阶段：第一步，推翻帝国主义和封建主义，改变半殖民地、半封建的社会形态，使之成为独立的民主主义的社会；第二步，使革命继续向前发展，逐步消灭资本主义，建立一个社会主义的社会。这是一个由无产阶级领导的统一的革命过程。其中，前者是后

① 转引自陈红军、赵波：《缅怀伟人，传承友谊》，《光明日报》2011 年 4 月 26 日。

② 中共中央党史研究室：《中国共产党历史·第一卷（1921—1949)》，中共党史出版社 2002 年版，第 68 页。

者的必要准备，后者是前者的必然趋势。毛泽东从这一时期就开始强调："资本主义会有一个相当程度的发展，这是落后的中国在民主革命胜利之后不可避免的结果。"①

此后的十年间，毛泽东多次在重要会议上提出适当发展资本主义经济的重要意义。党的七大，毛泽东批评了一些党内同志急于消灭资本主义的想法，并在政治报告《论联合政府》中指出："拿资本主义的某种发展去代替外国帝国主义和本国封建主义的压迫，不但是一个进步，而且是一个不可避免的过程，它不但有利于资产阶级，同时也有利于无产阶级，……在中国的条件下，在新民主主义的国家制度下，除了国家自己的经济、劳动人民的个体经济和合作社经济之外，一定要让私人资本主义经济在不能操纵国民生计的范围内获得发展的便利，才能有益于社会的向前发展。"②

1947 年 12 月，在陕北米脂召开的中共中央会议上，毛泽东明确提出了新民主主义三大经济纲领：第一，没收封建阶级的土地归农民所有；第二，没收蒋介石、宋子文、孔祥熙、陈立夫为首的垄断资本归新民主主义的国家所有；第三，保护民族工商业。同时，又一次强调："由于中国经济的落后性，广大的上层小资产阶级和中等资产阶级所代表的资本主义经济，即使革命在全国胜利以后，在一个长时期内，还是必须允许它们存在；并且按照国民经济的分工，还需要它们中一切有益于国民经济的部分有一个发展；它们在整个国民经济中，还是不可缺少的一部分。"并明确提出，新民主主义的全部国民经济将包括国营经济、由个体逐步地向着集体方向发展的农业经济以及独立小工商业者的经济和小的、中等的私人资本经济等几个构成要素。③

---

① 毛泽东：《中国革命和中国共产党》（1939 年 12 月）、《新民主主义论》（1940 年 1 月），《毛泽东选集》第 2 卷，人民出版社 1991 年版，第 621—656 页、第 662—711 页。

② 毛泽东：《毛泽东选集》第 3 卷，人民出版社 1991 年版，第 1029—1100 页。

③ 毛泽东：《目前形势和我们的任务》，《毛泽东选集》第 4 卷，人民出版社 1990 年版，第 1187—1206 页。

1949年，“以公私兼顾、劳资两利、城乡互助、内外交流的政策，达到发展生产、繁荣经济的目的”被作为新中国新民主主义经济建设的根本方针写进了《中国人民政治协商会议共同纲领》。国营经济、合作社经济、农民和手工业者的个体经济、私人资本主义经济和国家资本主义经济，各种社会经济成分将“在国营经济领导之下，分工合作，各得其所，以促进整个社会经济的发展”。① 新民主主义经济肯定了社会主义国营经济领导下多种经济成分并存的经济发展方式，而“公私兼顾、劳资两利、城乡互助、内外交流”政策则是处理各种不同经济成分之间的关系及其他经济关系的准则。

新民主主义经济模式的选择不仅保障了中国民主革命的胜利，而且充分发挥了各种经济成分的积极作用，使得中国经济在很短的时间里就走出旧中国极端残破混乱的状态，进入大规模经济建设。大量数据表明，在1949—1952年的短短3年里，中国的国民经济恢复和发展极为迅速，不仅工农业生产有较大增长，人民生活水平也有明显改善。新民主主义经济是中国共产党做出的一次非常有益的尝试和对中国发展道路的宝贵探索。无产阶级在获取政权之后并没有立即确立社会主义的经济体系，而是采取了更为稳健的举措，调动各种积极因素，允许有利于国计民生的私人资本主义经济和个体经济继续发展，这种做法与俄国十月革命后苏联共产党实行的经济政策是有明显差异的。

新民主主义经济通过计划指导和市场机制来规范国民经济的运行，这和第二次世界大战后许多国家通行的混合经济颇为相似，但本质的区别在于：它是在中国共产党政治领导和控制了国家经济命脉的社会主义国营经济的领导下运行的②。由此既实现了国民经济的快速恢复，也为新中国接

---

① 《中国人民政治协商会议共同纲领》，《建国以来重要文献选编》第4册，中央文献出版社1992年版，第7页。

② 吴承明：《中国的现代化：市场与社会》，生活·读书·新知三联书店2001年版，第372页。

下来的社会主义改造奠定了基础。新民主主义经济，这一创造性概念的提出，使中国实现了对资本主义发展阶段的跨越，稳定并迅速地进入了社会主义计划经济时期。新民主主义经济的另一个重要意义在于，它为新中国30年后的改革开放提供了一个很好的范例，因为在多种经济成分并存和市场机制两个基本点上，改革开放与新中国初期的新民主主义经济并无二致。①

二、为国家安全和突破“贫困陷阱”选择了社会主义计划经济

“在所有落后的国家里，不管有没有建立社会主义体制，都有一种所谓‘后来者’的急迫和压抑心态，深切地感到严重落后于那些更为发达和富裕的国家。”② 一个像中国这样曾经辉煌、在近代又备受欺凌的大国尤其如此。而这种心态直接影响着后发国家在工业化初期对资源配置方式和发展战略的选择。中国共产党的第一代领导集体面对一个积贫积弱的中国，在摆脱了帝国主义、封建主义和官僚资本主义的压迫后，最高决策者渴望迅速建立一个全新的、实力强大的中国的心情十分急迫。因为只有如此，才能为中国在严酷的国际环境中赢得应有的地位和尊严，同时，也让此前人们所期待的社会主义制度的优越性真正得以体现。

同时，朝鲜战争爆发后的严峻国际形势和落后的国防工业，使得毛泽东为核心的中共第一代领导集体自然将国家安全放在首位，促成了优先快速发展重工业的决心。正如经过毛泽东亲自修订的《关于党在过渡时期总路线的学习和宣传提纲》所说：“因为我国过去重工业的基础极为薄

① 吴承明：《中国的现代化：市场与社会》，生活·读书·新知三联书店2001年版，第373页。

② ［匈牙利］雅诺什·科尔奈：《社会主义体制：共产主义政治经济学》，张安译，中央编译出版社2008年版，第153页。

弱，经济上不能独立，国防不能巩固，帝国主义国家都来欺侮我们，这种痛苦我们中国人民已经受够了。如果现在我们还不建立重工业，帝国主义是一定还要来欺侮我们的。”①

以工业为例，1952年当中国完成经济恢复任务，开始大规模经济建设时，中国工业发展水平与西方国家相比，差距是很大的。以直接关系到国防工业的钢产量来看，虽然当时的钢产量已经是1949年的3倍，但是与当时的敌人美国相比，差距如下：总量美国是中国的57倍，人均是224倍。1952年，中国天然原油年产量已达19. 54万吨，为旧中国天然原油最高年产量8. 2万吨的2. 3倍。2010年我国原油产量接近1. 9亿吨，消费量则达到4亿吨。毛泽东当时感慨地说：“现在我们能造什么？能造桌子椅子，能造茶碗茶壶，能种粮食，还能磨成面粉，还能造纸，但是，一辆汽车、一架飞机、一辆坦克、一辆拖拉机都不能造。”②

朝鲜战争初期中美两国陆军师编制装备对比表

	美军陆军师	志愿军入朝时的编制
步兵团(个)	3	3
炮兵营(个)	4—5	2
坦克营(个)	1	0
坦克(辆)	149	0
榴弹炮(门)	72—84	0
无后坐力炮(门)	120	0
高射炮(门)	64	0
70毫米以上迫击炮(门)	76	42

① 《为动员一切力量把我国建设成为一个伟大的社会主义国家而斗争》(1953年12月)，中共中央文献研究室编：《建国以来重要文献选编》第4册，中央文献出版社1993年版，第705页。

② 毛泽东：《毛泽东文集》第6卷，人民出版社1999年版，第329页。

续表

	美军陆军师	志愿军入朝时的编制
步兵炮、山炮(门)		24
火箭筒(具)	543	27
装甲车(辆)	35	0
汽车(辆)	3800	0
无线电通信机(部)	1600	20
人数(万)	1.8	1.3

资料来源:徐焰《朝鲜战争中美经济实力对比》,《兵器知识》2010年第11期。

于是，在经过了短暂的新民主主义经济时期之后，1953年，党中央正式提出了党在过渡时期的总路线：“要在一个相当长的时期内，逐步实现国家的社会主义工业化，并逐步实现国家对农业、对手工业和对资本主义工商业的社会主义改造。”近代以来所形成的民族危机感，在1949年以后并没有消失，而是表现为对国际上的危机仍有着过高的估计。① 为此，我们不仅要进行工业化，还要“首先集中主要力量发展重工业，建立国家工业化和国防现代化的基础”②。

然而，当时中国工业化所面临的约束条件却十分苛刻。对内，重工业发展所急需的资金是我们最稀缺的资源之一。中国当时是一个典型的传统农业大国。早在清朝后期，人口与耕地的矛盾已经十分尖锐。当时就有人形象地说：“人多之害，山顶已植黍稷，江中已有洲田，川中已辟老林，苗洞已开深箐，犹不足养，天地之力穷矣。种植之法既精，糠核亦所吝

① 邹谠：《二十世纪中国政治》，(香港) 牛津大学出版社1994年版，第234—237页。

② 中共中央文献研究室编：《建国以来重要文献选编》第4册，中央文献出版社1993年版，第353页。

惜，蔬果尽以助食，草木几无孑遗，犹不足养，人事之权殚矣。”① 美国国务卿艾奇逊在1949年7月30日关于送呈《美国与中国的关系》白皮书致总统杜鲁门的信中即说：“在形成现代中国之命运中，有两个因素起了重要的作用。（第一个因素）是中国的人口，在十八、十九世纪增加了一倍，因此对于中国成为一种不堪重负的压力。（近代史上）每一个中国政府必须面临的第一个问题，是解决人民的吃饭问题，到现在为止，没有一个政府是成功的。国民党曾企图用制定许多土地改革法令的方式，以谋解决这个问题。这些法律中有的失败了，另外则遭忽视。国民政府今日所面临之难境，大部分正为了它不能以充分的粮食供给中国民食，中共宣传的大部分，就是由他们将解决土地问题的诺言所组成。”②

1952年国民经济恢复任务完成后，不仅我国第一产业就业人员占总经济活动人口的比例高达83.5%，而且人均生产资料非常缺乏，据1954年国家统计局的调查，全国农户土地改革时平均每户拥有耕畜0.6头，犁0.5部，到1954年年末也才分别增加到0.9头和0.6部。加上人多地少，农业能够为工业化提供的剩余也非常少。另外，工业产值仅占国内生产总值的17.6%，其自我积累的能力也非常有限③。1952年，我国的城乡人均储蓄只有1.5元，国家的外汇储备1.39亿美元，财政总收入183.7亿元，用于经济建设的资金尚不足100亿元。④ 国家有限的财力与即将开始的经济建设所需要的巨额资金之间存在着巨大的缺口。对外，西方国家政治与经济上的孤立和封锁，以及与苏联东欧社会主义国家的经济同构，又决定

① 汪士铎：《乙丙日记》，转引自《中国近代资产阶级经济发展思想》，福建人民出版社1998年版，第3页。

② 《美国与中国的关系》（上卷），中国现代史资料委员会编，1957年9月印刷，第4页。

③ 资料来源：国家统计局网站公布年度统计数据，www.stats.gov.cn。

④ 武力主编：《中华人民共和国经济简史》，中国社会科学出版社2008年版，第67页。

了新中国只能在半封闭的状态下发展内向型经济，这意味着中国必须依靠自身实行迅速而大规模的资本积累来启动工业化进程，有限和分散的农业剩余几乎是我们获取这种积累的唯一途径。

为了推进工业化，中国急需建立起一个高度集中的计划经济体制，以确保国家拥有强大的资源动员和配置能力。新民主主义经济不能满足这样的要求，所以，新中国很快开始了由新民主主义经济向苏联模式的社会主义经济过渡。统购统销政策出台，农业合作化和资本主义工商业改造步伐的加快，都是加快工业化的产物。发展模式的接近，是因为中苏两国在近于相同的目标和约束条件下必然会使用类似的方法手段，对于苏联经验的接纳也是实事求是的行为。① 从1953年起，农业合作化运动加快。“过于注重上层结构，很少涉及低层”是中国近百余年多次社会变革中所表现出的一个重要特征，但毛泽东和中国共产党恰恰“改革了中国的农村，创造出一个新的低层结构，使农业上的剩余能转用到工商业”。② 与此同时，对个体手工业、私营工商业的社会主义改造也在迅速推进，到1956年年底，社会主义改造取得了决定性胜利，全民所有制和集体所有制在整个国民经济中占据了绝对优势的地位，从而重塑了社会经济的微观行为主体，这也意味着新民主主义经济的终结。同时，行政性的计划管理方式也逐步形成，管理体制逐渐由以市场为基础的计划与市场相结合转向指令性计划为主的计划经济③。社会主义计划经济体制最终确立。这是在当时的资源瓶颈之下，由国家强力推进工业化的结果。

单一公有制和计划经济确实保障了剩余索取和投资达到了最大限度。根据发展经济学和“贫困陷阱”假说，一个国家经济起飞的重要条件之

---

① 林毅夫：《中国经济专题》，北京大学出版社2008年版，第73页。

② 黄仁宇：《资本主义与二十一世纪》，生活·读书·新知三联书店2007年版，第510、536页。

③ 武力主编：《中华人民共和国经济史》（上），中国时代经济出版社2010年版，第298页。

一是投资超过 GDP 的 11%。旧中国经济最好的 1931—1936 年，资本积累率 6 年中有 4 年为负数，最高的 1936 年也仅为 6.0%。[1] 而新中国 1978 年以前的资本积累率远远高于 11%，最低为 1963—1965 年的 22.7%，最高为“四五”计划时期的 33.27%，被认为最合理的“一五”计划时期则为 24.2%。

三、突破苏联经济模式的艰辛探索

以单一公有制和计划经济为体制基础的赶超型工业化道路一经形成，在发挥出其高积累和集中力量办大事的优越性同时，也立刻暴露出其与普遍落后的生产力水平以及城乡、区域、行业之间经济发展极端不平衡不相适应的问题，暴露出优先发展重工业和高积累政策下如何保证农、轻、重协调发展的问题。从 1956 年社会主义改造基本完成时，中国共产党就开始探索怎样改革和完善这个发展道路，其代表性的成果就是毛泽东的《论十大关系》。这个发展模式，虽然在保障社会稳定和国家独立工业体系建立方面具有明显的优势，但却掩盖了微观经济层面的活力不足。而从革命战争年代过来的毛泽东非常熟悉的群众运动和政治激励机制，并且寄希望于通过这种方式来调动全国人民的积极性，从而发挥出社会主义的优越性。于是在遭遇“大跃进”失败以后，毛泽东的改革则转向了更为激进的政治激励和群众动员，直至运用“阶级斗争”手段，并发展为“文化大革命”。

应该指出，在 1978 年改革开放以前有关中国发展道路的探索中，以“自力更生”和高积累为手段、以优先快速发展重工业为目标的超常规发展，虽然导致了各个方面的紧张和工农业关系的失调，但是也的确达到了传统社会主义发展模式的部分预期目标：第一，在短时期内建立起相对完

---

① 巫宝三主编：《中国国民所得（1933 年）》上册，中华书局 1997 年版，第 20 页。

整的现代工业体系；第二，实现了跨越式发展，建立起强大的国防工业；拥有了“两弹一星”；第三，通过大规模的基础设施改造和投资，为后来的发展奠定了基础，其中尤其以农田改造、水利建设和重工业发展最为突出，它们保证了20世纪80年代农业的高速增长和城乡轻工业的快速发展；第四，通过强制性的推广低成本、覆盖全社会的初等教育和医疗保障，提高了人力资本。此外，社会主义所具有的集中力量办大事的优越性也充分体现出来。例如：通过集中财力保证了“一五”时期1/3的重点项目在国防工业；通过“大会战”的方式实现了石油工业的飞速发展；通过“集体攻关”的方式加速了科技创新；通过“三线建设”缩小了内地与沿海工业发展的差距，以及通过“工业学大庆”“农业学大寨”“全国学人民解放军”等精神激励来替代物质激励不足，等等。问题是上述这些优越性就总体上来说，随着经济的发展和国际环境的改善，呈现出成本上升和效益递减的特征。

另外，从思想和认识层面来看，1978年以前中国共产党对社会主义经济发展道路的探索也已经达到了创新的临界点。由于中国是在一个人口多、底子薄、经济发展极不平衡的农业大国基础上开始社会主义经济建设的，所遇到的一系列重大问题都是新问题，当时的国际社会主义阵营没有提供现成的答案，因此需要探索一条适应中国国情的发展道路。

必须承认，新中国建立初期在经济体制的诸多方面都与苏联表现出了高度的一致性。但反思是与“模仿”同步进行的，以下四个方面是当时中国共产党对苏联模式的社会主义计划经济体制反省最多的地方：第一，关于社会主义经济成分的多样性与单一公有制的关系。在社会主义经济所有制结构的构建和不断完善上，中国有更为灵活的态度和方法。这体现在两个方面，首先是社会主义改造的过程。中国对苏联经验的一个重要修正在于合作化并不是像苏联那样采取突然的、混乱的形式，而是被设计成逐步的、一个阶段接一个阶段的分三步走的过程：先是互助组，然后是初级社，最后是高级社。[①] 对于资本主义工商业的改造中国也采取了相对温和的赎买政策。这些做法都与苏联有所区别。其次，中国对单一公有制带来的问题一直给以关注。从毛泽东、刘少奇、陈云等人的论述中都可以看出领导者对于单一公有制可能造成的低效以及对微观经济主体激励不足的觉察。第二，关于计划与市场的关系。最具代表性的反思，一是陈云提出的“主体”与“补充”的思想；二是李富春提出的“指导性计划”与“指令性计划”相结合的思想。中共领导集体意识到社会主义经济既应当有计划性，又应当有多样性和灵活性。[②] 第三，关于集权与分权的关系。“应当在巩固中央统一领导的前提下，扩大一点地方的权力，给地方更多的独立性，让地方办更多的事情……我们不能像苏联那样，把什么都集中到中央，把地方卡得死死的，一点机动权也没有。”[③] 这几乎是当时全党的共识。第四，关于农轻重的关系和产业结构调整问题。我们“要适当地调整重工业和农业、轻工业的投资比例”，以重工业为投资重点，但也要加重农业和轻工业的投资比例。[④] 这个思想后来发展为“以工业为主导，以农业为基础”的国民经济综合平衡、全面协调发展方针。

在改革开放前的30年里，中国共产党的探索虽然出现失误，但是也形成了不少正确的认识和积累了成功的经验。例如：在宏观经济方面，提出了“以农业为基础，以工业为主导，农、轻、重协调发展”的产业发展思想，提出了调动中央与地方“两个积极性”的主张，提出了国民经济发展的“四大平衡”理论，提出了指令性计划和指导性计划相结合的管理思想，提出了计划经济为主、市场经济为辅的思想。在微观经济方面，提出了要处理好国家、集体、个人关系，要处理好积累与消费的关

---

① ［美］R·麦克法夸尔、费正清主编：《剑桥中华人民共和国史·上卷 革命的中国的兴起（1949—1965年）》，中国社会科学出版社2007年版，第102页。

② 参见《刘少奇论新中国经济建设》，中央文献出版社1993年版，第347—351页。

③ 毛泽东：《论十大关系》，《毛泽东文集》第7卷，人民出版社1999年版，第30页。

④ 毛泽东：《论十大关系》，《毛泽东文集》第7卷，人民出版社1999年版，第24页。

系，要处理好按劳分配与多劳多得的关系。在实践方面，则有过农业“包产到户”的经验，恢复个体经济和自由市场的经验，技术引进的经验，处理中央与地方经济关系的经验（例如分灶吃饭），等等。尽管八大前后的反思在此后的执行过程中被打了折扣。但这些反省在方法论上所具有的意义可能比它们当时发挥的作用更重要，因为这些反省和经验为1978年开始的改革开放奠定了思想基础。

四、改革开放选择了社会主义市场经济

毛泽东曾经说过：“错误和挫折教训了我们，使我们比较聪明起来，我们的事情就办得好一些。”新中国成立30年，特别是“文化大革命”10年的失误深刻教育了中国共产党和全国人民。1978年十一届三中全会以后，中国共产党在充分吸取过去经验教训的基础上，解放思想、实事求是，与时俱进，很快就突破了前30年形成的发展模式，实现了对传统社会主义理论的带有根本性的突破和创新，引导中国走上了中国特色社会主义市场经济发展道路。而同时，国际环境的变化和国内经济发展的水平也为其提供了客观条件。

第一，是根据第二次世界大战后30多年来国际政治经济格局的变化，中国共产党提出了和平与发展是当今世界的主题，改变了我们对待外部环境和世界性战争不可避免的认识，从而使得中国走上了充分利用国外资源和国外市场来发展自己的道路。中国也由此真正摆脱了战时经济的束缚。

第二，国际环境的缓和以及对其正确的判断，也为改变国内长期实行的优先发展重工业战略和居高不下的高积累政策提供了可能。中国经济终于可以处于农、轻、重均衡发展，积累与消费同等重要的宽松环境，从1979年开始，中国共产党就开始调整农、轻、重关系，并通过提高农产品收购价格，普遍提高职工工资来扩大消费，真正实行了新中国30年来一直追求的协调发展政策。

第三，与上述协调发展和提高人民消费水平目标相匹配，必然是“放权让利”的体制变革，允许地方政府、企业和人民群众“八仙过海，各显神通”，而这种改革和突出成效自然也就从过去束缚最多、危机最深的农业开始。家庭联产承包责任制的普遍推广和乡镇企业的“异军突起”不仅从根本上改变了农村经济的微观机制，也为城市改革提供了榜样和示范。于是，在“让一部分人、一部分地区先富起来”的诱导下，加上“放权让利”的制度和政策保障，在 20 世纪 80 年代形成了一个自下而上的诱致性变迁为主的强大动力，中国共产党终于在 80 年代突破了单一公有制和按劳分配这两个过去作为社会主义经济制度基石的理论束缚，从而为建立新型的社会主义市场经济发展道路奠定了微观经济结构和基础。

第四，从“放权让利”和农村改革一开始，就自然出现了市场调节，长期受到抑制的市场因素迅速复活，并日益显示出它调节经济的灵活性、及时性和有效性，于是随着改革开放的深入和所有制结构及实现形式的多样化，市场机制调节的范围和配置资源的作用越来越大，并最终导致在党的十三大上提出了“国家调控市场，市场引导企业”的经济体制改革目标，而这个目标到十四大上则正式形成了社会主义市场经济理论。于是，作为传统社会主义经济理论和实践模式的又一个基石“计划经济”被突破和创新。

到 1997 年党的十五大，以邓小平理论确定为标志，中国共产党终于实现了对社会主义经济制度和发展理论的飞跃，并走出了一条新型的中国特色社会主义经济发展道路。30 多年来，中国国民经济总量从 1978 年的 2683 亿美元，猛增到 2010 年的 5. 879 万亿美元，增长了 20 余倍，年均增长率接近 10%，经济总量在世界各国中的排名，也由 1978 年的第 10 位跃升至 2010 年的第 2 位。这不仅开创了中国经济发展史上前所未有的“高速”时代，也是世界经济发展史上的一个奇迹。

经过新中国成立之后半个多世纪的探索，中国共产党终于完成了社会主义发展道路的成功转型，再一次向全世界证明社会主义可以与时俱进并有着巨大优越性。这种优越性不仅体现在其经济体制比资本主义具有更大的包容性，可以充分发挥国有经济、私营经济、外资经济的积极作用，可以有机地融入全球化的世界经济并获得共赢，而且还体现在它所具有的强大经济发展动力和充分利用各种资源的能力上。

结束语：发展模式的自主选择与现代化路径的多元性

西方的现代化理论源于将西方的历史经验理想化地抽象为一个普遍适用的模式。在西方的大多数理论文献中，无论是维护现存体制的理论还是革命的理论，中国从来都不是主体，而仅仅是“他者”。这使关于中国的研究掉入了一个“西方中心主义”的陷阱。① 经过几代中国人的不懈努力，我们终于置身于现代化的进程中，这是近代以来无数中国志士仁人的梦想。今天的中国仍然面临着很多选择。现代化的路径是多元的，与力争实现现代化同样重要的，是我们在走向“现代”、不断汲取人类优秀文明成果的过程中，不仅能够拥有自主选择发展道路包括方向的权利，而且具备这种能力。在90多年的历史中，中国共产党与中华民族的命运紧密相连，在带领中国人民走向现代化的探索和实践中，既有成功的经验，也有失败的教训。但值得庆幸的是，我们始终保持着制度与发展模式的自主选择权。这一点在已经过去的近百年历史中至关重要，在未来也同样重要。

---

① 黄宗智：《学术理论与中国近现代史研究》，载《中国研究的范式问题讨论》，社会科学文献出版社2003年版，第109—113页。

第四讲　中国政府与市场关系的历史考察*

武　力

2008 年金融危机爆发后，政府与市场的关系再次成为政策辩论的核心。2012 年党的十八大报告中提出了“经济体制改革的核心问题是处理好政府和市场的关系”这个命题，并强调“必须更加尊重市场规律，更好发挥政府作用”。中国作为世界上最大的发展中国家，在以工业化、市场化、城市化为标志的经济现代化过程中历尽艰难曲折，终于懂得了必须依靠市场调节和政府调控并举的“双轮驱动”，明白了政府与市场的各自职能和边界并不是固定不变的，而是因时、因地、因事而随时调整的，从而可以避免经济发展过程中的“市场失灵”和“政府失灵”。但是就现实来说，政府与市场的关系仍然存在着不少问题，例如政府转变经济职能的任务仍然没有完成，中央与地方之间的财权与事权不匹配，分配不公加剧，市场发育还不成熟，法制不健全，秩序混乱，监管不到位，等等。因

---

* 本文系武力教授 2013 年 4 月 12 日在中央国家机关司局级干部选学“中国国情与中国道路”专题班授课讲稿，唐啸协助整理。

此，加快政府经济职能转变，进一步优化政府与市场关系，促进经济发展模式实现实质性转变，已经成为当前国家经济社会发展战略的必然选择。

今天我想和大家讲的，主要是从历史的视角来考察政府和市场的关系。我会把这个问题分成四个部分来讲：第一部分，介绍在经济发展过程中政府和市场之间的关系；第二部分，介绍在中国传统社会中政府和市场之间的关系，之所以要溯及那么远，是因为中国是两千多年的大一统国家，中国在传统农业文明的基础上形成的商品经济实际上是非常发达的，早就形成了统一市场，这与欧洲封建社会差异非常大，所以对后来影响也比较大；第三部分，讨论新中国成立以后，中国走向计划经济的原因以及在计划经济中政府和市场之间的关系，在原因部分我想讲一下当时市场失灵的问题，在计划经济内容的部分我则会介绍计划经济失灵的情况，这导致我们在1978年以后的改革中重新引入了市场机制；第四部分，介绍改革开放以来政府和市场之间关系的演变以及这三十多年的大致立场。

一、经济发展过程中的政府—市场关系

从世界史和中国史的角度来看，政府和市场之间的关系是核心问题。对于这个问题，我想说以下几点：

第一，政府的存在并不仅仅是为了经济。

第二，政府和市场有所不同，政府受到了国家地理边界的制约，市场的发展则可能突破国家的界限。

第三，关于政府与人口和市场的关系。政府可以有效地管辖其国民，但无法管辖资本在国际上的流动，而且这是一个越来越强的趋势。

第四，从历史的角度看，政府与市场的边界是变动不居的，不存在一个固定的、最佳的点。政府该怎样、市场该怎样，实际上是随着发展水平、发展阶段，国家所处的国际环境、市场的发育程度和政府的管理

能力等因素的变化而变化的。政府和市场的关系实际上受到很多条件的约束。

下面，我想借两个例子对我的观点做进一步说明：

守夜人与工业革命

亚当·斯密提出政府要做守夜人，不要去干预经济。我们从一般经济学理论上去理解，便认为应该做到政府和市场两分，政府不要干涉太多，市场能够自动地调节经济发展、有效地配置资源。但联系守夜人理论产生的历史背景，我们就会发现其含义并不是那么简单。亚当·斯密于1776年在《国富论》中提出了守夜人理论，当时英国正处在资产阶级革命完成以后、工业革命开始时的阶段，其内部已经建立起了资本主义的一些基本法律制度，对外则有着强大的扩张市场和原料产地的需求，其需要为资本主义这种生产方式提供一个高度的、自由的发展空间。同时，当时的英国，资本主义经济实际上还不是非常强大，整个传统社会长期形成的封建专制力量、政府的力量则非常强势。因此，亚当·斯密说政府不要管，并不是说政府不要管对外扩张，而是不要干涉国内的事情。

亚当·斯密认为政府要管的事情主要有两项：一是税收，政府通过它强大的国家机器，把剩余归到政府手中；二是制定法律，为了维护社会的稳定，国家可能会制定一些它认为有利于社会安定的方针政策，比如限制土地兼并、“羊吃人”这种行为，毕竟作为政府，都必须考虑到最广大人民的需求。后来李斯特在德国提出的政府要干预，政府要实行统治贸易，这是因为当时德国落后于英国，必须靠政府的力量来支持国内工业的发展和对外扩张，才能保证它的发展。

所以，一种理论、一种政策的提出，都是有它特定的环境的，并不是一种无条件的凭空想象。今天我想讲的东西，也都是在特定条件下产生的。

德国与法国的差异

德国和法国在企业构成上有较大差异，德国的私营企业非常多，法国的国有企业力量比较强，这种现象与两个国家的发展历程密不可分。

德国在宪法里列入了对私营产权的限制，要求私营企业承担一定的社会责任，这使得其从十八世纪以后就形成了一种强政府，能够通过政府强有力的手有效制约私营企业。正是因为德国政府有相应的手段能对私营企业进行控制，所以敢于鼓励私营企业发展。

法国经过了比较彻底的革命，政府在经济上并不是非常强大的，管理能力也比较薄弱，因此它想通过国有企业这种直接的手段去控制和调配资源。

所以，我想再强调一下，政府和市场的关系是变动不居的、是在一定历史条件下形成的，并非是固定不变的。

二、中国传统社会中政府—市场关系

中国曾经是一个地域辽阔、农耕与游牧民族共生的高度发达农业文明大国。在发达的地主所有制和小商品经济基础上，建立了悠久的中央集权官僚体制。这种历史传统对于今天制度和观念的形成是有着非常大的影响的。

对传统经济的重新认识

在我们过去所接受的历史教育中，一直认为中国传统社会的经济是自然经济，是一种小生产、男耕女织的经济，和资本主义的市场经济完全不同。在我们的印象里，这种经济是自给自足或者半自给自足的，其工商业以官营工商业为主，主要是为地主阶级上层、皇帝、皇室服务的。然而，经过最近这几十年对中国传统经济的深入研究，我们的认识有了更新：

第一，我们对传统农业发展水平的认识有了较大推进。中国传统农业文明达到一个非常高的顶点（这里所说的“传统农业”，是指现代工业及科学技术产生和影响农业之前的凭畜力、经验和天然肥料耕作的农业）。由于它的生产水平已经能够养活众多的人口，而在耕地资源难以增加的条件下，就部分人来说，可以通过增加占有和转让耕地的使用费来增加收入，但是从总体上说，众多人口提高生活水平的要求和欲望，就不得不通过提高单位面积产量和兼业来实现。几乎可以说，从唐中期以来，由于土地资源的稀缺程度高于人力资源的稀缺程度，人们对耕地的占有欲望就超过了对劳动力占有的欲望，这恐怕是中国封建社会的农村经济不同于欧洲封建庄园和农奴制的根本原因。由于土地资源稀缺程度远高于劳动力，而农业又是社会的主要产业（商业、手工业的发展繁荣是建立在农业的基础上的，并且吸纳人口有限），因此土地的使用费（即租金）就较高，这不仅使得大土地占有者出租土地比自己直接经营更合算，佃农不得不接受较高的租金，从而只能靠尽量增加耕地产出和从事家庭副业以维持和争取改善生活。而对贫农和自耕农来说，由于增加耕地的可能性很小，随着家庭人口的增加，即使要保持生活水平不变，也不得不靠增加耕地单位面积产量和发展家庭副业来解决。这里还不包括随着经济发展国家税赋不断加重的压力。因此，以雇农、贫农、自耕农为主体的小规模的家庭经营就成为农业生产组织的主要形式，而耕地单位面积上的高投入和高产出，则成为明清以来中国传统农业的特点，并由此创造出高度发达的农业文明，即以传统农业为基础的流通交换制度和规模政治制度，以及中央政府的有效控制范围，等等。

第二，我们对中国传统经济里的市场因素和传统社会中商品经济的发展有了新的认识。在秦统一六国以后，中国形成了一个大的统一的市场。中国的商品经济自春秋战国以后开始兴盛起来，产生了大量的商人、形成了各国之间互通有无的现象，到了清后期，就已经发展成为高度发达的商品经济。我觉得它有几个比较突出的标志：

首先，建立在农业文明基础上的商品经济，在数量和质量上都呈现出高度的繁荣。中国商品流通的范围非常广而且成本低，这既与大一统国家、大一统市场以及中国社会地域之间的差异有很大的关系，也是为大一统政府在财政、军事上的需求所推动。中国商品流通的范围不仅局限在国内，对外贸易也非常发达，有丝绸之路和海上丝绸之路。

其次，市场机制早在两千多年前就已经形成，并能自主发挥调节经济的作用。比如说货币，从秦半两到汉五铢钱，就形成统一的货币了，这降低了交易的成本；到了宋代元代的时候，因为钱太重，开始使用钞、交子，钱庄也随之出现并在明清时期进入鼎盛；到了明代，因为地理大发现，大量的白银流入中国，贵重金属替代了铜钱，铜钱只用于小额交易和市场交易，大额的交易都是银和金，这促进了中国商品经济的发展。明时期流入的白银多来自于墨西哥和美洲，是以贸易顺差的形式进入，中国主要出口丝绸、茶叶和中国的土特产，中国当时的白银占有量反映了中国商品经济的发展程度。

最后，商业繁荣推动了商业制度的发展和成熟。商人在各地流动，由此产生了异地存取和汇兑的制度，同时还产生了借贷关系。随着商业发展的深入，在传统的雇佣关系之外，还出现了高度商业化的东西，包括股份制、合伙制，这是建立在农业文明基础之上的。传统中国在几千年的商业发展中形成了自己的商业意识。在每一个朝代，当前期受到破坏，经济凋敝以后，经过中期的复兴发展，到中后期，商业经济在整个国民经济中占的比重都会非常高。中国传统社会的商品经济比我们原来理解的小生产经济、男耕女织的层次要高得多。

重农抑商政策分析

中国传统经济因为有统一的市场和比较发达的商品经济，所以出现了政府和市场的关系，其主要内容就是我们过去一直在讲的重农抑商、官营工商业。政府对于商业的态度来源于中华民族的长期积累，我们有这方面历史经验的积累和历史文化的传承。

我们在历史教育中一直强调，政府采取的是重农抑商的政策。但还有一个有意思的现象，就是统治阶级内部对这个政策一直存在着反对的声音。早在春秋战国的时候，管仲就认为国家不能过多地干预工商业。齐桓公在和管仲讨论治国的时候说，希望通过征用民工和刑徒来聚集一批劳力炼铁。但管仲认为用刑徒、用强征民工来炼铁会招致民怨，不如以官商合营或官督商办的方式让私人去做，然后官商分利，可能会更好。

之所以会在统治阶级内部存在着两种不同的声音，是因为对政府来说、对封建王朝来说，工商业就是一把双刃剑。

工商业的繁荣发展不利于巩固封建王朝的统治。工商业过度繁荣发展，会影响农业基础，它加速了土地兼并，失去土地的人只能进入城镇变成市民，导致农业劳动力不足；同时，工商业的逐利行为还导致了整个社会的奢侈之风、奢华之风，对统治阶级和政权起到腐化作用。因此，封建社会总结出的经验就是要抑制农民土地兼并的速度，使大量劳动力停留在农业里，避免其流入城镇成为游手好闲的市井奸猾之徒、对社会治安产生威胁。

但工商业对于封建统治又是必不可少的。一方面，商业产生的利润可以增加统治阶级的财富，这点从战国时期开始就表现得十分明显。商业流转税易于征收，且商业利润比较高，是政府财政收入很重要的来源之一。从秦汉的盐铁官营到明清的盐铁专卖，都给政府提供了极高利润，此外还包括一些冶炼和官营工商业。另一方面，政府可以通过官营工商业来增强自己的统治力量。军队驻守在边疆，需要运送大量的粮草辎重，国家缺乏这样的运输能力，因此一般以免税、专卖或者封官的方式鼓励商人来运输，明朝的内蒙古边防和清朝左宗棠攻打新疆时都采取了这种方法来保障军队的补给。这种流通渠道保证了地区之间商品、信息的传递，有助于国家的统治。

先前的政府如何处理这种双刃剑的关系，对后来的政府会产生非常大的影响。传统社会里采取重农抑商的政策，近现代社会也承袭了这种思想，这就是为什么中国共产党非常容易接受马克思主义的经济学理论的原因。马克思主义认为生产是第一位，商业实际上并不创造价值，这和传统观念是相近的。我看了很多中国共产党新民主主义理论，就只有刘少奇一个人在 1949 年说了商业的重要性，其他的人都认为商业把生产的剩余、把农民创造的价值都拿走了。后来搞“五反”等活动也有长期文化积淀在其中发挥作用的。

对外贸易政策分析

该如何看待中国传统社会的对外贸易也是一个经常被提及的问题。中国不缺乏开展对外贸易的能力，我们能建造远洋大船，明朝初期，明成祖就派郑和下西洋了。但中国的海外贸易、远洋贸易实际上远远没有发展起来，我们有大量的白银从海外输入，但并未沿着荷兰人、西班牙人的航线出去做交易。乾隆皇帝对英国当时要和清朝通商贸易的马戛尔尼使团说，中国是天朝大国，物产丰盈，不需要和外国人做交易。这段话揭露了中国传统社会对外贸易没有繁荣发展起来的两个原因。

第一，中国大一统的市场及较为完善的制度抑制了商人进行海外贸易的热情。中国国土非常辽阔，国内已经形成了一个大一统的市场，商业流通成本比较低，又有较为健全的法制保障交易的安全和自由，南方商人可以跑到最北方，西边的商人可以跑到最南方，正如唐诗里面描述的，“北买党项马，西擒吐蕃鹦”，国内商业利润高、风险小、发展空间大，而如果拓展海外贸易的话，则面临着较高的风险和成本，无法形成吸引力。

第二，政府缺乏对外扩张的动力，因此不支持对外贸易。无论是哥伦布还是达伽马，西方早期的海外扩张都是在政府的支持下做起来的。没有政府的支持，没有武装，就无法移民。而政府之所以支持对外扩张，是因为国家的地域、市场狭窄，需要寻找更大的发展空间。反观中国，其在秦朝时就已经达到了农业文明基础上最强盛的边界，如果再对外扩大，对于统治阶级来说，成本高于收益，是得不偿失的。比如对越南、对朝鲜的控制，假如说把它们攻打下来了，就需要委任官员、派驻军队，成本非常高，但所得的好处又非常少。明成祖死后下西洋的事情就停止了也是一样的道理。造大船，送一两万人出海，劳民伤财之余对国内没有任何好处，整个朝野都十分反对。政府缺乏对外扩张的需求，自然不会支持民间的对外贸易。

民族的文化、政府的态度，和整个时代的大背景是相一致的。即使到了近代，我国在对外贸易上的态度也并非一开始就很积极。20 世纪 80 年代我们就向关贸总协定派观察员了，西方也希望通过和我们的联手来制衡苏联，所以对中国的政策非常优惠，但我们自己并不积极，因为那个时候对外贸易额非常少，没有多少要出口的东西，需求就不迫切。等到 1997 年以后，国内市场变成了买方市场，我们急需开拓海外市场，就产生了加入 WTO（世界贸易组织）的需求。而中国的传统经济也并非一直排斥对外贸易，南宋时期，大部分国土都被元朝给占领了，其国内市场变小，就需要开展对外贸易，因此泉州的贸易直达海外。

中国的政府—市场关系受到了诸多因素的影响，如生产力发展水平、国土面积、政府管理能力等。它会随着发展的阶段、发展的条件和国家的情况而不断发展变化。如果只是单纯地将政府—市场关系的理论进行讨论，而不论国家的大小、发展水平的高低，就会在政策和理念上出现许多误解。

三、计划经济时期的政府—市场关系

计划经济形成的背景：市场失灵

对于中国计划经济的形成及后来计划经济失灵这个问题，胡鞍钢教授在其几本书中已经做了非常详细的论述，这里，我只想补充一些历史材料。

20 世纪 50 年代我国经济体制由计划与市场并重逐步转向以行政管理为特征的计划经济，将市场机制逐渐从经济运行中排斥出去，固然有理论和认识上的原因，即当时对社会主义的理解以及苏联的榜样作用，但是若从当时的经济体制变迁以及中国共产党的经济思想和政策演变的历史轨迹来看，就会发现人的主观认识只是客观现实的一种反映，排斥市场作用与其说是学习苏联社会主义模式的结果，不如说是当时中国的经济基础、发展要求和国际环境促成的。

具体说来，主要由以下因素促成了计划经济体制的形成：一、“市场失灵”的因素。旧中国长期的战乱和国民党政府的掠夺政策，导致了经济畸形和市场调节的扭曲。因此新中国成立之初，市场调节并没有显现出其正向调节作用，相反，由于私营金融业的过度膨胀、生活必需品短缺且需求弹性很小、城市失业问题严重、对外贸易受到封锁等，使得通过价格来调节供求关系以达到均衡的市场调节难以发挥作用。以粮食、布、煤炭这些生活必需品为例，政府不得不通过建立国营商业公司、实行“牌价”（使市价向牌价靠拢）的办法，来保障城市居民的生活，以维持社会稳定。二、国家安全的因素。旧中国一百多年来挨打受欺的教训和朝鲜战争爆发后严峻的国际环境，以及美国威胁中国的统一，都使得新中国政府出于国家安全的需要，不得不选择优先快速发展重工业以建立强大的国防。三、突破“贫困陷阱”的因素。旧中国遗留下来的积贫积弱的传统农业为主的产业结构和众多的人口，使得中国虽然通过土地改革实现了耕者有其田，但是由于人均生产资料严重不足，农民只要吃饱饭就没有剩余了。怎样突破这种低收入的“贫困陷阱”，实现工业化的起飞，显然靠市场的作用在短期内是难以实现的。

今天，我重点讲讲旧中国和新中国成立初期市场失灵问题。市场失灵这个问题早在资本主义工业革命产生后就在发达国家出现了，周期性的经济危机就是市场失灵的一个表现，包括贫困差距扩大、购买力的不足等。国家自有解决危机的办法，例如第二次世界大战之前很多国家是通过对外扩张需求来缓解国内生产过剩的压力、避免危机的发生，到了今天则更多的是采取政府的调控手段。

中国在旧中国和新中国建立初期也出现了市场失灵的情况，这主要是因为以下两方面原因。

首先，在1840—1949年这一百多年的时间里，中国面临着两个巨大的转型和变化。转型比较容易理解，是从传统的小商品经济向适应现代工业发展的市场经济的转型。变化则是指从一个单纯受国内影响的市场变化为受世界经济影响的市场。1840年以后，随着中国逐渐走向半殖民地、日益向世界开放，中国的市场已经不完全由中国人或者中国自己来掌握了。中国从贸易顺差变成贸易逆差，贸易出超变成贸易入超，世界上的经济危机对中国的影响非常大，比如1929年世界经济危机就对中国农村经济造成了冲击。

其次，政府在转型中处于一种非常软弱的状态，无法支持市场经济的发展。西方任何一个发达国家，它的市场化和工业化都是在政府强大的推动和保护下完成的。自由资本主义时期，政府70%的财政支出用于军费，对外扩张，保护自己的海外利益。反观中国政府，却无法提供这样的支持：传统的大一统帝国具有庞大的政治力量和军事力量，在农业文明基础上形成的知识分子集团强烈反对转型；几千年的专制思想下，国家缺乏向民主国家转型的基础，推动转型的力量与保守力量相比十分薄弱；市场变动过程中出现了腐败，政府变成“掠夺之手”，市场的调节作用还不如传统社会。

国家处在转型的过程之中，政府无力维持秩序，就导致了市场的失灵。

市场失灵的首要表现是缺乏一个稳定的货币。国民党从1935年开始实行法币政策，统一货币，但在1937年全民族抗战爆发之后就难以为继。而且，即使是在实行法币政策的那两年，货币也是不统一的，除了计价用法币，各个银行照样发自己的钞票，民间采取易货贸易或使用其他货币。这种货币混乱的现象在其他国家是没有的。没有统一的货币，市场就无法正常交易和运行。

其次，政府除了铸币、高度恶性通货膨胀来夺取财富以外，还垄断工商业利润。这种现象在清代末期就出现了。在洋务运动中，先是官办，后来是官商合办，再后来就官督商办，最后允许商办，但商办的时候也是官商勾结。清代有这么一说，企业允许商办，但国家要从中提取利润。政府官员甚至动用政府的力量来使自己办的企业占据垄断地位。政府的干预使得市场里无法形成有效竞争。

再次，政府不仅无法保护民族工业，还增加其负担。列强入侵之后，政府本应起到保护民族工商业、维护市场稳定的作用，但政府软弱，不仅关税不能自主，还收厘金、设关卡，增加了流通费用。

最后，长期的战乱，使市场原来的网络也被摧毁了，在新中国成立初期，很多地方都是易货贸易。此外，土地改革冲击了地主阶级，而地主阶级往往同时是工商业者，承担着本地区较大的商品流动功能，因此也造成了不小的影响。

除了外部环境的干扰致使出现市场调节功能失灵外，从市场本身的内容来看，也有失灵的表现。在新中国成立初期，食品和衣服是两个最基本的生活品，即我们常说的“两白一黑”——米面、棉花和煤炭。据统计，居民80%以上或者90%以上的收入是用于吃饭的和穿衣的。然而这些产品在当时是供不应求的，有人根据当时的材料计算过，在新中国成立初期，人均粮食产量是四百斤左右，而在当时没有副食品的情况下，成年人要吃饱至少得八百斤，此外还存在着养牲口以及用粮食换其他日用品的需求，所以粮食的产出根本无法满足需求。棉花也是如此，新中国成立初期的棉花远远供不应求，实际上旧中国的很多棉花是进口的。因此共产党要设立大量的贸易公司，通过保证贸易公司的供给来平抑物价。陈云说，这个需求和供给是不能够交给市场调节的。当时中国最主要的交易产品是生活必需品，需求弹性低，如果依靠市场调节来增加其供给，短期之内是难以实现的。所以政府对供不应求的生活必需品进行干预是有必要的。如果当时完全靠市场调节，供给方从利益的角度来说，肯定要囤积、要抬价。但粮食的需求弹性小，再贵也要吃，粮食价格的快速上涨势必会导致社会的动荡，有些人吃得很好，有些人会吃不上饭甚至饿死，就会有人去造反。无论是从人民利益的角度还是社会发展的角度，这都是不能容忍的事情。汉高祖之所以对商人“重租税以困辱之”，就是不想让他们操纵粮食的价格。明代早期也是这样，到中后期以后，供给充裕了，就放开交给市场调整。

国家并不是一开始就想采取计划经济，新中国成立初期也想实行牌价、市价制度来调控价格，但后来越弄越糟，引起了社会的动荡，所以就引入了统购统销制度。从当时市场失灵的情况来看，实行计划经济是有它的客观原因的，是反映了一定社会需求的。

关于计划经济实行的原因，我还想再补充一条，就是政府的有效性。在政府和市场关系中，当市场失灵、需要政府“看得见的手”来解决问题的时候，有一个前提条件，就是政府必须是有效的。如果政府是无效的，政府之手很可能会变成“掠夺之手”了。政府的有效性在新中国成立初期是具备的，政府清廉高效、令行禁止，官员不贪污腐败，一个命令、一个政策能够贯彻到底。这一点是计划经济形成的一个很重要的原因，它确保了政府能够有效地来实施这些手段。

计划经济的失灵

计划经济是政府发挥作用最极端的例子，其利弊我们上次已经分析过了，今天主要讲一下计划经济实施过程中的问题，这些问题对后来的改革起到了非常关键的作用。改革开放后重新恢复工作的那批老干部，大部分都是20世纪五六十年代在计划经济体制下从事工作的，他们对计划经济的弊端有很深刻的了解，为市场经济的建设提供了丰富的经验。

新中国成立之初的市场失灵导致了计划经济的建立，政府又是一个有效的政府，按照当时的预期，计划经济是可以克服市场经济、资本主义经济的弊端——生产的无政府化和社会的两极分化的。但1956年年底，社会主义改造完成，计划经济体制对应地建立以后，并没有达到预期的目的，没有调动老百姓的积极性。之所以出现这样的结果，主要是因为以下几个原因。

第一，当时的经济发展水平不符合实施计划经济的要求。当时几乎全部的农业都还是传统农业，受环境影响非常大，产量不稳定，难以计划。如果强行计划，成本就非常高。

第二，中国共产党的执政能力有限，无法有效开展统计工作。尽管中国共产党把精英都集中到党内来了，但依旧有高达80%的党员是农民出身，他们缺乏管理现代经济的能力，尤其是进行工业统计和农业统计的能力。而且，为了支持大规模工业建设，有一定文化的干部都被抽调走了，农村干部绝大部分都是小学以下的文化水平，更不懂得该如何进行统计和执行计划。但干部组成的缺陷又难以突破：一方面，农民因共产党而得以翻身，将农民引入到干部队伍中，能保证各级政府对党保有高度忠诚，使党的命令得到有效的执行。知识分子尽管具备良好的专业知识，但对党的忠诚度不足，不能坚决执行党的命令。另一方面，由于社会普遍学历低，初中生就业顺畅，大家都不愿意再深造，大学招不满人，无法向干部队伍输送高端的管理人才。

第三，存在着不可知的因素会影响计划的实行。受1954年农业水灾的影响，1955 年的计划没有完成，钢产量有剩余。因为当时的资金非常紧张，不想占压，所以想出口给苏联。苏联一开始不想要，经过反复谈判才签订了协议。协议签订完不久，农业合作化就掀起了生产高潮，并促进了工业生产的高潮，钢产量便不够用了，只得与苏联取消协议。毛泽东对此特别生气，我看过他在那个文件上的批示，说刚和人家签订协议还没几天，就又告诉人家不行了，这不是一个正确的党、一个伟大的党的作为。

计划经济的一大问题就是计划总处在不断的变化之中。国家经济委员会在当时有一句顺口溜，一年计划、计划一年，意思是从春天就开始做计划，最后到冬天才真正落实。从第一个五年计划到第五个五年计划，计划制订得越具体、越早，就变动越大，没有一个计划是不变的。所有计划里最好的是"一五"计划。但大家知道，"一五"计划是 1953 年 1 月 1 日开始实施的，而这个计划真正提出来并经人大通过，是在 1955 年的 8 月，此时计划已经执行了一多半了。但即使是这个计划，也还是变了。1953 年、1954 年、1955 年，年度计划都变。从第二个五年计划开始就更不用说了，它就是一个草案型的东西。

研究计划经济的学者批评中国，认为中国这不是计划经济，没有像苏联那样的计划，没有严格的计划指标，更没有像执行法律一样严格地执行计划。还有学者认为中国的计划经济只是一种行政管理。但我认为，这个计划的变动和没有计划，恰恰反映了共产党的灵活性，是更符合实际了。有一个计划，大家按照计划做，如果这个计划不切合实际，就更麻烦。如果没有计划，可以一边做一边修改一边弄，可能更符合实际。

毛泽东对这个计划经济始终也是不满的，这与他所预期的那个有效、及时和全面的计划有着非常大的差距。他几次都批评做计划的，最后他实在不能容忍了，在 1964 年重新组织了"小计委"，抛开了李富春等人来做计划。

另外，计划束缚了人民群众、企业的积极性。地方大员常向毛泽东汇报这个问题，毛泽东自己也不满意，主管具体经济工作的领导对这个弊病也看得很清。当时有个最典型的例子，就是新疆石油管理局独山子炼油厂厂长段振廷在1979年说的："我们厂游泳池的两个看门的退休老工人，利用工余时间拾些破砖头，盖了两间没有顶棚的更衣室。这本来是件好事，可是银行却找上门来，指责你没有事先报计划。"① 还有一个例子，当时的上海，最热的时候，工厂要增加防暑降温设备，等到计划批下来，买了电风扇，都已经秋天。计划既不准确又滞后，令企业无所适从，如果按照计划做，则计划和实际有距离，不按照计划做，又违背规章制度和方针政策。

计划经济确实可以集中力量办大事，加速国有企业的工业体系的建设。但它不能够有效地提高管理的效应，包括宏观的效应，所以在计划经济时期，我国经济从宏观层面看处于不断波动的状态，就是供给约束型。在计划经济体制下，企业和政府有一种父子关系。企业为了自身的发展，会少做计划，少报产量，减轻自己的压力，但在要原料、资金和劳动力的时候，会尽量地多要，这是信息不对称造成的。

信息不对称致使计划经济的问题越来越多。毛泽东是想用群众运动的方式来反对官僚主义，在微观上想采用鞍钢宪法的方式，让工人参加管理，大家都来共同管理、民主管理。但当企业民主管理以后，它就会和国家的计划发生矛盾，便又行不通了。因为如果企业真的实行民主管理，企业自己的利益、工人职工本身的利益放在比较突出的位置，这同样解决不了信息不对称以及小团体利益和国家利益矛盾的问题。这个问题在计划经济下是解决不了的，因此在改革开放时，国企、政府部门上下一致都十分支持改革。

---

① 中共中央书记处研究室经济组编：《经济问题研究资料（1979）》，第212—213页，中国财政经济出版社1983年版。

四、改革开放后的政府—市场关系

改革开放后的市场化历程

改革开放后能快速推行市场化，很重要的原因就是市场的机制和作用在中国社会始终都是存在的。从市场和政府的角度看，政府的作用在“文化大革命”时期的计划经济中达到了巅峰。但由于中国经济发展不平衡、中国传统农业占经济比重大，以及在计划经济条件下贫困问题没完全解决，市场的机制和作用并没有被消灭，只不过随着政治运动的缓急、政府压力的大小而时隐时现，只要政府稍微一放松，市场机制马上就会发生作用。

1956 年社会主义改造，中央出台了政策说可以调整一下、发展点自由市场，地下工厂一下子如雨后春笋生长起来。20 世纪 60 年代的时候，国民经济调整，中央刚说可以去试一试，包产到户在好几个省都出现了，“四大自由”、小商品和长途贩运也都出来了。在传统经济向现代经济转换的过程中，市场机制确实能够带来非常高的利润，尤其是由农业向非农产业转移所产生的利润，这种利润对绝大部分农民都有非常高的吸引力。还有两个例子可以作为佐证：一是“文化大革命”时期在国内要求打倒帝修反，但很快就和美国恢复关系、跟日本建交了，大量从欧美进口设备；二是尽管农村在割资本主义尾巴，但是还是有些地方发展起了乡镇企业和社队企业。

我在江苏乡镇企业发源地做过调研，当地的干部都说，经过“大跃进”，他们都明白了，不发展工业和企业，根本富不了。许家屯有个回忆录，讲述了“文化大革命”时期偷偷地发展乡镇企业的原因。他说，新中国成立以后，人口和土地产生了矛盾，单纯依靠增加劳动强度和种植双季稻并不能够保证生活水平的提高，甚至还可能会下降，比如原来是一亩地养一家五口人，现在人口翻倍了变成十口人，那收入必然要下降，即使再投入，由于已经达到边界了，很难获得增益。许家屯回忆，当时在江南已经有这个问题了，光靠农业的发展，再怎么发展也保证不了收入的增长，甚至会下降。浙江有大量的剩余劳动，剩余劳动力几乎是不计成本，所以乡镇企业在20世纪70年代的无锡就已经发展起来了。毛泽东后来也支持乡镇企业，因为乡镇企业能保证农村农民收入增加，保证集体经济，保证社会主义优越性很重要，如果社会主义收入不能增加，老百姓生活不能改善，是很难让人相信社会主义具有优越性的。

因为从事商品经济的传统在计划经济时期也没有断，所以1978年一改革放权就蓬勃发展起来。1978年的放权包含两方面：一是放开生产经营自主权，让人们都能干自己喜欢的事，从事营利行业；二是放开对农民的剩余索取，使农产品的价格整体上升，增加农民剩余，农民可以用这部分剩余投资非农产业，这是乡镇企业得以发展的一个很重要的原因。同时，由于城市居民工资增加、购买力提升，需求特别旺盛，为乡镇企业创造了广阔的市场。乡镇企业的发展推动着市场的发展，一方面增加了丰富的产品，提高了积极性；另一方面起到了一种示范作用，让所有人认为这个方法很好，可以按照这个路子走。这就是为什么后来会有十二大、十三大再到南方谈话的表态，也是为什么在1984年十二届三中全会提出推动以城市为重点的整个经济体制改革，农村的方法也要用到城市，实际上就是把农村这种市场机制起作用的体制移到城市去，也搞承包，也给企业自主权。

所以我觉得，20世纪80年代中国市场化形成的过程有一个很鲜明的特点，就是从中国最薄弱、最困难的农村向城市推进。中国的市场化进程，实际上是先立后破的，计划经济不是完全不要，而是先从农村放权做起，形成一个示范效应，再慢慢向城市推进，再实行双轨制，最后消解掉原来计划经济的东西。

到 20 世纪 90 年代以后，商品经济日益发展，要求市场机制进入到资源配置要素领域中去。单纯的产品买卖自由、原料采购自由是不够的，资本和劳动力运行的不自由会束缚经济的发展、阻碍市场化的进一步推进。因此，90 年代的市场化主要解决了两个问题：一个是资本市场的形成，其标志是两大证券市场的建立，上海、广东开启了资本市场，此外还包括金融业的改革以及一些投资公司的成立；再有一个就是劳动力市场的建立，80 年代提出的是进厂不进城、离土不离乡，90 年代则掀起了民工潮。

资本市场和劳动力市场的形成推动市场经济的进一步发展，到 1997 年，以买方市场形成为标志，中国市场经济的框架就基本建立起来。其实计划经济和市场经济，从经济运行上来说，最大的区别就是一个是卖方市场，一个是买方市场；一个表现的是短缺，一个表现的是过剩。此时摆在政府面前的问题，和所有的市场经济国家、资本主义发达国家发展中遇到的问题一致，就是国内市场有限、需求不足，制约了市场经济的发展，所以我国加快了加入 WTO 的谈判。2000 年加入 WTO 以后，中国向国际市场扩展正好赶上了经济全球化的浪潮，抓住这个百年难遇的机遇，中国凭借廉价劳动力和低价资源迅速地开拓了国际市场。

中国入世之后，政府就面临着职能转变的问题。国家制定经济政策的权力越来越受到国际环境的影响。加入各类国际组织之后，都要受国际组织约束，因此中国的政府越来越法治化，与加入 WTO 有很大关系。在和平发展的条件下，必然要和国际上的市场规则接轨，所以反过来又促进了中国政府进一步改革。

今天，中国的经济发展与 10 年前相比，战略机遇期的内涵与条件都发生了很大变化。从出口来看，不仅发达国家经济增长乏力，而且中国参与经济全球化、承接国际产业转移的某些有利条件，特别是劳动力成本低廉、环境要求宽松的优势已经明显弱化。从国内投资来看，劳动力无限供给的“人口红利”正在消失，资源价格正在攀升，环境制约越来越大，产能过剩问题严重，房地产拉动难以为继，这些都使得经济发展成本明显上升，从而制约了投资效益提高，这已经从经济增长减速的趋势中得到证明。因此中国未来经济发展不得不靠“以人为本”的扩大内需和转变发展方式，而这两点都必须以理顺政府与市场的关系为前提，尤其是实现政府职能的转变为关键。这也是2013年十二届人大一次会议提出国务院机构改革的原因。从1978年改革开放算起，中国的市场化改革已经历了35个年头，社会主义市场经济体制框架已经基本建立起来，但是从政府与市场关系的处理来看，任务仍然没有完成。

一方面，政府经济职能转变还没有实现，越位、缺位、错位问题还很多，在消除市场失灵的宏观经济调控方面还存在很多问题，中央政府与地方政府的关系还没有完全理顺。如中央政府的宏观调控问题，转移支付的有效使用问题，地方政府的财权与事权不一致问题，国企的垄断问题，等等。另一方面，市场建设还任重道远，市场诚信失范、秩序混乱、不公平竞争、价格扭曲等市场不成熟的表现随处可见。对企业违法行为有效监管和消除负外部性的能力还很弱。主要是市场监管问题，企业的外部性（尤其是环境）、社会责任，政府的监管不到位。

2012年10月，十八大报告指出：“经济体制改革的核心问题是处理好政府和市场的关系，必须更加尊重市场规律，更好发挥政府作用。”市场经济是否能够自动达到均衡发展？从发达国家的历史经验来看，是很难自动达到的，如果说在产业结构、区域发展、城乡差距等方面市场调节还能够比较有效的话，那么在调节收入分配差距方面则显得束手无策，甚至出现“马太效应”，必须靠政府这只“看得见的手”来调控。

总结新中国成立以来中国政府与市场关系的演变，尤其是改革开放以来政府与市场关系的演变，不难发现：无论是改革开放以来经济与社会的快速发展成就，还是收入差距过大等问题，都与能否正确认识和处理政府与市场关系紧密相连，而这个关系并不是固定和一成不变的，它是动态的，因时、因地、因事、因发展水平而变动。

首先，就经济发展模式来说，中国必须对传统工业化或现代化的目标价值进行重新审视。近一个半世纪来，中国现代化道路，虽然先后经历了“西方自由资本主义”“国家资本主义”“传统社会主义”与“市场社会主义”等四次经济发展模式的选择与实践，但始终都以学习西方、追赶西方的传统工业化为核心概念与实践逻辑。然而，随着经济的快速发展和诸多经济社会问题的出现，人们便不禁重新考问以传统工业化为核心的经济发展目标价值。历史似乎向我们昭示：中国的现代化既不能绕过工业化阶段，又必须避免走传统工业化的老路；而社会经济发展中的各种问题，既要通过加快发展逐步解决，又不能消极等待发展来解决。因此，中国的现代化发展必须充分考虑人、自然、社会的协调发展，走“绿色”与“和谐发展”的生态现代化之路。

其次，就经济社会发展中政府与市场的经济职能而言，政府的宏观调控与市场的经济调节均是现代经济发展的必需。新中国成立以来，经历了由一只政府“看得见的手”到政府与市场“双管齐下”，由集中资源配置、实行计划经济到“两只手”相互配合的社会主义市场经济。20世纪80年代以来，在世界范围内，一方面，计划经济的破灭和出于对政府过度干预的担忧导致市场“迷信”盛行，以“新自由主义”为代表的许多学者大力呼吁让政府回归到古典主义的“守夜人”角色中来；另一方面，市场失灵，特别是2008年的世界金融危机，又使人们对政府经济职能寄予厚望。政府与市场的关系就仿佛跷跷板的两头，要么此上彼下，要么此下彼上，难以协调和平衡，至今仍然是一个没有解决对策难题。但是，正如市场失灵并不必然导致政府过度干预，同样政府失灵也并非必然要求构建不受干预的市场。实际上，政府经济职能绝不是要不要权力或其大小的问题，也不是简单的职能强化或弱化的问题，而是政府与市场职能如何正确分工、各就其位、准确定位和相互配合的问题，关键是政府管理职能既不“缺位”，也不“越位”，而应是全面落实“到位”的问题。

再次，克服政府失灵，关键在于政治民主与科学决策。历史告诉我们，实现政府职能和发展方式转变，建立生态文明和“和谐社会”，需要全体人民的共同努力。在市场经济条件下，市场失灵要求政府干预，而政府干预时又同时面临政府失灵的危险，实际上，就世界范围来说，无论是发达国家还是发展中国家，都遇到过双重“失灵”的问题。按照西方经济学的观点，政府失灵的主要原因有三：（1）决策信息不完全和不及时；（2）政府机构和官员的自利动机；（3）难以预期的企业和居民对政府计划的反应。① 对此，信息化大大降低了民众广泛参与政府经济决策的成本，提高了及时性，同时民众的意见得到尊重就会与政府政策保持一致，民众充分参与并发表意见，政府官员手中的公共权力和私利动机也能得到较好的监督和有力制约。这些恰恰是中国协商民主政治的内涵所在，也是决策科学化的基础性条件，因而也是克服政府与市场双重失灵的关键因素。中国之所以实行“社会主义市场经济”，就是要用社会主义的“人民当家作主”性质，来克服市场和政府的双重失灵问题。2013 年十二届人大一次会议通过的国务院机构改革和职能转变方案提出的“必须坚持人民主体地位，最广泛地动员和组织人民依法管理国家事务和社会事务”，即反映了这个思想。

新中国成立以来，中国共产党在极为错综复杂的环境和人均资源非常匮乏的条件下，带领中国人民经过 60 多年的艰辛探索，终于形成了中国特色社会主义理论、发展道路和基本制度，初步建立起社会主义市场经

① ［美］斯蒂格利茨：《经济学》，中国人民大学出版社 1997 年版，第 503—505 页。

济，再一次向全世界证明社会主义可以与时俱进并有着巨大优越性。这种优越性不仅体现在其经济体制比资本主义具有更大的包容性，可以充分发挥国有经济、私营经济、外资经济的积极作用，可以有机地融入全球化的世界经济并获得共赢，而且还体现在它所具有的强大经济发展动力和充分利用各种资源的能力上。

现场互动

问：“目前政府的越位、错位，问题主要还在政府自身”，您是否认可这个说法？

答：越位、错位以及缺位确实是存在，但并也不完全是政府问题，还与我们所处的发展阶段有关。现在政府之所以干预这么多，是因为要处理发展过程中的一系列问题。政府和市场是一种相互替代的关系，但在某一问题上究竟是政府效应好还是市场效应好，确实没有一个明确的标准。

在这里，我们可以举两个例子来更深入地理解一下这个问题：我们说地方政府实行地方保护主义，是一种越位，但这和当时当地的就业、基础设施建设情况、经济发展情况都有很大关系；我们说政府在教育、医疗等社会保障领域存在缺位，把这些本来该由政府解决的问题推给了市场，但这和中国所处的发展阶段和居民的收入水平有很大关系，政府的财力不足以提供相关保障，只能交给市场。所以我觉得，中国政府的很多行为，包括一些政策的制定，是和发展阶段有关系的，例如对劳资关系的调节、对房地产的调节。有些政策的出台，不能完全视为是政府的缺位或者越位，其间是存在着两难选择的。政府处理一个问题，要考虑多方面的因素。政府并不仅仅是为经济发展而存在的，它还要统筹整个社会的发展。

因此，我们常说的政府的错位、缺位和越位，不完全是政府自身的问题。如果是政府自身的问题，那很多事情通过政府内部改革其实就可以解决了。这实质上是发展的问题，是短期内解决不了的。现在的很多问题并不是现在才提出来的，但经过了很多年依旧无法解决。比如发展方式的转变，毛泽东时期其实就提出来了，但到今天还在努力推进的过程中。这是因为我国的工业化还没有完成，我们的资源和劳动力给目前这种发展方式提供了继续发展的空间，它还能继续向前再走一段路。

政府改革也是一样的道理，整个的社会发展水平没达到那个程度，我们却要求政府成为一个非常先进的政府，这种情况是不可能的，这违反了马克思主义的基本原理——经济基础决定上层建筑，生产力决定生产关系。

问：推迟退休年龄后，如何处理解决好就业难的问题，尤其是大学生的就业问题？

答：这是一个比较难办问题，我国现有资源和发达国家相较存在着较大差距，而延迟退休年龄其实是发达国家社会发展的规律。之所以会出现延迟退休，主要是因为以下两个原因：第一是健康水平的提升，随着生活条件和医疗条件的改善，身体机能的退化被减缓和推迟，五六十岁的人的体能还是可以符合很多工作的要求的，同时他们的经验更为丰富；第二是劳动强度的降低，过去体力劳动占的比重很高，六十多岁的人确实做不动，但现在随着产业结构的升级，脑力劳动的比重提高，劳动时间得以延长，能充分发挥人力资本的价值。

延迟退休年龄在中国的推行，面临两个比较严重的问题。一个是中国的就业压力比较大，如果延迟退休，就会影响年轻人的就业，增加了社会不稳定的因素。一个是市场和政府的管理手段不到位。所以，我觉得这个问题要慢慢消化。但从人力资本的积累、所发挥的作用和创造的效益来看，延长退休年龄是一种趋势。

问：在中国经济发展过程中，政府起到了特别重要的作用，这违背了经济规律。该如何看待这个问题？

答：政府发挥重要作用不一定就违背经济规律。应该说，政府对经济的影响是正面的还是负面的，与其是否顺应经济规律有关。改革开放以来，中国政府顺应了经济发展的规律，极大地推动了经济发展，这是毋庸置疑的。在这过程确实存在着一些问题，比如环境污染、收入差距，但这是发展过程中难以避免的。从各国的经验来看，每个国家的发展，即使是攫取外部资源，也都经历了很多痛苦。以日本为例，它靠两次大规模侵华获得了发展的资金，但国内的矛盾也非常严重。《蟹工船》《望乡》这些作品就反映了日本所经历的苦难。

中国这30多年的发展，从总体上来说，是一个巨大的进步，所有人都得到了好处，尽管有些人得到的多，有些人得到的少，还存在资源浪费和环境污染的问题。但应该看到，在有限的地域内，十几亿人口以极快的速度发展，经济总量增加了二十多倍，这不可能不给环境造成影响。中国20世纪70年代就提出我们不能走西方国家先污染、后治理的道路，但过了30多年还没能解决这个问题，这说明这很可能是人类发展的一个规律。

治理污染、防止污染对产业结构的要求比较高。但这是处在发展初期的中国所难以达到的。很明显，要在没资本、没技术、没人才的条件下，直接生产高尖端产品是不可能的。中国只能一步一步走，先生产对环境污染大的，积累了资金之后再更新设备、升级产业，这可能是世界经济发展的一个规律。据我所知，目前没有哪一个发展中国家是既发展得好又没有污染，发达国家也都是先污染了再治理。中国无法避开其他国家经历过的或正在经历的东西。但现在中国已经人均5000多美元了，可以有效治理污染，不必再像过去那样靠低端制造业来扩大就业，因此是有可能不加剧污染甚至实现改善的。

其实老百姓也知道污染不好，但在不危及他生活的时候，他就会觉得就业、创造财富和增加收入比保护环境来得重要。当有一天环境污染对生活造成了严重影响，他就意识到必须进行治理，这是一种强制性的、全社会的共识。

所以，我觉得中国的政府还是比较聪明的政府。从政府的理念、干部的选拔机制和其合法性、代表性来说，都顺应了社会的发展，对经济起到了一个正向的作用。

问：如何看待中国的对外援助问题？

答：新中国成立之后就开始做对外援助，我觉得大致经历了三个阶段，每个阶段中国通过对外援助希望实现的目标是不一样的。

改革开放前是一个阶段，在这个阶段，我们作为社会主义大国，援助其他国家，同时也是在争取国际支持。一开始，我们是社会主义阵营，有苏联的支持，我们并不孤立，我们可以与其他社会主义国家交流、获得他们的支持，因此，这时候我们主要援助周边的一些国家，像柬埔寨、缅甸、越南、朝鲜，这受到了我们自己历史传统文化的影响，也是为了我们的国家安全。不过，当时的对外援助确实超过了自己的国力。20 世纪 60 年代，我们和苏联闹翻了，跟所有与苏联友好的国家的关系也很僵化，还提出了“打倒美帝、打倒苏修、打倒各国反动派”的口号，所以当时中国非常孤立。只有非洲国家同我们关系不错。

20 世纪 80 年代和 90 年代是一个阶段，当时中国着重解决的是自我发展问题，需要向外寻求发展资源。有人认为中国在这个时候冷落了发展中国家，这和中国当时的需求是有关系的。中国当时的发展需要来自发达国家的资金和技术，不需要发展中国家的自然资源。因此，中国更重视的是与发达国家建立良好关系，引入外资和先进技术，这对中国当时的发展才是最有利的。至于发展中国家在国际舆论上的支持，由于中国当时处在韬光养晦的阶段，所以不是特别需要。

最近十几年是一个新的阶段，已有的资源和市场已经被西方瓜分完毕，为了实现进一步发展，中国就必须到第三世界去寻求资源、开辟市场。在拉美、非洲、中东这些地方，中国要利用它的资源，就必须与当地建立良好的外交关系，尤其是在西方排挤中国的情况下，这些国家的支持就显得更为重要。所以在这个时候，中国重新启动中非论坛、拉美论坛等，建立一系列的组织，这都与中国发展的需求密切相关。

所以我说，中国的外交政策，是始终要配合国内发展的需要。外援的多少、外援什么时候能提到很高的地位，这和中国发展的需求以及要解决的问题是联系在一起的。我估计，在未来，中国对外援助的力度还会加强，在联合国费用的比重会提升，维和部队也会派得越来越多，所承担的国际义务也会越来越重，这一切都与中国的国家地位和国际需求是密不可分的。

问：中国在世界金融危机中能够独善，是得益于对国际资本流动的限制，您如何看这个观点？

答：我很赞同这个观点。中国在世界金融危机中的从容应对，我觉得得益于以下三方面原因：

首先就是中国在国际资本流动方面进行了限制。我们的金融系统没有完全放开，这对中国来说是个好事。中国在人力竞争上、产品竞争方面是有优势的，但在金融方面并不成熟，我们对于金融工具的掌握和使用无法与发达国家相提并论，如果这个时候放开对国际资本的限制，只可能被发达国家所左右。因此，中国应该是成熟到某一程度，开放到某一程度，我想这才符合中国的利益。

其次就是中国的政府控制力比较强大。政府对金融的控制力比较强，可以有效地掌握金融市场的变动。

最后就是中国金融深化程度没有西方那么高。中国居民更多的还是选择储蓄作为投资方式，因此，尽管股市跌得惨不忍睹，蒸发了 20 多万亿，对中国整个大局并没有产生很大影响。美国因为社会金融已经深化到一定程度，所以一旦金融产品出现了问题，就会波及国家的整体经济形势。

问：我国何时能够实现小政府大社会的目标？

答：政府和市场的大小问题并没有一个绝对的界限。各国都在讲小政府，自由资本主义也在讲。但在第二次世界大战后，其实所有发达国家的政府都在不断加强其作用、扩大其规模、增加其财力。这是一种社会的规律，随着社会发展，需要提供的公共产品越来越多，公共产品可以由市场解决，但政府在中间的调控作用实际上是在增加的。美国也说小政府、大市场，但金融危机以后，美国政府采取了大量的管制措施。我们都说市场竞争自由，但美国不让中国企业去它那儿投资，一些高端产品、军事产品也限制向中国出口。

所以，政府规模的大小并不存在一个绝对值，也没有一个完全可比的对象，不是说美国政府雇用了多少人，中国政府就应该雇用多少人，也不是说美国政府管这个事或者不管这个事，中国政府也应该这么做。政府规模的大小和发展阶段、发展水平、传统文化、社会要解决的问题以及人口与资源的矛盾等因素都有关系。可以确定的是，中国政府的改革还要继续，把政府不该管的事情交还给市场。

主讲人简介

陈锡文

现任中央财经领导小组办公室副主任、中央农村工作领导小组成员兼办公室主任。1982年毕业于中国人民大学农业经济系，获经济学学士学位。曾先后在中国社会科学院农业经济研究所、国务院农村发展研究中心、国务院发展研究中心工作。曾参与若干中央重大文件的起草工作。近期著作有《中国农村制度变迁60年》《陈锡文改革论集》。

“

目前在农业现代化道路的选择上，存在着一种非常强的思维惯性，即认为只有像美国、澳大利亚、阿根廷、巴西这些国家才叫农业现代化，这等于给自己设立了一个不可及的目标，若要沿着这条路走，必定会付出惨痛的代价。若回过头来从我国自身国情出发，那么我们能够找到很多值得借鉴的别国经验。

”

第五讲　中国特色农业现代化道路*

陈锡文

引论

非常高兴有机会跟大家在一起讨论关于中国特色社会主义现代化道路的问题。应该说，自从我们党提出了中国特色社会主义这一概念之后，大家从各个方面对我们国家发展道路问题展开了非常深入的讨论。这一次，党的十八大又明确提出了要坚持我们对于中国特色社会主义的道路自信、理论自信和制度自信。在这样的背景下，虽然对于中国特色社会主义道路已讨论多年，但是关于这个重大命题的研究一定会不断深入下去。

党的十七大、党的十八大除了中国特色社会主义道路这个总的方向总的基本道路之外，还提到许多具体的道路，比如我们今天将要讨论的，中国特色农业现代化道路。早在党的十七大报告中已经提到坚持走中国特色

* 本文系陈锡文同志2013年4月在中央国家机关司局级干部选学“中国国情与中国道路”专题班授课讲稿，张君忆协助整理。

农业现代化道路。通观这几次党代会报告大家还能看到中国特色新型工业化道路、中国特色新型城镇化道路，等等。确实，如果细理一下，很多领域很多行业在坚持中国特色社会主义发展道路的基础上，都需要认真探究自己的发展道路。

我个人觉得，之所以提出中国特色的发展道路，除了考虑到我们的理论、理想、体制等因素，还有很多国情方面的因素需要研究。这种思路对我们有非常大的影响。比如人口、资源、环境，尽管中国的国土面积很大，但是真正适合人类生存发展的土地面积并不多。世界上类似中国这样人口资源环境约束条件十分严峻的国家并不多。大家都知道，我国人均耕地面积只相当于世界人均水平的40%，我国人均水资源的拥有量大概只相当于世界人均水平的20%。要在这样的条件下发展现代农业，没有一点自己的特色，显然是不可能的。从中国的发展历史来看，人文方面的传统，也影响着我们思考问题、解决问题的思路与方法。所以从这个角度来说，具体到每个行业的发展，我们既要研究借鉴别国成功的经验，又需更多地从自身的特点去考虑。

一、世界农业的发展

中国特色农业现代化道路这一提法正式在党的文件中明确提出已长达六年之久，当然涉及农业现代化、建设现代农业的讨论年头就更长。在讨论中国特色农业现代化道路这个问题之前，我们有必要从一个大的视野，去审视整个世界和思考整个世界农业的发展。

从农业研究的角度，农业经济学界比较认同将全球的农业分为两大类型。

一种我们称之为传统国家的农业，它的发源地或者说现在还保存较为完整的区域，主要集中在东亚、中东和西欧的一部分。这些地方的农业发展史非常悠久，中东一部分地区的农业发展史甚至比我们这个农业古国还要长。比如说伊拉克两河流域有三万年的历史。我国农业发展从黄土高原算起有八千多年的历史，长江中下游也有七千多年的历史。所以，从东往西追溯农业发展的历史，我们可以看到中东一直到西欧的一部分，有相似的发展过程，人类在同一块土地上繁衍生息的时间很长，人口数量大量积累，从而这类地区的农业也就往往表现出一种人多地少的状态。在人多地少的情况下从事农业首先当然要养活自己。这些地区的农业有很多自身的特点，比如精耕细作、灌溉的面积比较大、水利农业比较发达，等等。这些特点结合在一起，从社会学的角度又形成了一种相互守望的文化传统，比如基础设施建设以及抗灾等，光靠一家一户的力量是不够的，因此人们就开始集居，形成了农村的农庄。从农业发展史的角度来说，全球有一部分国家可以称为传统农业的国家，其两大基本特点就是人多地少，同时农民集村庄而居。

而世界上还有相当多的国家没有这些特点，我们就把它归纳为另一类农业，即新大陆国家的农业。众所周知，哥伦布发现新大陆以后，南北美洲以及澳大利亚逐步被开发，这三块大陆被称作是新大陆。虽然过去居住着一些土著，但是大部分人口都是后来移民过去的，主要为欧洲移民，因此新大陆国家只有几百年的历史。新大陆国家农业的一个最大特点就是人少地多，农场的规模可以非常大。

我今天上午会见美国大豆协会的代表团，其主席和第一副主席自身都是农民。尤其是第一副主席，来自爱荷华州，被评为农民英雄。他家耕种了六千英亩的土地，三千英亩大豆，三千英亩玉米。若以亩来换算，六千英亩相当于三万六千亩，可见他的家庭农场规模之大。大家若有机会到南北美洲以及大洋洲考察，就能观察到，农场基本上是相对独立的生态系统，除了耕地，还有森林、有草原、有水面，等等。这样来看，这个第一副主席的农场的规模一定达到五六万亩，甚至更大。五六万亩在我国，超越了普通乡镇的土地面积。

从社会学角度来看，这种形态的农业又产生另外一种社会现象，即农民不可能集居，农场主在其农场中布置整套生产设施、生产工具，并居住其中，他的邻居大多居住在十几里、几十里路以外的区域。因此，附近的小镇为周围的农场提供各种各样的生产生活服务，例如教堂、学校、咖啡馆，等等。

二、中国特色现代农业道路的形成原因

大家不禁要问，我们要建设的中国特色农业，应选择何种形式？如果按照南北美洲以及大洋洲的标准，我估计我们很难达到。统计表明，美国的耕地总面积大概在 26 亿亩以上，排除每年有大概六七亿亩处于休耕状态，美国二百多万个农户耕种了 20 亿亩土地。而根据最新的调查显示，我国的耕地面积是 18.24 亿亩，与种植业有关的农户总数大约为 1.97 亿，其中纯农户是 1.67 亿，同美国不具有可比性。若要使我国的农户只剩下二三百万户，就要有相当庞大的人口需要被转移出去，从目前来看也是不切实际的。因此要选择何种类型的现代农业，国情的决定性非常明显。

为何要走中国特色现代农业道路？首先，一个非常重要的因素就是人口资源环境。人口资源环境的约束条件，决定我们不可能选择新大陆国家那样的农业发展道路。同时我们也必须看到，即使刚才提及的传统国家和地区中，已经实现了现代农业的国家也不在少数。例如，西欧的相当部分都已经实现，亚洲来说，日本、韩国和中国台湾地区都已实现。所以并不是新大陆国家的模式才能被称之为现代化农业。目前在农业现代化道路的选择上，存在着一种非常强的思维惯性，即认为只有像美国、澳大利亚、阿根廷、巴西这些国家才叫农业现代化，这等于给自己设立了一个不可及的目标，若要沿着这条路走，必定会付出惨痛的代价。若回过头来从我国自身国情出发，那么我们能够找到很多值得借鉴的别国经验。

其次，是我国的制度问题。我国宪法规定土地是公有的，不是国家公有就是农民集体所有。不过，世界上绝大多数国家的土地都是私有的，尽管有些地区所有权概念模糊。例如澳大利亚有相当多的土地名义上是英国女王陛下所有的，农民通过租赁土地进行耕作，其实女王陛下所有仅为一个终极所有制的概念，澳大利亚政府可能就是土地的实际掌管者。所以根据我国的制度，中国农业发展又有很多自身的特点，例如土地的流转、买卖、抵押等都与别国农业有很大的不同。

另一个非常重要的条件是我国农村的集体经济。根据最新的统计数据，截至2012年年底，我国的村庄有将近60万个，其中只有两千个还在走农村集体经济的道路。虽然现存的农村集体经济存在的弊病很多，但是不能否认通过深刻的改革走向重新辉煌的可能性。

国外的农业，合作社很多。那么国外的合作社和我国的集体经济是什么关系？有些同志在研究中谈到，中国的集体经济就是合作经济的一个特殊类别。我对这个问题可能有不同的看法。虽说合作经济和集体经济有可比较之处，但是本质有非常大的差别。中国的集体土地所有制，实际上奠定了集体经济的基础，也就是说所谓集体经济主要靠的是农村土地的集体所有。但若是对比世界上合作经济的案例，欧美的合作经济基本上都在流通领域、金融领域以及农产品加工领域，农村土地并没有合作。即便和中国文化比较接近的日本、韩国，它们的农协可以进行全方位的合作，甚至一般的社会公共服务都可以提供，但是土地并没有合作。而我国非常特殊，集体所有制把土地确定为不归个人而是集体所有。这些制度特点，我认为在相当长的时间内不会改变，因此这也引发我们思考在这样一种制度基础上，怎么建设中国的农业。

最后，是中国的文化传统。中国的农业是不太可能脱离农村去发展的。但是如果你到美国、澳大利亚、加拿大或者巴西，很少人会跟你提起“农村”的概念。农村在我们的理解中就是有相当一部分人居住生活在那里，但是在新大陆国家，农业是一个相当大的产业，而农民都是以农场主的身份住在那里，所以并不存在我们概念上的“村”。没有了“村”，很多事情也就相当简单，国家的政策主要针对农业，农业的基础设施、技术支持以及资金补贴。有了“农村”，事情就复杂了。在新大陆国家，很难听到关于“城乡关系”的讨论，无非是讨论农业这个产业是弱势还是强势，是给国家创造财富还是需要财政补贴。由于没有村庄，也减少了很多在中国是必须考虑的问题。比如说在新大陆国家，若农民想放弃其现有身份和职业，他可以通过广告转让农场，只要存在承让人，且不改变农用用途，符合国家法律，交易过程合法，没有人会发表别的意见。这是因为农场与农场间相隔较远的距离，各个农场的经营权毫不相关。但是在中国却牵涉到很多问题。设想一位外来买主有意在某村庄购买楼房或是土地，由于中国农村的村庄是很长时间自然形成的，血缘、地缘关系发挥了很大的作用，因此外来者的行为很可能受到排斥。

这种情况不仅在我国出现，邻国韩国、日本也有同样情况，虽然它们倡导完全的市场经济，法律规定土地买卖完全自由。因为它们也同样面临人多地少，人均耕地甚至比我们还少，所以从战后到经济起飞那段时期对农业农民的保护非常强。土地改革过后这些国家在相当长的一段时间内禁止土地买卖。

我国的土地改革政策非常强硬，1950 年的《中华人民共和国土地改革法》明确规定没收地主的土地，并分给农民。还有一些没有被划归为地主的人，比如工商业者、“不在地主”（即土地归其所有，但他不在该土地上生产、生活）的土地以及一些当时所谓公产的地，再加上一些小土地出租者的土地，都被政府征收，再去分给当地的农民。

日本的土地改革是在美国政府的压力之下成形的，中国台湾的土地改革事实上也是迫于大陆政府的压力。在国民党撤退到台湾初期，台湾省省长陈诚在写给蒋介石的信中列了两个理由推动土地改革：第一，第二次世界大战以后世界各国民主潮流都在推进，不进行土地改革将被认为是维护封建制度、专制制度，所以通过进行土地改革才能进入“民主国家”行列。第二，共产党打败国民党，归根结底是依靠农民，依靠农民其实就要满足农民“耕者有其田”的基本需求。“耕者有其田”的口号最初是孙中山先生提出的，国民党没有实施，所以台湾下定决心进行土地改革。但是台湾实行的土地改革在形式上与大陆的土地改革有些差距。举例来说，比如说一块土地亩产一千斤粮食，那么“国民政府”以两千五百斤粮食的价格从地主处购买土地，地主必须将土地卖给“政府”。得到土地之后，“国民政府”再以两年半的收成价格把土地卖给农民，而且允许农民在购买了土地之后，分十年向“政府”还清购买该土地的价款。还规定在地价未清偿之前，土地禁止进行交易。这就在事实上规定十年之内没有土地市场。

存在土地市场之后，日本和韩国政府又提出非农民不得买卖耕地。实际上还有一个问题，本村农民购买土地很容易，外来农民购买土地较为困难，因为有村庄的人要发表意见等原因。直到后来，虽然农地可以自由买卖，但是日本、韩国和中国台湾地区还是有明确的规定：第一，营利性的公司不许购买农地。第二，非农民可以购买农地，但是买来只许用作耕种用途，这也抑制了非农民购买农地的热情。从这些分析可以看出，尽管建立了所谓的市场经济制度，但是东方文化和传统起了非常大的作用，在很大程度上限制了市场。

综上所述，对中国特色农业现代化道路有非常大影响的因素主要有：第一，我国人口资源环境；第二，我国的制度；第三，我国的文化传统。

三、建设中国特色农业现代化道路的紧迫性

那么中国特色农业现代化道路到底是什么样的？这些年虽然已经有了非常充分的讨论，但是各种各样不同的意见非常多。我认为在当前的环境

下，首先建设中国现代农业的任务非常紧迫，其次要统一人们的思想。

先来说说为什么我国建设现代农业的任务非常紧迫。

我们常说民以食为天，吃饭是首要解决的问题。我国13.5亿人口对于粮食的需求量巨大，我国2012年生产的粮食近5.9亿吨（以我们的统计口径），即11791亿斤，该产量大约占到全球产量的22%，而我国的耕地是18.24亿亩，在全球大概200多亿亩耕地中，中国的耕地面积不到9%。不到9%的耕地，产出了全世界22%的粮食，同时我国人口占全球70亿总人口的不到20%，所以从这个层面来说，我认为中国农业以及中国农民不简单，用9%的耕地生产出全球22%的粮食。其次，中国人民的生活水平从总体上讲也不算低，而且我国还有相当部分的粮食通过进口取得，所以实际上我国消费农产品数量多于22%。

但问题在于中国经济的快速发展，工业化、城镇化的快速推进，以及人民生活水平的快速提高，使得农业生产越来越力不从心，即农业的增长赶不上消费需求的增长。这个局面最近愈发明显。

从农业生产自身的角度去看，从2004年以来直到2012年，我国粮食产量“九连增”，这在中国历史上是没有过的。2003年我国粮食总产量为8614亿斤，到2012年我国粮食总产量是11791亿斤，即经过九年的努力，我国粮食的年度产量增加了3177亿斤，这相当于我国最大的三个产粮省，黑龙江（大概是1100多亿斤）、河南（1000亿斤左右）、山东（大约900亿斤）粮食产量的总和，这当然对满足消费需求发挥了巨大的作用。

另一方面大家还应看到，我们的粮食以及其他一些主要农产品进口数量在不断增加。从事农业研究的同志都说，党的十六大之后的十年是我国农业发展又一个黄金期，这话我觉得没错，粮食产量“九连增”，农民收入增长“九连快”，确实很不容易。但是我们还必须看到，在农业快速发展的背景下，我国粮、油、棉、糖、肉、奶，没有一样不进口，而且很多品种的进口数量都在迅速增加。

从粮食来说，我国同日本和韩国一样，都把小麦、大米、玉米、薯类和大豆归为粮食，但是在世界的粮食贸易中，大豆算是油料作物，因此在口径上存在差别，我所说的粮食是指包括大豆在内的概念。欧美和大洋洲没有粮食这个概念，它们所说的谷物一般就是小麦、大米和玉米，粗粮包括高粱、燕麦等，还有一类就是油脂作物以及薯类。

用我们的口径来计算，我们去年进口的粮食，是 7233 万吨，大概接近 1500 亿斤，比黑龙江产的粮食还要多。我们进口的主要作物是大豆，去年进口的大豆数量为 5838 万吨，我国 2012 年产 1300 万吨大豆，这就说明我国对大豆的实际需求量已经超过 7000 万吨。从全球来看，尽管 2012 年美国有所减产，但是阿根廷和巴西大量增产，2012 年全球大豆总产量大概达到 2.6 亿吨，但是用于出口的大豆并未超过 1 亿吨，而其中 5838 万吨进口到了中国，所以我们购买了全世界 60% 的出口大豆。进口大豆，首先用于榨油，其次因为豆饼含有非常好的植物蛋白，于是利用饼粕做饲料。这种进口大豆的局面是值得引起重视的，中国是大豆最初的产地，而且在很长一段时间内中国的大豆产量以及出口量都居于世界第一，但是现在我们却成了大豆进口量最大的国家。我国的大豆产量目前勉强排在世界第三（美国第一、巴西第二），可能很快就会被阿根廷超过。2012 年我们向美国购买了 2600 万吨大豆，从巴西进口了 2400 万吨大豆，从阿根廷购买了 600 万吨大豆，从周边还有别的国家总共进口了 300 多万吨大豆。

在了解上述事实的基础上，我们实际上明确了我国食用植物油产量不够，油脂作物产量不够的现状；再者就是能作为饲料的优质的植物蛋白不够，所以不得不通过进口取得。目前，我国大概一年需要消费 2700 万吨植物油，但是我们自身的生产能力只能达到 1000 万吨，缺口就只能通过进口的大豆填补。中国之所以没有把大豆算作油料作物的原因是在中国生产的大豆，含油量不超过 20%，南北美洲生产的大豆质量好一些，含油量可以达到20%左右，5000多万吨进口大豆大概只能得到900万—1000万吨的植物油，但仍有缺口，故去年又进口845万吨的植物油，这才能满足我国巨大的植物油消费量。

其实中国的植物油的消费和我国的饮食方式有非常大的关系。我国每人每年消费的植物油超过40斤，在亚洲地区排名第一，而且这个趋势还将上涨。与此同时，以各种方式在重复利用的油脂并未纳入计算。我国用2亿亩的播种面积来生产大豆，产量为1000万吨，植物油的产量大概为1000万吨，那么对于1700万吨植物油进口量，需要的种植面积也就可想而知。

随着人民生活水平的提高以及城镇化的推进，大批农民逐渐转化为市民。根据前年的统计资料，每个城镇居民和每个农民所消费的农产品数量上相比差别非常大，城镇居民消费的口粮比农民低1/3。2011年农民消费的口粮（折成商品粮，即可以直接消耗）人均一年是120公斤，而城市居民人均一年是80公斤。而就其他食品的消耗量而言，城市居民比农民蔬菜多28%，植物油多24%，肉类多51%，家禽多136%，禽蛋多87%，水产品多两倍以上。从农村转移到城市的农民其消费结构肯定更接近城镇居民，目前统计局没有关于这个问题的专门调研。但按照经验的判断以及一些初期调查结果，在高热量、高脂肪的食物上，农民工的消费甚至比城市居民高得多，因为农民工大多从事体力劳动。目前有2000多万农民工居住在城市里，这当然对我国消费结构的影响非常大。

有的人说，农业生产连年丰收，进口粮食数量也越来越多，为何我国农业还面临如此严峻压力，是否是统计增产数字不实？我认为，这几年农业产量的增长基本符合事实，但是还存在的无法满足消费需求以及进口粮食数量越来越多的现象，这跟我们过去经验判断出现失误有关。如果排除食物结构的变化，以及收入水平和消费水平的提高，依照我国总人口每年自然增长的情况，即每年新增700万人口，那么按照过去的基本统计以及基本的经验来看，每年大概只需增长70亿—80亿斤粮食就能满足需求。但是根据我刚才提到的，过去这九年粮食年产量增加了3177亿斤，每年平均增产量为355亿斤但还是无法满足食物消耗的增长需求，这里就折射出两大问题：一是工业化城镇化。农村居民转变为城市居民，以及整体人民生活水平提高以后，整个消费结构的变化超出了我们以往的经验预期。二是工业对于粮食的用量越来越多。很多化工原料都需要粮食，如制药行业、能源行业（生物质能源），等等。有很多过去不存在的需求在现阶段产生，所以就出现了粮食生产量以及进口量无法满足消费需求的情况。我们当然不能闭关锁国，什么事都靠自身能力解决，这样会导致化肥的大量使用，进而破坏土壤结构，造成土壤的板结等问题，这对于农业的可持续发展、对生态保护都不利。所以，适当地利用国际市场来使土地休养生息我觉得并不是坏事，但是一定要讲究适度。

我刚才提到我国大豆进口已达到世界大豆出口量的60%。坦率地说，这些年来，世界平均每年能够出口的粮食谷物，大概在2.5亿吨到2.6亿吨这个水平，我国年产5.9亿吨。我国不缺乏购买粮食的资金支持，但即使购买全球所有出口的粮食，也只能满足我国半年的粮食消耗量。所以从这个意义上讲，中国要立足于粮食基本自给这个基本方针不能变，绝大多数的粮食供应只能靠本国的力量提供。之前提及的我国2012年进口7233万吨的粮食中，属于谷物（大米、小麦、玉米）的为1398万吨，大豆占5838万吨，所以从总体上讲，谷物的进口量还算适中。但是随着经济的发展，人们对动物性蛋白的需求越来越多，都要靠转化。从全球情况来看，玉米将逐渐转变成饲料，因此玉米的供求也开始偏紧，所以我们需要未雨绸缪。

有专家在2000年已经通过各种各样的统计分析测算出，按照我国的生产水平，在境外需用6.3亿多亩地。而2000年我国进口大豆数量仅5400多万吨。你因此可以想象，我国18.24亿亩耕地，如果加上复种指数，加上利用国外播种面积，我国一年可以达到24.5亿亩左右的播种面积。从耕地的产出能力大体上可以看出，我国大约有20%的粮食需求需要依赖国际市场。

这种结构的调整余地非常小。我国24亿多亩的播种面积中，首先若要想生产出11000亿斤的粮食，按我国现阶段平均亩产700斤计算，粮食所占用的播种面积就不能低于16.5亿亩。剩下的8亿亩耕地，油料作物2亿亩，棉花作物7000万亩，糖料作物3000万亩，还剩不到5亿亩。种植蔬菜就需要接近3亿亩的土地，还有许多农产品需要生产，因此我国自身结构性的调整余地非常小。这就是加快建设我国现代农业的要求非常紧迫的原因。

随着进口量的增加，国内粮食安全逐渐受到威胁，这进而影响到国内市场的稳定。比如这几年老百姓常常抱怨植物油和畜禽产品的价格持续上涨控制不住，因为我国现在大豆的自给率已经降到了20%左右，国内所需求的大豆，百分之七八十都需要国际市场，于是国际市场大豆涨价，中国国内大豆就得涨价，大豆涨价，植物油的价格就得应声上涨，同时以大豆为主要原料的饲料就会涨价，饲料一涨价，肉禽蛋奶的价格就会上涨。甚至从地缘政治、国际政治的角度也有很大影响。全球能供应到市场上的粮食数量相对固定，我国进口量的多少直接影响到别国进口量。全球农产品市场相当敏感，很多农产品因为我国需求量巨大，价格也随之水涨船高。有的国家因此讲中国发展对自己有威胁。我国经济快速发展，人民生活水平快速提高，如果农产品越来越供不应求，越来越依靠国际市场，完全有可能带动全球农产品价格的上涨。

20世纪90年代，美国的生物学家兼农学家莱斯特·布朗提出“下世纪谁来养活中国”，在国际舆论中引起了巨大反响。正好在当时的背景下，古巴总统卡斯特罗来中国访问，江泽民主席陪他访问深圳。要离开深圳之时，卡斯特罗表示，起初他不明白为什么中国许多土地都盖成了房屋，中国人却不担心粮食安全。到了深圳看到出口创汇的企业他明白了，即中国有庞大的外汇储备来购买粮食。但是，古巴人吃的粮食都要从国际市场购买，若中国将全球的粮食都购买了，那古巴人岂不面临粮食危机？所以那时候江泽民同志就督促我们无论如何要抓好粮食生产。

我前两年到印度尼西亚访问。印度尼西亚是全球最大的伊斯兰国家，人口大概 2.2 亿，95% 以上是穆斯林，蛋白质供给主要依靠鸡肉和豆制品。印度尼西亚的商务部长是个华人，他说，中国这样大规模进口大豆，大豆价格上去了，对印度尼西亚老百姓压力很大。

我们现在进口大豆数量已经逼近 6000 万吨。从这个角度去看，在我们有限的耕地面积上怎样有更高的产出，是一个十分值得我们思考的问题。

国家需要现代农业，城镇的消费者需要现代农业，农民同样也需要现代农业。农民如果长期维持低收入的状态，就没有生产积极性，同时也没有做农民的积极性，因此只有提高农业效益才能增加农民收入。与此同时还需伴有相应的措施，比如舆论宣传引导。有时我对媒体有些看法，报纸、电台频繁对于农产品价格上涨进行大篇幅的报道，给政府造成了很大的压力，于是采用各种手段控制价格，控制价格就等于控制农民收入。举例来说，猪肉目前已经连续五六周跌到量入比的平衡点以下，但你却只能看到媒体对于价格上涨的报道。中央电视台做了一个节目，提到“速成鸡”这一概念，并解释为 45 天培育出来，还反问“你敢吃吗”。其实，这是国际上已经培育了几十年的品种，叫白羽肉鸡。这种鸡在全世界饲养最基本的要求为 6 周出笼，从小鸡出壳到胴体上市。这是世界基本规律，销往中国却被叫成“速成鸡”。这不是闹笑话吗？这次禽流感，不仅胴体鸡没有销量，鸡雏也无人问津，半个月以前的鸡雏还可以卖到两元一只，目前价格降到两毛钱都没有销量。因此农民收入问题如何解决？消费者都希望农产品价格有所降低，可是这对于农民收入又有很大的影响。

我国目前经济发展结构，还有很多非常复杂的问题亟待解决。比如2012年全国农民人均年收入7917元人民币，其中，工资性收入，即打工收入占到44.5%；转移性收入，即政府的补贴、亲友的馈赠等大约占到7%；财产性的收入，即房屋出租、土地出租、机械出租大约占到3%以上。这几部分加总，非农业收入部分占到55%—56%，而通过家庭经营得到的收入仅占46%。而家庭经营中还包括家庭经营的二三产业，比如农家乐、小工厂，等等，再将这部分除去，真正来自农牧业的收入目前不到1/3。所以我国确实面临一个非常现实的问题，即农村经济社会如不加快转型，纵使有再好的农业政策，也很难通过增加农民1/3的收入来带动整体收入的增加。因此，现代农业的建设，不光是农业技术和规模。如果农业人口不减少，这个局面就很难维持下去。农民种地不能得到相应的财务激励，就会失去耕作的积极性。通常情况下，一年两季的区域，即一季水稻一季小麦，或者一季水稻一季油菜，农民普遍性的收入为一亩地700元人民币，如果只种植一季，至多一亩地能有500元人民币的收入，即使以700元人民币来计算，也只相当于进城务工农民工一个星期的收入。所以这一方面迫切要求我们加快现代农业的建设，另一方面我们又有许多现实的矛盾障碍需要克服。

总体来说，我国发展到现在这个阶段，还有如此数量庞大的农民，要建设现代农业就非常困难，但是必须想办法解决。因此党的十八大报告中提出“四化”同步推进，即新兴工业化、信息化、城镇化和农业现代化同步推进，是具有重要意义的。

“四化”同步推进必须同时处理好很多问题。比如说，现代农业建设需要土地，但是我国现代化农业所需要的规模，不能同新大陆国家做比较。比如我在上海看到的一户农场，由一对50多岁中年的夫妻承包，如果种一百亩地，一亩地纯收入有700元人民币，一百亩就有7万元，如果种一百五十亩地就是10万元以上的收入。如果当地政府再让他们帮肉联厂代养生猪，在地头建一个猪圈，500头猪一栏，90—100天出一栏，一年可以出三栏，1500头猪。他们只负责喂养，饲料由别人提供，防疫工作由别人帮着做，50元钱一头，1500头猪就是7.5万元。7.5万元的养猪收入再加7万多元耕地收入，共计十四五万元的年收入，并且农户不用背井离乡，浇水、施肥、种耕、收割，都可以通过社会化服务解决。但在上海这样的地方，若一户农民种一百亩地，上海一共三百万亩土地，因此只需要三万户农民，剩余的农民怎么办呢？这就需要让他们从事第二、第三产业。我们能不能拥有中国特色城镇化道路，以及中国特色新兴工业化道路，也就是看中国的二三产业能否更多地吸纳转移的农民，来给现代农业的发展创造条件。

现代化的过程中要处理好工农城乡关系。就我们已有的经验教训来看，首先，要处理好地的关系，其次，要处理好人的关系。因此我所说的中国特色农业现代化道路，就包含在粮、地、人这三个字当中。粮食什么时候都不能放松，因为中国有13亿人口，将来可能发展到15亿，但是中国又是个耕地资源非常稀缺的国家，而且在现代化进程中工业、农业、城镇、基础设施建设都需要用地。再次，建设现代农业，就必须为农民大规模转移到城市创造条件。目前相当突出的问题是围绕着土地展开的。比如说现代农业规模上来了，但很少仔细考虑离开这些土地的农民何去何从的问题：他们的生存状态如何？他们以后的长远生计如何规划？长期没有人解决就会造成一定意义上“土地兼并”现象，即采用各种各样的手段把农民从土地上转移走，剩下的土地给少部分人耕种，虽然效率很高，但产生了很多潜在的社会问题。土地规模经营，非常重要的一个问题其实不是土地本身，而是如何安置土地上的人的问题。如果人能顺畅地离开土地，地就能水到渠成地实现规模经营。这样的条件当然不是一个村，一个县就能创造得了，必须通过城乡互动来实现。

土地如果有条件集中起来，分配给谁耕种、怎么耕种又是个很大的问题。党的十八大也提出要创新农业经营主体，2013 年颁布的中央一号文件也提出，主要分为四大类主体：专业大户、家庭农场、农民合作社，龙头企业。到底如何创新，我想这在全国各地应采取不同的方式。

我之前跟李克强总理去江苏和上海调研，在江苏视察农业时总理问我什么样的规模对中国来说比较合适，我说这个问题的复杂程度就在于中国人自己也说不清楚，因为各地情况千差万别。例如我刚刚举例的上海，几百亩的规模就很好，但是到黑龙江三江平原呢？可能五六百亩也无法满足农民的需求。所以规模问题必须跟当地的自然资源和当地农民转移的情况结合在一起。再者说，农民逐渐迁移，土地缓慢集中起来，对于土地如何分配以及如何耕种的问题也就逐渐凸显。2013 年中央一号文件对工商企业提出了两点特别的要求：第一，鼓励和支持工商企业到农村去发展适合企业化经营的种养业，但是添加了“适合企业化经营”的限制；第二，对工商企业长时间大规模租赁农民承包地要建立严格的准入和监管制度。因此中央一号文件鼓励和支持工商企业去农村发展，但并不是什么领域都能参与，也并不是鼓励工商企业圈地越多越好。的确，现代农业需要一定的规模，但现代农业建设到底需要多大规模，主要是由客观因素决定。我们从美国进口大马力拖拉机，具有非常齐全的设备，冷暖空调，通过 GPS 定位可以自己计算好耕作路线图。从日本进口的雅马哈插秧机，体积比我国使用的三轮车还小，然而它却能实现一天插一百亩地的工作效率。有了这样的技术能不能采用，是和有没有适当的规模作支撑是非常有关系的。因此我们强调适度规模，既要强调运用技术，同时也要考虑农民转移。我们在推进现代农业，追求规模经营的过程中，一定要处理好这些问题，不能急于求成。

关于经营主体，以美国为例，美国有 7 个主要农业州，其法律都规定禁止非家庭性公司拥有农地。美国有个很特殊的情况，当老农场主去世之时，大规模的农场会面临一个生死存亡的挑战。如果他儿子要继承农场，需缴纳高昂的遗产税。在正常情况下，一般传统农区的耕地的遗产税，一英亩大概达到4000—5000美元，若无法负担，农场就不得不被拆分。美国政府为了避免农场作为遗产传给下一代的时候被分割，推出了一个政策叫注册农场主的家庭公司。农场主夫妇俩分别担任董事长和总经理，儿子儿媳分别担任总会计师和总农艺师，待到需要下一代接班的时候，并不是遗产交割，而是变更法人，即只改变董事长的名字，不用交遗产税。因此在美国有相当一部分家庭农场是注册公司，它的基本目的就是规避遗产税。美国西部几个区都规定了不允许非家庭性公司拥有农地，因为大型非家庭性公司拥有雄厚财力购买农用土地，但这样大规模的购买会造成农民生存困难，因此这样的政策保护了农民的基本权利。我之前讲到，日本、韩国以及我国台湾地区的土地法律规定，农地可以随便买卖，但是经营性和营利性的公司不许购买，同时非农民可以购买农地，但是只能用作耕种用途，禁止转作他用。这套规矩实际上都在很明显地保护在市场经济中相对弱小的以农户经营为主的农业。最近还有一个很热门的概念，就是农民的宅基地以及农村的建设用地，这还需要改革的进一步的推进。

我国现在出现的情况就是土地利用的非农化。有很多人购买农民的小产权房或者农宅，从法律意义上来说这些都是违法的。我比较忧虑的是，对创新和违法的混淆。我觉得在这个问题上要订立相应的规章制度，尤其是对于土地利用。土地资源是有限的、不可再生的。我们在土地制度上面临着很多问题，例如农地怎么流转、怎么集中、怎么规模经营以及谁来规模经营，等等，这些都需要探讨。还有一个方面是非耕地。现在关于非耕地有很多种概念，但其中很多概念跟法律是相悖的。比如城乡建设用地增减挂钩，由国务院批准试点实行。但是这项政策逐渐变成各处都在搞。农民如果将老住宅拆掉并集中居住就可以节省出很多建设用地，建设用地指标能卖钱，农民住新房就不用花钱了，所以农民是乐意卖的。城镇政府往往由于指标不够，如果农村的指标能买过来，项目就能落地，创造 GDP 或是税收，因此从这个层面来说，城镇政府也愿意实行此项政策。城乡建设用地增减挂钩有没有法律依据呢？这是个大问题。因为把旧村庄拆掉并复垦，将其中很小一部分地给农民建房，把原来农村宅基地占的这部分地复垦，并把指标转到城里进行交易，在没有占用耕地这一条件上理由很充分。但是，再看看这件事没有道理的那一面。考虑到农民生活在土地上且包括对基础设施在内的需求，各国政府都会批准农民用自己的土地来建设生产生活所必需的建筑。若需要将农业用地改为商业用途，土地规划以及土地性质就得进行修改，这里就涉及很多问题。在我国使用集体建设用地，同样需要依据法律经批准，用自己的土地修建自用建筑。但是这样的用地制度被转化为集体建设用地流转，或者通过指标的置换就可以转给他人使用，那又谈何“自用”？所以这个概念到底成立不成立，能不能成立，还有待将来法律如何修改来决定。现在我国农村人口越来越少，农村逐渐呈现出空心化，很多的农村住宅、村庄可能会被废弃或是消亡，这是历史规律。但若为了现在用地而强拆农村的楼房和村庄，这在全世界其他地方都是没有的。城市建设中的土地指标不够，而引出了对农村村庄和农房大规模的拆除，这样的事值得我们认真思考。

土地问题其实涉及至少四个方面，即农地的经营制度问题、农村集体建设用地制度问题、国家对农村土地的征收问题，以及土地金融制度问题。

总的来看我国对农地征用补偿水平太低，长此以往不仅造成农民生活水平的低下，同时也为现代农业的发展带来很多阻力。我在日本调研时，日本的农林中金（相当于日本的农民金融合作社全国的总部）的理事长就表达了他的忧虑。农林中金是日本非常有经济实力的农民合作银行，目前为全日本第三大银行，在金融危机之前是全日本第一大银行。理事长表示，农林中金存款的 70% 来自于农民出卖土地的收入，而且主要是由于城市发展、工业发展产生的土地出让金。他所担心的是，出卖土地的老一代农民都年事已高，等到百年之后，他们的子女大概就不会再将钱存在农民合作社的银行里，要取走存款，农林中金的资金链就存在棘手的问题。而我当时就想到一个问题，中国这二三十年工业化城市化发展过程中，农民被征走了这么多的地，他们存了多少钱？日本的工业化城镇化也很迅速，为什么日本农民能够通过工业化城镇化的过程，即通过改变土地使用用途的过程，逐渐变成富裕的农民，而我国的征地过程总是伴随着农民的怨声载道？因此这个制度是一定要改的。

还有一个很重要的问题就是土地金融制度。我们可以从报纸上看到很多地方在实施的农民土地承包经营权以及农民宅基地使用权抵押。因为法律规定不许抵押，所以他们把这个叫创新。有很多人问我对此持什么态度。我说我不赞成，因为我国《担保法》规定得很清楚，农民土地承包经营权和宅基地使用权不能抵押，当然还有一些别的房产不能抵押，例如公立的学校、幼儿园以及医院都不能抵押。但与此同时我又不反对，因为农民贷款渠道很有限，若银行有积极性实行这样的抵押，将钱款贷给农民，如果发生不良贷款那也是银行的事。

但是这件事情还得深究。好多经济学家指责我们：为什么反对农民的小产权房进行交易，歧视农民的土地所有权？我觉得这是完全把问题扯到了一个容易产生歧义的问题上。我刚才谈到，为什么法律规定农民的土地承包权、经营权和宅基地使用权不能抵押？从我了解的实际情况来看，最重要的一点，是绝大多数地方的农村的土地和房屋不具流动性，如果发生经营失败，被抵押物没有办法进行拍卖或转让。就像刚才谈到的农村集体建设用地，为什么只能自有土地自用建筑，而不能从商业角度去使用，这绝对不是对农民集体土地所有权的歧视，而是在此类土地上建这种房不符合规划，而不符合规划的事，不论是农民还是干部抑或是商人，谁做都不行。

所以土地利用中最突出的问题，是不能只强调权益人的权益，还必须看到对土地用途的管制。也就是说，土地权益人的权益，即所有权、占有权、使用权、收益权、处分权，等等，它受到法律的保护。但是，之所以这些权利都能受到保护，这是因为国家对土地有总体规划，土地的利用涉及整个社会和全体公众，涉及国家发展的长远。因为任何国家的土地都是有限的，所以土地如何使用，不仅仅是所有者、使用者的事。因此越是现代国家，就越强调土地规划，强调土地用途管制。一个是土地权益人的私权，一个是政府对土地管制的公权，这两个权利需做到平衡。我国确实在过去很长时间中，不重视土地的私权，对所有者使用者的权利不够重视，侵犯他们利益的现象很多，但如果有一天土地权益人可以自由支配土地，那这也会严重干扰社会秩序。所以我有时开玩笑，说像清华大学这么好的环境，这么好的位置，为什么没人敢在校园里拆了教室搞高档房地产建设，不就是因为知道这是用途管制。在土地制度上需要改革的内容很多，但是如果把握不住改革的基本原则，则会造成恶劣的影响，而土地出了乱子是回不去的！在这个问题上，我觉得非常值得认真研究。

在城镇化过程中，讨论最多的问题就是农村居民转变为城市居民，不进行转变会形成社会不公，实行了转变又面临该如何安置农民的问题。这个问题确实对于我国新型城镇化的进程以及对农业的影响非常大。如果农民不能顺利地转为市民，这种半城镇化的人口对农村的房屋和土地的依赖是割不断的，要求农村居民流转集中或是放弃土地是几乎不可能的。首先，我认为我们要认真测算一下我国城镇化的速度到底能搞多快。1978年我国城镇化率为17.9%，而2012年达到52.6%，34年中，我国城镇化率平均每年提高一个百分点，而2012年提高了1.3个百分点，城镇化处在一个加快发展的阶段，但是我们对于消化农业人口变成城镇人口的能力还需增强。

农民能不能真正变成市民，归根到底最重要、最基本的，需要解决四件事情：

第一，就业问题。在过去，农民进城主要是被就业机会吸引，但是现在在某些地方出现了某个阶段没有就业也不愿意返乡的情况。我国提出的每年增加九百万、一千万城镇就业，并不包括农民工在内。而解决他们的就业问题，从目前的就业结构来看，又越来越需要依靠民营的中小企业以及微型企业，若是没有一套很好的维持民营中小企业发展的规划，则大量的农民人口转移就业是很难做到的。我认为这个政策还应进一步进行深化改革调整。

第二，住房问题。当前农民工的住房矛盾相当突出，有关部门对2011年情况的调查显示，目前进城农民工的住房，52%依靠的是用人单位提供的集体宿舍，包括工地上的工棚；47%住的是农民房；农民工在城镇自有住房的比例是0.7%；缴纳了住房公积金的不到3%。两亿多农民工在城市处于如此的居住状况，应该用何种机制去解决？这需要我们认真地研究。

第三，农民工的社会保障问题。农民工进城后，理应享受均等化的城镇居民的社会保障。但就2011年的状况，进城农民工缴纳城镇养老保险的为16.4%，缴纳了医疗保险的为18.6%，缴纳了工伤保险的为27%，缴纳了失业保险的为9.4%。有关部门对武汉做过调查，如果按武汉市政府的规定给农民工缴纳“五金”，用人单位一个月至少要给每位农民工缴纳516元人民币的社会保险，农民工自己也要缴纳166元人民币，因此每个月总共缴纳682元人民币，每年缴纳8184元人民币。但是按照刚才的数据，农民工加入城市社保的平均比例只有20%，缺口达到80%。一个人没有缴纳社会保险的缺口为6500元，如果以1.5亿农民工数量计算，一年就是一万亿元的缺口。

第四，农民工随迁子女的义务教育。2012年年底义务教育阶段的随迁子女达1260万。我们国家义务教育阶段的孩子共有1.5亿，其中两千五百万在城镇，一亿两千五百万在农村，现在城市增加 1260 万，相当于农村户籍义务教育阶段的孩子有 1/10 来到了城市。如果大家有机会问问几个大城市的城际郊区的几个区县长，就会发现教育的矛盾十分突出。我们必须重新考虑教育资源再分配的问题。义务教育阶段的资源如果再不根据目前的形势做出调整，就很难维持下去。解决义务教育之后，还需解决高中教育以及大学教育。虽然我国城镇化已经取得了很多成就，但还存在很多历史遗留问题，因此在推进城镇化的过程中，就一定要考虑到各方面资源与约束的问题。坦率地说，在城镇化进程中对农村居民转变为城市居民的基本需求解决得越好，就更有利于农民更快地有序地转移，从而使得农业现代化进展的更加顺利。

这类问题需要做一些比较全面、长远的规划，或者叫做顶层设计。许多城市进行城镇化时只考虑土地流转数量以及规模，但是对于原来居住在这些土地上的农民的安置、生计以及去留问题却很少考虑。这样的现代农业只能是橱窗或者说盆景。如果在外工作的农民工因为在城市生活受挫，经过三年五年，乃至十年八年的时间又回到农村，你这个现代农业就面临严峻的生存考验。因此现代农业的发展，一定要和工业化城镇化同步推进。从我们目前的情况来看，工业化城镇化有很大成就，但是迄今为止还没有真正解决农民转为市民的很多问题。这个问题解决不好，会导致农业现代化难以推进。

我国现在关于农民工市民化的问题有很多讨论，但是真要落实到各级地方政府却难度很大，由于缺少资金，这些问题逐年累积，导致压力越来越大，因此这些问题就需要从统筹的角度来认真研究。我认为我们应该清楚地看到两方面的压力：首先，在全球经济高速发展的背景之下，我国若发展缓慢，就可能受到很大的压制，并且丧失很多机会；其次，回顾我国的发展历史，很多毛病都出在图一时之快。怎么衡量两者的关系，找好一个度是非常重要的。

关于中国特色农业现代化道路，今天仅仅是讲了点皮毛，因为涉及内容实在是太多，总的来说我觉得还是从一开始讲的三个大的方面去认真把握，即我国的人口资源环境条件、我国要坚持的理论道路和方向，以及我们这个历史悠久的国家文化传统，把这三者结合好，才能真正走出一条中国特色农业现代化的道路。

主讲人简介

薛　澜

现任清华大学公共管理学院院长、教授、博士生导师。兼任中国行政管理学会副会长、全国MPA教育指导委员会副主任委员等社会职务。1991年毕业于美国卡内基梅隆大学，获工程与公共政策博士学位。近期代表作有《应急管理概论：理论与实践》《积累与跨越：科学发展观指导下的宏观管理与政策研究纲要》。

“我们有必要认识到的是，科技创新的发展也需要遵循一些不以我们的主观意志为转移的规律。一方面，技术创新能力的积累需要时间。今天中国人干得很辛苦，五加二，白加黑，我就不信上不去，但科技发展这件事仍然有其自身的客观规律。要想实现从依靠外部技术引进到自主创新的转变，需要一段很长的、甚至是几代人的时间。所以我们要有足够的耐心。另一方面，观念、文化、体制、管理模式的变革也需要时间。引进外资、加工出口这一生产模式确实对我们改革开放时期的经济发展起到了巨大的推动作用，这一点不容否认。但同时它也确实形成了一种惯性，对外依赖的惯性。我们怎么样来打破这种惯性？这不是一两句话或者依靠政治动员就能解决的问题。企业家们是非常现实的。”

第六讲　中国特色科技创新道路*

薛　澜

一、中国科技创新道路的背景

党的十八大报告关于创新驱动发展作了非常详细的叙述，特别提到了“科技创新是提高社会生产力和综合国力的战略支撑，必须摆在国家发展全局的核心位置”。在党的十八大召开之前，基本上没有重要的全国性的会，除了全国科技创新大会。这次大会范围之广、层次之高，体现了国家对科技创新高度的重视。会上特别强调了要完善、建设国家创新体系。国家创新体系到底是什么？要深化科技体制改革，现在看来还有哪些问题？怎样去具体实施创新驱动发展战略？

大的背景就是我国面临发展方式转型，要推动创新驱动发展，科技创新占据着特殊的地位。还有一个重大的国际背景。2011 年 11 月一周内发

---

* 本文系薛澜教授 2013 年 4 月 12 日在中央国家机关司局级干部选学“中国国情与中国道路”专题班授课讲稿，郑云峰、杨竺松协助整理。

生了几件大事。首先是联合国2011年11月14日发表报告，说中国已经超过日本，成为世界第二大工业研究开发大国，仅次于美国；当天，汤森路透（Thomson Reuters，全球领先的专业信息供应商）公布报告称，年度发明专利申请，中国已经排到第三，仅次于美国和日本，公开申请量增速是全世界第一，从2006年的17万多件增加到2010年31万多件。那一周，天宫一号和神舟八号空间对接完成，神舟八号返回。

可以看到，中国科技发展实力大大增强。这种增强在国际上，尤其是在欧美国家中引起了很多担心。很多研究中国问题的国际会议的名称直言不讳地写着“挑战”或者加着引号的“威胁”。2006年我国提出国家中长期科技发展规划纲要之后，提出了“走自主创新道路，建设创新国家”的目标。之后，很多在中国的跨国公司都担心中国的自主创新的长远目标就是要把跨国公司赶出中国。发展初期，中国还没有技术时，把跨国公司请进来，现在中国发展起来了，是不是该把跨国公司赶走了？中美战略经济对话，原来最关心的问题是汇率、企业贸易等问题，但到2010年情况发生了转变，美国开始提出中国自主创新的问题，也从2010年开始开辟了一个中美创新对话。不过，美国国会在2010年的预算法明确规定，不允许美国总统科技顾问办公室和航天宇航局使用政府预算权跟中国开展合作交流，而美国总统科技顾问办公室正是牵头与中国科技部开展创新对话的部门。这从侧面说明了美国很多人对中国科技发展的担心。

同样也是2011年11月，汤森路透发布了其全球创新百强（Top 100 Global Innovators）名单，这个名单里有40家美国企业、31家亚洲企业、29家欧洲企业。尽管中国专利申请领先全球，但是专利质量和影响力不足，所以中国没有一家公司上榜。2012年12月又公布了全球创新百强名单，其中有47家美国企业、32家亚洲企业、21家欧洲企业上榜，中国仍然没有一家企业上榜。当然中国的个别企业的专利申请量，比如华为、中兴已经排在全世界专利申请量的前几位，但专利的影响力是长期积累的过程，我国目前还没有到这个阶段。

另外，我国很多科技领域的专家和领导干部还是对我国的自主创新能力表示担心。一位领导干部曾经说我们在大到飞机、汽车、数控机床，小到服装、日用化品、碳酸饮料等很多产业领域里都表现出对国外技术的很强的依赖。

同样的信息，在信息公开的社会谁都可以看到，但是大家的态度反差非常大。国外觉得中国的实力已经构成威胁了，国内又十分担心，说对外依赖很强。双方的结论看来是差别很大的。分析也很不相同：一种观点认为中国取得巨大进步，原因是坚持开放引进了国外的先进技术、促进了中国产业技术的跨越；另外一种观点认为，过度开放给外资企业超国民待遇，形成了对国外技术和品牌的依赖，抑制了中国民族企业的创新机会。判断截然不同。

这些不同认识会导致政策的分歧，这就需要我们认真探讨中国的科技发展走过了一条什么道路，下一步怎样真正促进中国创新能力的提高，真正能够在国际上具有竞争力。

二、科技创新的基本概念

发现、发明和创新

与科技活动相关的几个概念是发现、发明和创新。从基础创新和科技政策研究的视角看，这三个概念有本质的不同。

发现是跟科学研究活动密切相关的，科学研究如物理、生物研究，是发现内在的自然规律。规律有可能有实际的商业价值，也有可能没有，事先无法知道。

另外一些工程技术研究，可能得出新颖的机制、装置，这些就变成发明，有新颖性、有实用性，但最后不一定变成市场需要的产品。专利局有各种各样新奇的专利，但是这些专利很可能被束之高阁。

最后，真正对经济发展起至关重要作用的是创新。把发现、发明和商业活动结合，就是创新。简而言之，创新就是把知识变成钱。所以最原始的、狭义的技术创新的定义就是技术在市场上的首次商业化。当然现在创新概念不断地拓宽，技术创新含义也包括在新的社会环境下的首次应用。例如一个产品可能在北京是第一次商业化实现，两年以后在某个农村首次使用，这是技术扩散，但也是一种创新过程。更广义的定义包括创新技术相关的组织创新、制度创新、市场创新等创新内容。更宽泛的语境下，创新这个词也得到了广泛的使用，包括政府管理创新等。在今天讨论的范畴，创新就是科技跟市场的结合，来实现经济价值。

国家创新系统

国家创新系统是指国家内部有关创新的组织、制度和政策相互作用，形成的推动创新的学习网络。因为学习网络受到经济、文化、社会背景、产业发展阶段、历史等各方面的影响，所以不同国家的创新系统是差别很大的。

需要特别指出的是，创新最终的效果是要通过企业来实现，因为把知识变成钱，要通过企业来实现。另外，创新的本质是通过学习来提高能力，这个过程需要各种组织的参加，比如大学、研究所、中介机构、金融机构等。创新的效率，需要制度的保障、政策的支持、部门的协调等。所以，创新系统的形成，既有市场演进的一面，国家政策引导也可以起到一定作用。

科技政策、创新政策和产业政策

科技政策是解决科研活动中存在的市场失灵，这个必须政府来做。另外要规制科技活动中潜在的危害。一些科技成果可能会对人类社会有不利的影响，所以要进行相应的规制。比如核技术相关的一些研究，要是保护得不好，就会产生辐射。又比如转基因产品，大家可能有不同的看法，它有没有风险，都得要关注。

创新政策是解决创新活动中存在的市场失灵。另外更根本的是如何去完善创新系统，解决其中的体制机制问题。不同国家政策差别也很大。

产业政策是解决产业发展过程中存在的各种市场失灵。比如说对新兴的产业的扶持。新兴产业是幼稚产业，尤其对发展中国家来讲，很难直接和发达国家去竞争。在这种情况下，一定的扶持是必要的，可以从不同的角度、以不同的手段去扶持。

这三类政策密切相关，但又有很大的差别。我国前些年的发展，对这几类政策没有详细地去区分，但到了今天，中国的市场经济更加完善，在国际竞争的市场环境中，对这些政策需要更进一步地去区分，在复杂的国际环境中推动我国的发展。

“创新型国家”

“创新型国家”是《国家中长期科技发展规划纲要（2006—2020年）》中提出来的概念①，纲要中提出了2020年要进入创新型国家行列的目标②。纳要提出将科技创新作为基本战略，大幅度提高科技创新能力，

---

①《国家中长期科技发展规划纲要（2006—2020年）》中指出：面对国际新形势，我们必须增强责任感和紧迫感，更加自觉、更加坚定地把科技进步作为经济社会发展的首要推动力量，把提高自主创新能力作为调整经济结构、转变增长方式、提高国家竞争力的中心环节，把建设创新型国家作为面向未来的重大战略选择。

②《国家中长期科技发展规划纲要（2006—2020年）》中指出，到2020年，我国科学技术发展的总体目标是：自主创新能力显著增强，科技促进经济社会发展和保障国家安全的能力显著增强，为全面建设小康社会提供强有力的支撑；基础科学和前沿技术研究综合实力显著增强，取得一批在世界具有重大影响的科学技术成果，进入创新型国家行列，为在21世纪中叶成为世界科技强国奠定基础。

形成日益强大的竞争优势的国家，并给出了具体的指标。包括研发投入占国内生产总值的比重提高到2.5%以上，科技贡献率达到60%以上，对外技术依存度下降到30%以下，本国人发明专利年授权量、国际科学论文被引用数进入世界前列。当然这些指标是不是最合适的，也有一定的争论，但要衡量科技的进步需要提出指标，没有具体的指标也很难服人。

三、中国国家创新体系发展过程

历史上中华文明对人类科技发展作出过非常重要的贡献，如四大发明。但是从科技史来看，从明代开始中国科技发展逐渐就开始落后于世界科技发展水平。一直到鸦片战争之后，中国的有识之士开始向西方派遣留学生，开启了中国创新系统的建设。

洋务运动到新中国成立前

容闳，是中国留学第一人，在美国耶鲁大学获得学位回国；著名桥梁专家茅以升先生，在美国卡内基梅隆大学工学院攻读博士，是卡内基梅隆大学的第一位博士。到了1895年，时任津海关道盛宣怀，提出了兴办天津北洋西学学堂的奏折，光绪皇帝批准。严格来讲天津北洋西学学堂是中国第一所现代意义上的大学，也就是现在的天津大学的前身。

从1895年到1949年的半个多世纪，中华大地战乱不断，从军阀混战到抗日战争，再到解放战争，国内难得安定。尽管如此，那一时期培养出了20世纪上半叶的一代科技精英。到了1948年，中国有210所现代意义上的大学，包括国立高等教育机构74所、省立80所、私立56所，这些大学一共招收了15万多名学生，以本科生为主，有少量的专科生和研究生。1949年前还设立了一些公立科研机构。1928年6月9日正式成立，由蔡元培先生担任院长。到1948年有81位的院士，相当于今天的工程院院士。

另一方面，抗日战争对科技发展造成了很多破坏。抗日战争之前全国有70多所研究机构，但在抗战爆发之后，有很多机构被迫终止了研究活动，部分被迫搬到后方。到1949年只剩30多所机构，共5万左右的研究人员。

新中国成立到改革开放前

1949年新中国成立以后，中国的创新系统进行了比较完整的布局，受到了苏联模式的影响。首先成立以基础研究为主的中国科学院，然后建立起两类应用的研究所：一是按照领域、工业部门的分类，在工业部门下设立相应的应用研究院、研究所，例如钢铁研究院；二是在各个省、市、自治区设立省属的研究机构，包括很多省的农业科技研究院等。大学的设置也进行了重大的调整和扩张。

在这个过程中，我国的国家科技创新系统开始建设，形成了功能分隔的局面：大学和中专核心定位为培养人才；中国科学院下属研究所主要开展基础研究，以及部分战略研究，如核武器相关研究；部门和省属研究所主要开展应用研究；大型企业进行产品开发。

（1）高等学校的发展

1952年，在苏联专家的参与下我国高等教育体系进行了重大的结构调整。我国的大学数量从1948年的210所增加到1952年院系调整前的211所，1952年院系调整后缩减到183所。调整主要的特点是适应中国当时经济发展需求——中国当时最主要任务是工业化，理工科由这次调整大大发展，很多单科或多科的理工科院校先后被设立。例如清华的航空系和其他的一些系合并成立北京航空航天大学，清华的地质系和其他的一些系成立的地质学院等。同时，人文社会科学被大大压缩。另外，所有的大学都调整为公立大学，这是非常重大的调整。

随着我国20世纪50年代、60年代的经济发展，大学的数量也发生了很大的变化。我国的大学数量从1953年的183所，增长到1957年的229所，这是在合理范围内较快的增长速度；但是到1960年，大学数量猛增到1289所，短短3年就增加了上千所高校。当时我国的“大跃进”，不仅是钢铁生产“大跃进”、粮食生产“大跃进”，还有办大学“大跃进”。当然这种“大跃进”是无法持续的，所以到1965年我国大学数量又回落到434所，到了1971年又进一步下降到328所。这一阶段我国大学的发展也经过了不同寻常的过程。

（2）科技的发展

1949年之后中国科技发展的一个重大事件，是1956年完成的《1956—1967年科学技术发展远景规划》，在中国科技发展史上留下了重要一笔。规划提出向科学进军，成立国家科技规划委员会。当时共有600多名科学家参加了规划的编制工作，提出了57项重要研究任务，包括原子能、无线电、半导体、计算机、航天火箭工程，等等。这些领域从今天看来也是前沿。这批科学家中，很多都是从国外最前沿的科技领域回来的，非常了解国际科技发展的动向，所以设立规划可以紧跟前沿。另一方面，我国也成立了很多机构来保证任务的完成，到1962年这些研究任务全部都提前完成。后来我国又提出了1963—1972年的10年规划，但因为“文化大革命”，这个规划没有完全执行。

（3）产业技术的发展

我国的产业技术在1949年之前，主要靠西方进口。当时我国连火柴都不能生产，要用进口的“洋火”。1949年之后这种情况有所改观，但是变化不大，技术主要从苏联和东欧引进。20世纪50年代有非常著名的156项工业技术引进项目。当时我国研发能力相对比较弱，主要是渐进式的技术革新。

到1965年中国成立了1700多所科研机构，有15万多名科学家和工程师，取得了一批重大的科研成果。其中属于基础研究的人工合成牛胰岛素被很多人认为达到了获得诺贝尔奖的水平。在战略研究上，原子弹和氢弹也分别在 1964 年和 1967 年取得了成功。大庆油田的发现也是靠重要的科研成果。这个阶段我国的科技发展取得了非常重要的成就。

（4）发展的挫折

这一时期也遇到一些挫折，最重大的挫折是我国和苏联关系的中断。1960 年之前中苏科技合作比较密切，中国从苏联引进了大量的技术。1960 年中苏政治关系恶化。1960 年 7 月 16 日苏共中央讨论了苏中关系，宣布召回苏联专家，不顾中方的要求在一个月内撤走了 1390 名专家，停派 909 名专家，单方面撕毁了 600 份协议和合同，密切的合作交流骤然中断。1960—1967 年两个国家科技来往的人数只有 100 人，只是一些学术交流活动。中苏火热的合作突然降到冰点，对中国科技的发展造成了非常大的负面影响，也对我国之后科技发展的道路造成了深远的影响。我国领导人意识到科研还是要自主。这也迫使中国走自力更生的道路，我国今天在中长期科技规划中提出自主创新道路，不能不说有历史教训的影响。

中国从 19 世纪末开展的现代科技事业，经历了种种曲折，但中国的科技发展的生命力非常顽强，到 1966 年“文化大革命”开始前已经形成布局比较完整的科研教育系统，并取得一些重要成果。这一阶段的发展，其实也是改革与开放的结合。改革是改革旧中国形成的旧系统，开放是向苏联模式的全面开放、全面学习。这一时期我国科技创新系统最大的弱点，是产业创新能力比较弱，产业技术主要依靠进口，科技进步没有在经济生产中充分体现，尽管科技取得了不小的进步，但是没有真正反映在我国的创新能力上。

改革开放至今

（1）改革开放后中国的四大变革

改革开放之后国家创新体系建设，是中国发展至关重要的阶段。改革开放这30多年，中国发生了天翻地覆的变化，归纳起来可以分成四个方面。

第一是经济发展。我国的经济系统从计划经济走向市场经济，经济高度增长，成为世界第二大经济体，经济年平均增速在10%左右，这是我国经济改革的重要成果。

第二是产业结构调整。改革开放初期，我国农业占30%、制造业占50%、服务业只占20%，依然是以农业、制造业为主的产业结构。发展到今天，我国制造业和服务业成为经济的最主要的成分，农业仅占10%左右，制造业占50%，服务业已经到40%以上。与产业结构调整同时发生的是劳动力的转移。1981年农业劳动力占劳动力人口的68%，到2009年已经下降到38%，有30%的劳动力转移到了制造业和服务业。特别需要指出的是，中国的产业结构还是比较独特的，与中国人均GDP差不多的国家，制造业比重至少比中国低10个百分点。其中有有利的一面，也有不利的一面。

第三是社会形态。中国正在以非常高的速度从一个乡村社会变成一个都市社会。1982年我国城镇人口只有20%左右，到现在已经超过50%。我国的城市化进程，在1949年之后，有一段比较快的时期，中间有一段停滞期，到改革开放之后是快速上升的阶段。从乡村社会向都市社会的转变，包括人们的思想观念、生活方式等的转变，这个转变是巨大的。这个过程也是我国从封闭社会走向开放社会的过程。在改革开放之前我国强调自力更生，对外贸易非常有限，现在我国是最大的国际贸易国，吸引外国投资和国际贸易占GDP比重很高。以海外旅行为例，2000年海关记录为1000多万人次，到2012年已经超过8000万人次。现在到国外去，经常看到中国大陆的旅游团。而信息、技术等其他方面还有很多例子，这说明我国社会更加开放，这也就是社会形态发生的重大改变。

第四是治理结构。从国外的语境来看中国好像没什么变化，还是共产党领导、还是社会主义国家。但是从公共管理的视角来看，实际上中国的治理体系已经发生了重大的变化，包括行政体制改革、政府职能定位的变化，公共服务的拓展、反腐倡廉等。此外，我国的基层民主也在不断地稳步推进，包括基层的选举。非典刚刚发生时，当时应急的第一反应是内外有别，在怎样的范围怎样去传达事件。现在哪怕是餐饮的应急管理，只要出现类似的情况，很快就会及时去向社会各方面、公众去沟通。我国的应急管理体制也已经非常完善。在这些方面，改革开放30多年发生了非常巨大的变化。

这四个大的转变，对中国科技体制的改变、为中国国家创新体系的建设，提供了独特的背景。很多重大的改革，如果在一个平常的历史时期，或者在其他的国家，是很难想象的。但是在这样一个特定的历史环境下，这些改革就变成可能。

(2) 创新系统的三次重大改革

创新系统改革有两条大的主线，国内改革和国际融合。这两条主线始终是我国创新系统演变背后的两条主线。第一条主线国内改革，是面向国内的创新主体，也就是国内的研究机构、大学、企业等，是市场导向的，要回答如何更好地为经济建设服务。第二条主线是国际融合，就是国内的创新主体怎样参与到国际市场竞争，同时国外的创新主体也参与到国内的市场竞争，是你中有我、我中有你的过程。

改革开放之后，我国的创新系统共有三次大的改革，第一次是20世纪80年代中期面向中国国内的科技机构科技体制的改革，第二次是90年代末国内改革和国际融合的部分结合。第三次是2006年以后，国际融合和国内改革两者兼有的改革。

第一次重大改革是20世纪80年代中期到90年代后期，当时乡镇企业发展迅速，外资开始进入中国，经济发展对科技的需求日益高涨，但我国当时的科研体系还没有做好准备。科研单位基本上是吃皇粮，做自己的研究，市场需求得不到满足。当时农村改革之后，城镇改革又势在必行，改革意愿也比较强烈。所以这时我国的决策层，考虑怎样通过推动改革使科研机构的行为和文化能够发生改变，真正适应经济体制改革的需求。

当时的政策措施主要是改变激励机制。1985 年中央发布了《关于科学技术体制改革的决定》，以市场为导向，推进了一系列的措施，最主要的是逐渐削减科研院所的拨款，另外建立了很多新的科技计划，建立科技市场、鼓励科技人员“下海”创业。

这一阶段，我国建立了各个层面科技计划，有面向农业的“星火计划”、面向高技术的“863 计划”、有支持技术研究的教研科学基金，有重大问题的重大攻关计划，为科技企业创建了很多平台和环境，设立了高新技术产业区，创造局部的、比较完善的政策环境。另外还创办了 40 个经济技术开发区，吸引外资，许多高校设立了科技园，等等。当时的改革方式比较全面，在没有改变根本体制的前提下，提供了全新的激励机制。

中科院的研究员陈春先，20 世纪 80 年代初到美国去做访问学者。他被硅谷热火朝天的科技发展所鼓舞、吸引，看到了学术界和产业界的结合在高新技术产业发展中起到的作用。他回国后，做了第一个吃螃蟹的人，办了中国第一家科技企业，一个科技人员服务部，在当时中国产生了很大影响。但陈春先先生不是很好的企业家，他在产业和商业上没有取得很大的成功，最后不了了之，但他激发了一批科研人员下海创办企业。

高科技产业发展是非常迅速的，这与 1985 年科技体制改革的推动密不可分。1986 年研究院所是最主要的科技创新执行者，超过 60% 的研发经费投入到科研院所，企业也贡献了部分的研发经费。到 1997 年企业已经跟研究所并驾齐驱。2009 年企业已经成为绝对的研发主体，将近 3/4 是由企业做的，而科研院所的科研经费已经降到 20%，大学还是不到 10%。企业变成了研发的主力军。

另外从研发活动的特点上看，研发投入分成基础研究、应用和开发。企业最主要是开发，开发活动是与盈利最直接相关的。总体来讲研究院所主要做的是应用和开发，超过 50% 是开发，31% 是应用研究，基础研究占 11%。按说大学应该主要做基础研究，但是中国最主要的是应用研究，也有一些开发，基础研究不到 1/3。这几类的行为，和其他国家比较，最大的差别就是中国大学的研究活动中基础研究所占比例不高。

第二次重大改革，是 20 世纪 90 年代后期到 2000 年。知识经济在国内开始如火如荼，1996 年经合组织（OECD）的报告《以知识为基础的经济》在国内影响很大。1998 年我国行政体制进行重大改革，将中央政府机构的人员削减将近一半。1985 年科技体制改革削减经费削减到最后，很多的研究机构的职能已经模糊，生存成为最重要的任务。1996 年回国以后，我去科学院的地质研究所，发现地质研究所办了一个服务部，专门进行宝石鉴定。这就是面向市场需求，发挥地质所的专长。当时科研机构未来的发展方向不清楚，在这种情况下，很多人呼吁改革必须得把不同创新主体的作用理清楚，要作为一个系统来考虑，要有分工、合作。不一定所有的创新活动都能直接为经济服务，允许有部分能够从长远为经济服务、对科技发展起作用，所以后来国家推出了一系列相关的计划。

首先是中国科学院的知识创新工程。科学院基础研究的院所定位为基础研究，以国家为主提供大量拨款，让中科院进行战略规划和院所调整，设立创新基地，吸引海外人才。科学院的定位得到了重新明确，主要的任务是知识创新。

另外，1985 年科技体制改革主要面向科研院所削减经费，现在就进一步地往前把一些应用型的公益研究院所偏向市场，转型为企业，恰好和当时的政府改革密切相关，很多工业部门的研究院被撤，所以研究院也一起走向市场。从 1999—2003 年年底，由开始的 243 所院所试点，到千所研究院所转制成为市场主体。还有一些研究机构跟大学合并，或者转成非营利机构。我跟很多国外的专家讨论，他们觉得不可想象。美国的国家试验室也曾经面临过类似的问题，当时也有人提出各种建议，但最后都因为阻力太大没有付诸实施。

中国在大的改革背景下总体上比较顺利地完成了改革的目标。同时在产业研发方面，开始注重推动企业进一步地增强研发能力，鼓励大型国有企业建立企业研发中心。另外，支持中小企业创新，鼓励跨国公司在中国设立研发中心，有一系列国家和省级认证研发。1999—2000 年，我们对独立研发机构做了一个调查，调查涉及《商业周刊》前一千家公司，最后发现有超过 30 家在中国设立独立的研发机构，说明当时引进研发也已经开始发展。

这次改革在高等教育方面也有重大的推动，当然原因更复杂。首先是高校的扩招。1998 年之前我国高考的录取率是很低的，录取率大概是 1/3，还有很多适龄年轻人没有参加高考，所以在 1990 年包括大专在内的大学毛入学率只有 3.7%，到 1998 年也只有 9%。所以当时上大学还是很难的。从 1999 年开始，我国高校的招生人数开始扩大，1999 年相比 1998 年增加了 47.4% 招生人数。之后连续很多年以两位数增长，我国高校的在校生人数从 1998 年的 643 万，增长到 2005 年的 2100 万。这样的增长速度在国际上是非常罕见的，只有在战争时期停招、战争过后重招才有可能出现这种增长。到 2005 年，我国高校的毛入学率就上升到 21%，到今天已经到 30%。我国已经从精英化的高等教育，转型到大众化的高等教育。

随之而来的一系列改革，首先就是高校后勤体制改革。后勤体制改革其中之一就是在高校周围提供社会化的服务。另外和 1952 年对应，进行了高校并校。部分并校取得了很好的效果，从原来单科性的大学变成综合性的大学。同时高校的管理体制也发生了很大变化。改革前有 300 多所大学是中央部委管理，改革后很多部委撤销，现在只有 120 所大学由中央部委管理，包括教育部管理71所，其他大学由地方管理。

这段时间，国家对大学的科研能力也提供了进一步支持。首先提出了建设世界一流大学的“985工程”。最开始讲的是要建若干所，从开始的2所，增加到9所，后来逐渐扩大现在的39所。另外“211工程”是对100所左右的大学相关学科进行重点支持。

另外在这段时间的改革过程中，国家对高校参与创办企业存在的很多弊病和问题开始进行调整，大学跟企业逐渐脱钩。

第三次重大改革是2000年之后，我国已经面临几个发展的问题。有环境资源的约束，有我国加入WTO以后面临的各种各样对本土企业的挑战，还有我国区域差距等，这些问题是整个中国发展的重要约束，我国经济增长的模式需要改变。

我国创新体系内也面临很多新的问题。2003年4月我第一次去给中央政治局集体学习讲座时特别提到：我国公共领域方面研发非常薄弱，当时研发主要是依靠企业，但是企业对公共卫生、环境、能源等公共领域关注得不够；产业的研发能力也比较薄弱，在重要的产业领域对国外技术过度依赖；知识生产能力，也就是学术界研究，论文数量多，但质量还有待提高；另外我国创新体系内，不同的部门、不同体系之间的合作协调还是不够，存在着很多新的问题。

在这一背景下，我国的第三次改革，首先改变了发展战略，从GDP速度增长为主转变为综合协调发展，也就是科学发展观。另外，在世界一流大学的标准提出来后，开始把发表国际论文作为中国高校和研究机构学术水平的重要评价标准。与此同时，很多地方政府也在继续吸引跨国公司的研发中心。

在科技创新政策方面，开始启动中长期科技发展规划的重大的举措。规划的设计是从2003年开始的，超过2000名科技专家参与了这个规划，超过20个主题分组。当时我在国家创新体系组做副组长，我们就研究国家创新体系存在的问题进行研究，很多高校在一起讨论高校这方面的问题，并且邀请很多国际专家参与咨询，也创新性地和公众通过互联网做了交流。

到2006年开全国科技大会的时候，正式提出了国家中长期科技发展规划纲要，明确未来科技发展的指导方针目标，确认企业是技术创新的主体，提出了走自主创新道路，也提出了到2020年把中国建设成为创新型国家的目标。规划纲要根据社会需求提出了很多应用研究领域，涵盖了技术研究各个方面，也包括了交叉的基础领域等，并且提出了重大专项，包括已经成功的登月计划。规划纲要对国家创新体系建设方面也提出了一系列的想法，继续支持研发的国际化。

国家中长期科技发展规划是对中国科技发展的一个全面部署。2006年之后，我国科技投入、体系建设方面都进入一个新的阶段，经过前一段的改革，各方面取得了很大进展，但一些深层次的体制问题仍然存在。2010年6月，胡锦涛提出要深化科技体制改革。2011年5月在中国科协，温家宝进一步提出深化科技改革的必要性。这次讲话的背景是党中央对当时科技体制并不满意，一些长期的、深层次的问题并没有真正得到解决。2011年科技部、工信部等19个部门和江苏、北京两个地方组成了一个新的文件起草小组，开展了很多调研、座谈会，最后经过了文件的起草、征求意见等过程，到2012年9月份印发了《关于深化科技体制改革加快国家创新体系建设的意见》。现在国务院有关部门正在抓紧出台一些具体的、落实这个文件的措施。

以上就是改革开放阶段我国国家创新体系建设的基本过程。

四、中国国家创新体系现状及问题

回过头来看，这些年我们已经取得了巨大的成就。这些成就主要包括：

一是我国在创新体系构建和加强投入方面取得了巨大的进步，中国目前的创新投入已经领先所有的发展中国家，与欧盟国家平均水平基本相当，研发投入占GDP比重接近2%。二是在航天、高性能计算机等重要领域取得了突破。三是由于这些年的投入和积累，中国高校和研究机构的研究能力大大提高，国际科学论文发表量一路直线上升，已经仅次于美国。美国的基础研究实力的确是超强的，2008年它的国际科学论文发表量是34万多篇，中国基本相当于其1/3。四是出现了一批高科技企业，譬如华为、联想等，在国际上已经有了相当高的知名度，包括在一些传统领域也出现了国际同行知名度较高的中国企业，譬如潍柴动力、三一重工等。

之所以能取得这些成功，主要原因在于将国内改革和国际融合有机结合起来。一方面，国内改革为国际融合创造了较好的条件；另一方面，国际融合又不断提出新的改革需求，从而形成了良性循环。

中国国家创新体系现状

从现状来看，一是中国创新体系的创新能力不足。自主创新能力总体不足，对外技术依赖比较严重，譬如半导体产业核心技术百分之百依赖进口。我们对中美高技术产品贸易做过分析，发现中国高技术产品对美国存在较大顺差，但如果将贸易分为加工贸易（processing trade）、一般产品贸易和其他贸易这三类就会发现，我们的顺差超过100%来自加工贸易，也就是说另两类是逆差。如果具体到企业来看，将企业分成外资企业、合资企业、国有企业、集体企业和民营企业五类，我们发现贸易顺差基本上是由外资企业和合资企业贡献的。所以从这一点来看，我们的产业技术和创新能力与国外还是有差距的。另外我们的企业研发投入也不及在华跨国公司，在华跨国公司的研发投入占中国产业研发投入的比重还比较高，2004年这一比重超过1/4。

二是钱学森之问还没有得到很好的回答。但我们有必要认识到的是，科技创新的发展也需要遵循一些不以我们的主观意志为转移的规律。一方面，技术创新能力的积累需要时间。今天中国人干得很辛苦，五加二，白加黑，我就不信上不去，但科技发展这件事仍然有其自身的客观规律。所以中国产业创新的积累，是需要时间的。一位技术史专家曾在著作中写过这样一句话，对我触动很大。这句话是这样写的：中国近现代的技术史不是一部发明史，而是一部外来发明本土化的进步史。这句话看起来平常，但背后蕴含的信息让人很心酸。但事实就是如此：二十世纪上半叶是西方技术传入，二十世纪下半叶是苏联的技术转移，改革开放以后又是与外资引进相伴随的国外技术引进。要想实现从依靠外部技术引进到自主创新的转变，需要一段很长的、甚至是几代人的时间。国外的技术创新能力也不是一天两天形成的，确实有一个几代人不断积累的过程。所以我们要有足够的耐心。另一方面，观念、文化、体制、管理模式的变革也需要时间。引进外资、加工出口这一生产模式确实对我们改革开放时期的经济发展起到了巨大的推动作用，这一点不容否认。但同时它也确实形成了一种惯性，对外依赖的惯性。我们到广东等地调研时看到，许多企业经过这些年的积累已经有了非常雄厚的资金，我们就问这些企业，你们为什么不开发自己的产品、搞一些自己的创新？这不比给国外企业打工更好吗？但企业的反馈是：我们找到一家大企业，拿到大企业的订单，从大企业挣钱，这是我们最稳定的盈利模式。如果要自己开发产品，我们会面临太多的不确定性，搞不好会血本无归。我们怎么样来打破这种惯性？这不是一两句话或者依靠政治动员就能解决的问题。企业家们是非常现实的。

所以这两条规律是我们必须注意到的。

中国国家创新体系存在的主要问题

第一，还没有营造出公平的、健全的创新市场环境。这些年中国推动创新，在技术创新供给方、需求方的相关政策上已经推动了不少，比如增加研发投入、设立各种项目、批准研发机构的申请，等等；各种计划也已经多得不得了了，从最开始的“星火计划”到后来的“863 计划”、“973 计划”、重大专项，等等，实在是很多。但在这种情况下，为什么企业还是没有特别强的创新动力？我个人这些年来的研究分析形成的一个判断是，中国的市场环境不健全，是创新最大的障碍。近些年来中国的创新，资金投入仍然很重要，但已经不是最重要的问题了。因为创新的核心是学习，需要学习能力的长期积累，创新意味着不确定性，有可能失败，所以企业家的理性选择是，如果他有可能靠低成本竞争去盈利，那么他当然会选择低成本，比如污染环境、为其他企业代工生产、盗取他人发明专利搞抄袭仿冒，等等。只要这些漏洞还存在，那么理性的企业家一定会优先选择去钻这些空子。如果我们将这些漏洞堵上，那么企业家就没有别的路可走，只能去努力创新，通过工艺创新降低产品成本，或者通过产品创新形成新的产品。堵住这些漏洞，就是市场环境的完善。你去找国内任何一个企业家访谈，他都能给你讲出一系列的故事，说明目前国内的创新环境不行。今天中国已经走到了这个节骨眼，就必须下大力气去创造一个公平竞争的市场环境。如果这个问题不解决，中国的创新很难有大幅度的提高。这可能是第一个问题。

第二，创新系统的部门分割问题还没有真正得到解决。国家中长期科技发展规划提到的技术创新体系、知识创新体系、国防科技创新体系、区域创新体系和科技中介服务体系这五大体系还需要加强建设。但我个人研究的感受是，在一个大的国家创新体系当中，要想将这几个体系细分出来并不那么容易，它实际上是一个非常复杂的融合体，不确定性很多，相互交叉很多。如果真的分得那么清楚，可能对创新并不一定就有利。但分割恰恰是我国创新的现实。这当中可能有历史因素，过去就是部门分割的建制，某种意义上讲现在有的政策是不得已地顺着这种局面来作为。但如果这种部门分割的状态不打破，我们的创新效率很难提高。我想如果哪天我们分不清哪儿是技术创新体系、哪儿是知识创新体系，可能我们高效率的创新体系就真的建成了。

第三，急于总结创新成功经验，而对创新失败教训反思不足。我们创新政策的方向可能需要调整，我们很容易从个别的成功经验中去“总结”经验，然后很快地全面推广。但实事求是地说，很多时候创新成功的案例不具有普遍性，它是个特例。但我们就把这些特例的普遍意义拔高出来，结果造成有的政策很难实施下去。而相反，有很多失败的案例，其失败原因真正具有普遍性，但我们没有真正好好总结它。我们作为学者，要想总结它也很难，走麦城的事大家都不愿去提。因此从认识论的角度我们制定创新政策要特别小心，不要因为一两个成功的案例就一哄而上、全面推广，而忽略了对其是否有普遍性、有多大普遍性的关注。

第四，比较偏爱优惠政策，但对解决实际问题帮助有限。我们访谈调研的结果显示，企业创新最需要的是政府帮助企业消除很多创新过程中的障碍，这些障碍是最令他们头疼的“绊脚石”，而优惠政策则显得杯水车薪。鼓励创新需要“胡萝卜”和“大棒”两手硬。我们很多时候不愿意去堵市场机制上的漏洞，因为那不会带来显性的政绩，但实际上机制完善又是最重要的。所以我们一方面要有激励性的政策，更重要的是对不利于创新的东西加以严厉打击，比如知识产权的问题。此外还要加强有选择的重大创新和技术扩散、提高对中小民营企业创新的重视，等等。

五、中国的基础研究为什么出不了重大成果

完备大学制度的三个关键要素

现在的中国已经完全具备了出一两个诺贝尔奖、建设一两所世界一流大学的能力。有的其他国家也在努力做到这一点，我去过沙特阿拉伯的国王大学，经费充足，近些年发展也很快，也不排除哪一天国王大学出了个

诺贝尔奖的可能。但如果没有形成一个能够源源不断产生尖端创新性人才的教育体系、科研体系，获个诺贝尔奖意义并不大。而世界一流大学，是这样的教育体系、科研体系的重要支撑。

办世界一流大学需要四个方面的因素：一是足够的时间，要尊重客观规律，不能急于求成。二是充裕的经费。我从2006年开始做哈佛大学肯尼迪政府管理学院顾问委员会委员，每年都会收到他们提供的一些相关资料，包括哈佛大学基金的情况。哈佛基金的最高点超过了350亿美元，后来略有下降，最近又升上去了。这个基金给哈佛提供的现金支持，在2009年达到了16亿美元的水平，相当于100亿人民币。而这笔钱可能只是哈佛全部运行经费的百分之二三十。现在中国大学的经费状况已经有了比较大的改善。三是良好的环境，无论是物理环境还是人文氛围都非常重要。现在中国大学的校园越来越漂亮，学术氛围也在不断改善。四是先进完备的大学制度，这也是现在中国大学相比世界顶尖大学落后最多的地方。

完备的大学制度有三个方面：一是使命定位，二是运行模式，三是治理结构。我们看看中国的大学在这三个方面存在哪些问题，又有什么东西是能够从其他大学加以借鉴学习的。

首先是使命定位。大学的使命定位经过了历史的演变，从最初传统的"博雅教育"，到科学研究、到服务社会（威斯康星模式）乃至中国提出来的文化传承。这种演变既有知识活动的内在规律，也受社会发展对知识活动需求的影响。作为个体的大学，在办学时就需要有所选择，其使命定位只能是上述一部分内容的特定组合，而不可能把什么都做到、做好，因为资源是有限的。2008年我去加州大学圣塔芭芭拉分校时，华裔校长杨祖佑先生对我讲过一件事：学校曾经有部分教授提出想创办法学院。杨校长就请他们拿出一个计划，要投入多少资金，怎么办，到什么时候要办成什么样。教授们提出的计划设定的目标是若干年后进入美国法学专业院系前三十名之列。杨校长说那可不行，我总共就这么多资源，如果你们不能进入前五名，那么我们的资源投入就会有所选择了。别人已经有那么多好的法学院在那里，我们再办一个普普通通的、五六十名的同类学院，意义不大。所以使命选择和学科设置选择是一样的，必须有所侧重。

美国加州的高等教育系统分三类：一类是加州社区学院系统，有 109 所，提供两年高等教育和社区知识服务，没有正式的学位。一类是加州州立大学系统，共 23 所，主要是培养学士和硕士，个别学校有培养博士，但仍然是教学为主。一类是加州大学系统，就是我们说的伯克利分校、洛杉矶分校等，共 10 所分校，这 10 所学校是本科、硕士、专业硕士和博士都有培养，而且主要是做研究。其研究也有分工，譬如旧金山分校只做健康科学的研究生教育（相应地其他大学就基本不允许开办这一学科的教育）。

美国还有一所名叫深泉学院（Deep Springs College）的学校。估计在座的各位可能都不知道这所学校。2011 年我作为中方专家组组长参加中美创新对话时，美方专家组的组长、一位智库总裁高兴地告诉我说，他的儿子被深泉学院录取了。当时我也不知道这所学校，就礼节性地向他表示祝贺。他可能也看出来了，就说，这个学校比哈佛还牛，录取率极低。我就回去上网查。这个学校位于加州一片沙漠深处，是个两年制的学院，只招男生不招女生，且学费全免，不过学生在学期间必须打工，亲自干所有的农活，生活条件也很艰苦。它的使命定位就接近“博雅教育”，是对美国社会、美国文化最基本的一些东西的教育，强调自主的生活能力。深泉学院的毕业生申请去哈佛、芝加哥等一流大学，对方都是争先恐后地接收。所以说使命定位对一个大学的发展是至关重要的。

其次是运行模式。怎么样让一所大学真正有效率地运行？这就需要掌握大学运行的规律。大学的活动说到底是知识创新和知识传播，但这当中有极高的不确定性，并不是投入多少就有多少产出，有的前沿研究，投入了资金但根本不知道什么时候能有成果。所以大学的管理在所有组织机构的管理中可以说是最具挑战性的，与一般生产组织的管理完全不同。大学运行模式存在内在的矛盾。一方面传统大学的“象牙塔”模式，由教授、教师会去决定学校的运行，社会对此不予干涉，给予大学充分的自主性，有这样的一个“社会契约”。但实际上，当今社会没有哪一所大学能够这样去运行。另一方面是“知识市场”的运行模式。大学被定义为资源约束下的非营利性组织，有董事会、行政管理机构和专业的行政管理人员，学生是客户，教职员工为客户提供优质服务。两者看似矛盾，但现在不管是中国还是美国，所有的大学都必须把两者有机结合起来。这一点上，我们目前的制度设计还做得不够。只有两者结合好了，才可能办成世界一流大学。

最后是治理结构。现代大学要有一个高度自治的法人治理结构，以便学校外部的利益相关方能够对学校的运作进行有效的监管。这里边又包括行政领导、社会契约以及政府监管下的社会服务机构等具体模式。前不久我与教育部政策法规司司长讨论，他也表示希望我国大学能够尽快制定相应的章程，推动内部治理结构的安排。但目前来看，国内大学做得还比较有限。这当中涉及许多关系，譬如行政体系与学术体系、学校与院系、学校与教师之间的关系，等等。曾任美国总统的艾森豪威尔将军担任哥伦比亚大学校长期间，在一次集会的致辞中以“各位哥伦比亚大学的雇员”为称呼，问候在座的教职员工。哥大物理学系的拉比教授当即起立对此加以纠正，他说：“教授不是哥伦比亚大学的雇员，教授就是哥伦比亚大学。”这个答复实际上与清华老校长梅贻琦先生“所谓大学者，非谓有大楼之谓也，有大师之谓也”的观点有着异曲同工之妙。

中国大学面临的问题与挑战

从上述使命定位、运行模式和治理结构三个方面来看今天中国的大学，在使命定位上，各学校彼此间没有大的差别。所有的学校从上往下，“985”、“211”、重点高校、普通高校……像一根竹竿一样，一路排下来。

而真正有效的高等教育系统应该是一个类似生态系统的系统，有红花、有绿树、有灌木丛，各具特色，互为补充。这才是为社会所需要的高等教育系统。但这在目前的制度体系之下是不可能实现的。如果中国要搞个社区学院，可能最大的问题就是没有人去申请，也没有资金来运行。

在运行模式上，我把中国大学包括公立医院都概括为行政商业化的模式。校领导的任命和政府差别不大，人事行政化；而经费又没有充足的保障，只好按照商业化的模式去找钱来支持运行。但是呢，商业化运行又不是按照市场规律，譬如从学费来看，市场规律指导下应该是优质优价，但有的一般院校学费是两三万一年，清华是五六千一年，这又不符合市场规律。

在治理结构上，大学自主权的问题比较突出，现在很多高校在很多非常微观的事情上的决策还要受到教育行政主管部门的管制。我想如果这些问题不解决，中国很难出现世界一流大学。

最后我们再看看研究项目。我们做研究是研究问题。什么样的问题是国家级的问题、省部级的问题、地市级的问题？比如说做一个天体物理的问题，与行政级别有什么关系？但我们现在的研究课题就是要论这个，最后评奖也与此相关。这是学术行政化的一个极端的反映。

所以总的来看，当前中国高等教育面临的挑战是使命定位、治理结构、运行模式三者间不匹配。而现代大学制度最核心的三个要素之间必须是自洽的，这样它才能够很好地运行。只有解决好这个问题，我们才能够很好地回答“钱学森之问”。

六、中国高等教育体系如何改革

中国高等教育体系改革应该注意这样几个方面：

首先要给大学充分的自主权。大学必须有自主意识、能够自主定位，而现在中国的大学在很大程度上不用承担这种责任。真正把自主权放给学校，对学校来说其实是很大的挑战，因为学校需要真正自己承担起很多责任。现在教育部替高校承担了很多责任。

其次是对高校加强监管。如同市场环境下要对企业加强监管一样，对高校的监管也是非常必要的，在任何国家都一样。比如美国的加州大学，会要求学校必须招收多少少数族裔的学生、本州内的学生。所以我们对高校照样可以在经费开支、政治思想教育方面理直气壮地进行监管。但是在如何设置专业、如何招生等问题上，权力应该下放给学校。

再次是鼓励高校多元定位。现在我们的高校太趋同，这背后是现在的激励机制。现在恐怕没有谁安安心心想办一个好的大专院校或者高职院校，都是大专想升本科、本科想办研究生院、研究生院想争取博士培养资格，这是由现在的资源配置机制导向造成的。所以如果不改变资源配置的激励机制，我们想搞“分类管理”也是不可能的。

另外还有一点对科研体系、资助体系的建议。科研体系上，要注意把使命驱动和好奇心驱动区分开来。有些是国家战略目标使命驱动，不可能完全依靠专家科学决策，它确实要有国家目标、行政因素参与其中。而基础性研究，依靠好奇心驱动，也需要与同行评审机制相结合。目前我们的项目情况是周期太短，经费不够，使得研究成效不够理想。现在我们难出重大成果的一个重要原因是基础研究风险较高，在现行体制下三五年不发文章，项目、职称等就很难争取了。资助体系上，要把保障性拨款和竞争性项目有机结合起来。1985 年科技体制改革之前，主要是保障性拨款为主；改革之后，调整为以项目为基础，到 2005 年、2006 年前后达到高峰，百分之七八十的研究经费都是竞争性项目拨出的，造成研究者大量时间精力耗费在项目的争取、各种评审上面，比例显然过高。

总结

我们这些年科技创新政策演变的过程：科技政策到创新政策到产业政

策。近年来我们在产业政策方面也有所突破，但实际上也面临着国际环境的新的挑战。未来中国更好地实现创新驱动发展需要从几个方面去努力：一是政策手段，要超越传统的研发项目，把税收激励、金融、人力资源等手段综合利用起来。二是政策协调，目前创新政策主要的相关部门是科技部和发改委，但需要思考的是怎样将政府部门、国际组织等都充分纳入到政策过程当中。三是政策执行，也要超越传统的科研机构，使包括企业、金融机构、中介机构等在内都能够参与到政策执行当中。主要措施有：

第一，明确区分政策的目标、手段和作用主体。过去我们的政策是“鸡尾酒疗法”，各种政策都掺杂在一起用，结果有的政策效率不高，甚至互相抵消。现在要向“点菜式”政策过渡，针对不同的问题采用不同的政策手段。

第二，加强政策研究和政策评估，把握科学规律。现在我们政策出台了不少，但对政策有效性的评估，做得还不够。美国有个政府责任办公室（GAO，Government Accountability Office），到一定时间就会对政府出台的政策作一评估，这方面我们可以借鉴。

第三，完善政策过程，加强政策协调，改善体制机制。创新政策会涉及各方面的利益主体，尤其是各类企业，但在创新政策的制定上，他们参与不够，甚至是他们想来参与但是得不到机会，结果最后政策出台发现有偏差，这时再去对政策进行调整，势必对政府的公信力、对政策的威信产生损害。

总体来看，中国的创新体系在过去三十年取得了巨大的进步。面向国内的体制改革和面向国际的参与融合是这一进步的主要推动力。现在国家创新体系面临的最主要问题是产业发展的创新能力还不够强，中国经济发展还没有真正步入创新驱动的轨道，未来我们还需要持续推进科技创新体制改革，完善创新环境，推动国家创新体系建设，争取早日建成创新型国家，为中国特色社会主义现代化建设和中华民族伟大复兴作出贡献。

主讲人简介

王绍光

现任香港中文大学政治与公共行政系教授。1982年毕业于北京大学法律系，获法学学士学位；1984年毕业于美国康乃尔大学政治学系，获政治学硕士学位；1990年毕业于美国康乃尔大学政治学系，获政治学博士学位。曾任教于美国耶鲁大学政治学系。近期著作有《理想政治秩序：中西古今的探求》《波兰尼〈大转型〉与中国的大转型》《祛魅与超越》《民主四讲》等。

“西方的政体思维把复杂的现实化约为几个简单的政体，认为它们截然不同，非此即彼。中国的政道思维会认为所有的政治体制都是混合体制，里边有民主的有不民主的，有各种各样的成分互相搭配起来，没有截然划分的东西。”

第七讲　中国政治发展之路*

王绍光

中国和西方在思考很多问题的时候，方式是非常不一样的，这个不一样不是今天才不一样，是长久以来就不一样。这种思考方式的不一样会导致中国和西方对政治的认识不一样，制度的安排不一样，可能政治走向也会不一样，效果也会不一样。当然这个不一样也不是完全绝对的，不是完全没有相通之处，但是这个不同之处非常值得强调。两者各有优势，不能说哪一个特别好，哪一个特别差，但是不同的地方需要突出出来，所以要格外强调“道”。

全讲共分为两大部分。第一大部分主要是谈谈中国和西方两种思维方式在讨论政治问题的时候怎么进行思维。我概括西方思维方式从古代到现在叫做“政体思维”，中国的思维方式讨论政治可以概括为“政道思维”，中国不是过多强调政治制度的形式而是强调其他的东西，可以称之为

---

* 本文系王绍光教授2013年4月8日在中央国家机关司局级干部选学“中国国情与中国道路”专题班授课讲稿，宋伟协助整理。

"道"。第二大部分主要讨论民主。西方用政体思维的方式来考虑民主问题，到今天就会非常强调多党选举，认为这个是决定政治所有其他东西最关键的部分。我们可以把中国思考民主问题的思路概括为民主之道。民主之道里面内容很多，群众路线就是一个例子，其实也是民主之道非常重要的一部分。

一、政体思维

讲"道者"，荀子里面有一句话："夫道者，体常而尽变，一隅不足以举之。"[①] 意思很清楚，就是说"道"这种东西本身可能有一样东西是一以贯之的，但是在不同的地方、不同的时间是可以不断地变化的，不会有一个放之四海而皆准的模式，那么在某一个地方的做法未必能把全世界各种各样的东西都能展现出来。《周易》中说道："形而上者谓之道，形而下者谓之器。"[②] 我这里要指出的实际上都是形而上，就是思维方式问题。思维方式问题其实非常重要。会经常听到有人说有一种"普世"的东西，必须要"接轨"，还有人最近说要"并轨"，世界上只有一条轨。我要强调的思维方式的不同是说"政体思维"与"政道思维"有共同的东西，但是也有非常不一样的东西。不同的时间、不同的地点、不同的国家、不同的文化，可能思考问题解决问题的方式会不一样。

从柏拉图的名著说起

西方的思维方式可以先从一本书谈起，这本书大家即使没读过也至少应该听说过。西方哲学史都会从柏拉图讲起，柏拉图有一本书叫《理想国》。《理想国》这个词语的翻译其实是很有问题的，因为这个词的本义

---

① 《荀子·解蔽》。

② 《周易·系辞上》。

是“Politeia”，这个词在英文的含义是“regime”，或者我们翻译成中文叫“政治体制”或者叫“政体”，所以它的真实标题应该叫“政体研究”，但是中国就把它翻译成了“理想国”。

在西方，从公元前五世纪起，他们的思想家就开始非常重视政体，政体就是政府的形式。柏拉图这本书大概是公元前就写了，是希腊文的。到1871年第一次翻译成英文的时候，标题被翻译成“The Republic”。也就是“共和国”的意思。把柏拉图这本书译成共和国非常容易引起混淆，因为柏拉图在这本书里边其实讨论了五种政体，即贵族政体、荣誉政体、僭主政体、民主政体和暴君政体①，根本没有谈到共和政体，而且这个时候也没有共和政体，所以这个翻译非常蹊跷。柏拉图的本意是政体研究，到英文就应翻译成“Politeia”。今天这本书的英文版还是翻译成“Politeia”。

在柏拉图那个时候，在希腊半岛或者是在土耳其有很多小国家。那些国家有的可能就相当于我们一个乡，所以柏拉图能观察到很多国家。这些国家的政治体制形式不太一样，柏拉图就有这么一个政体分类。在柏拉图的视野里边最好的政治体制是贵族政体，最差的是僭主政体。柏拉图认为民主政治是个坏东西，他不认为民主是个好东西，他非常强调政府的形式是政体。

柏拉图这本书翻译成英文，然后被日本人木村鹰太郎翻译成日文②。我们可以看到当时日文译本已经是“理想国”，所以“理想国”这个词变成中文是从日本来的。木村鹰太郎其实非常有学问，很像中国的梁启超，他除了研究西方的哲学史，还研究孔子、荀子、孟子、庄子这些人。现在

---

①　柏拉图（洪涛译），《政治家》，上海人民出版社2006年版，第70页。

②　在1903—1911年间，日本语言、哲学、历史、思想、翻译家木村鹰太郎依据英文翻译了《柏拉图全集》，其中第2卷是柏拉图Politeia一书的翻译，于1906年（明治39年）出版。

不清楚他为什么翻译成“理想国”。当代日本人再翻译柏拉图这本书就翻译成“国家对话篇”，就讲政府形式，因为柏拉图书里面原意就是讲政治形式问题。

后来《理想国》又被翻译成了中文，中文的翻译者是吴献书，最早把这本书翻译成为《柏拉图之理想国》①，现在沿用下来都叫《理想国》。显然吴献书的译法受了日本人的影响。当代有些中国学者也认识到了这个问题。现在中国人民大学刘小枫教授的译本叫《〈王制〉要义》，就是国家的制度到底是怎么回事，这是柏拉图《理想国》这本书真实的含义。

实际上从一开始西方的思维方式就非常重视政府的形式，认为形式非常重要。柏拉图那本书名的词叫“Politeia”，在古希腊的哲学史上同样书名的不止这一本书。我们大家可能也听说过希腊一个更重要的思想家亚里士多德，他的一本书叫《雅典政治》，西文的标题也是这个词。此外，还有一个叫色诺芬的古希腊思想家，他著作的标题也是这个词。可以看到，在古希腊的时候，思想家考虑政治问题的时候不约而同地把注意力放在政府的形式上，非常强调政府形式的重要性。

亚里士多德是柏拉图的学生，他有一本书研究了希腊半岛上158个国家，他把他观察到各种各样的政体也作了一个划分，他的划分方式跟柏拉图不太一样，他有六种制度：君主制，贵族制，僭主制，寡头制，民主制，还有一个制叫“Polity（Politeia）”。② 因为最后一种政体跟政体种类是用了同一个词，到现在大家也搞不清楚到底在说什么。但要强调的是亚里士多德跟柏拉图一样非常重视政府的形式，西方政治思考从起源的时候就非常重视政府的形式。

---

① 吴献书（1885—1944）1921年开始依据英文版动笔翻译，1929年由商务印书馆出版发行。

② 亚里士多德：《政治学》，颜一、秦典华译，中国人民大学出版社2003年版，第84页。

政体的决定性作用

柏拉图以后的几十个世纪里，“政体”这个词在西方一直扮演着非常重要的角色，可以说是西方政治思想史的一个关键词。从这个词可以引发出一系列其他的词，就是我们今天日常用的词，比如说都市、政治、政策、警察、政治体制，再比如说市民、文官、文明、统治、规制。这些词都是从“政体”这个词源引发来的，可见政体思维在西方是源远流长。西方为什么强调政体，是因为他们认为政体对政治共同体生活的方方面面具有决定性作用，政府形式大于实质。比如说亚里士多德就认为决定城邦同异的主要应当是政体的同异。比如说希腊有很多国家，这些国家各个方面都不一样，为什么不一样？因为他们政府的形式不一样。后来的学者研究亚里士多德，研究这种思想脉络的人都是认为形式更重要。例如贝斯就提出“对形式极度的依赖”。西方的思维方式就是非常强调政治的形式。这种思维方式和传统一直延续下来，就是用一两个简单的标准来把世界上不同的政治制度作出划分。不论是柏拉图也罢，亚里士多德也罢，这一两个简单标准里面一个非常重要的标准就是有多少人进行统治，如果一个人统治就是君主制，一群人统治叫贵族制，一大群人统治叫民主制。从柏拉图到亚里士多德，再到西方的重要思想家西塞罗、阿奎那、马基雅弗利等人基本上都是这样一个思维方式，这个思维方式不是一个人两个人，所以可以把它概括为西方的政治思维方式的一条主线。

今天西方所有关于政治的讨论，核心就是谈两个问题：一个是民主政治，一个是非民主政治。全世界就有两种政治体制，一种是民主的，一种是非民主的。我曾在西方做政治科学研究，以前曾在据称是美国最好的耶鲁大学政治系任教，我的很多同事都是美国最好的政治学家，他们所考虑的问题就是政治体制问题，就是政治的形式问题。这些政治学家一方面把政治体制作为被解释现象，就是为什么有些国家采取了西方式的民主，他们有一整套的解释；一方面又把政治体制作为解释其他的东西的一个要素，比如说为什么有些地方有饥荒有些地方没有饥荒，他们就会提出有没有民主非常重要。印度经济学家阿玛蒂亚·森曾经提出有饥荒是因为你没有民主，要有了民主就不会有饥荒。他们还认为政体跟腐败也有关系，要有民主腐败就少，没有民主腐败就多。这些想法在我看来都是假设，并不能证明。可他们的思维方式就迫使他们这样去想问题。再比如说政体跟经济增长的关系，是民主的制度经济增长得快还是非民主政治制度经济增长得快。还有政体跟幸福的关系，我们现在大家很多人谈幸福，西方也有大量的讨论，就是在民主政体下是不是人更幸福一些。政体变成他们要解释的东西和拿来解释的东西，这是他们思维方式从古到今非常重要的一个东西。

政体思维中的简单化错误

以前我也曾在这种思维方式里，因为在西方学了很长时间，教了很长时间。开始并没有进行反思，今天回头来反思的话，我会觉得这种政体思维里面很容易犯简单化的错误。西方的学者暂且不说，先提到几个中国人，大家可能都知道的，比如说梁启超、严复、吕思勉、钱穆等。这些人对事情看法非常不一样，但他们后来也把西方那个政体思维拿过来。他们会认为政体只有很简单的几种：一个人统治、多数人统治和少数人统治这三类。这种思维方式是把非常复杂的世界简单化。过去半个世纪西方政治学越来越多地用数据、用公式、用数学的语言来进行描述，看起来非常之科学，但是归根到底研究问题其实都是非常简单的。例如要进行统计的话，先要把政体划分成民主还是不民主。什么叫民主呢？怎么衡量？就看有没有多党竞争，有多党竞争叫民主，没有多党竞争就叫不民主。就是非常简单地把全世界各种非常复杂的政治体制划分成很简单的理论政治体制。

实际上我在《民主四讲》那本书里面就提到，即使用这样的衡量标准，时至今日其实也根本无法得出哪一种政体好的结论。[①] 上文提到西方很多人研究民主的国家是不是腐败会少一点，但是全世界的统计并不能得出这样的结论。例如印度，一进入印度，印度就说“欢迎你到世界上最大的民主国家来”。但事实上印度非常腐败，印度的腐败情况比中国严重得多。菲律宾是民主政体，南非是民主政体……可以举出无数个所谓民主政体，他们有言论自由，有新闻自由，有政党，也有选举，什么东西都是民主的，但是依然还是非常腐败。因此，这种思维方式不能让我们认识世界，只会把我们引进死胡同。

政体思维的缺陷可以归纳为三个方面：第一个缺陷是把非常复杂的政治体制划为一两个简单的指标。比如说集中在有没有竞争性的多党选举，有就是民主，没有就是不民主，这是化复杂为简单。第二个缺陷是重形式轻实质。西方之所以重视政体，因为他们有一个未加言明，也未加验证的假设，就是政治的形式决定政治的实质。这个东西是个假设，是没有证明的。第三个缺陷，就是只关注一两个指标，关注形式。所以这种思维方式很容易忽略政治体制变化的其他方方面面，导致用静止的眼光看变化的现实。

用这种思维方式往往会进死胡同，走不出去。得不出结论就得加形容词，西方文献里边有很多在“民主”前加形容词的例子，我们都不一定完全认得这些稀奇古怪的形容词。西方是先把世界简化，认为只有两类政体：一种是民主政体；一类叫威权政体，就是非民主政体。但我们会发现这个民主政体里边要在前面加很多形容词才能作出区分。比如说有一种民主现在叫作“不自由的民主”，因为他们发现有些民主有多党竞争选举但是不自由，而有些多党竞争选举又是自由的，所以要加形容词，在“民

① 王绍光：《民主四讲》，生活·读书·新知三联书店2008年版。

主”或“政体”前加了形容词才能更清晰地认识这个世界。但其实不需要加这种形容词，只要把政体思维放下，还原本来，看世界本来就很容易，不需要用政体思维再加形容词的方式。

西方文献里研究中国政体有一点是一致的，是在“政体思维”下的一致，那就是他们都认为中国是一个威权体制。但是这些学者研究发现中国威权体制又跟其他的威权体制不一样，为了凸显不一样就又得加形容词，比如美国乔治·华盛顿大学的教授安德鲁认为中国这种威权体制会非常具有适应性，不断地调整，在新的形势下用新的形式来解决问题。德国政府的一项研究认为中国虽然是一个威权体制，但是有很多的参与性，允许民众越来越多地参与政治，这跟其他的威权体制不一样。西方先给中国定性，认为中国是威权的，但发现中国威权跟别的威权不一样，就不断地加形容词，这个形容词加得是互相矛盾的，所以这些学者之间很难对话，因为他们虽然都说中国是威权的，但他们认为这个威权是不一样的，这就是由西方的政体思维导致的。

二、政道思维

中国的思维方式从一开始就不一样，可以称之为“政道思维”。梁启超在 1902 年有一篇文章，标题是《中国专制政治进化史论》。文章开篇就指出，“政体分类之说，中国人脑识中所未尚有也”。[①] 梁启超是见多识广的人，他那个时候就发现西方人一谈就谈政体，但中国人脑筋里边从来没有这个政体的思维方式。同样地，吕思勉是历史学家，他在 1929 年发表了一篇文章，叫做《中国政体制度小史》，后来出了一本书叫《中国制度史》，他在这本书中指出：政体可以分类，昔日所不知矣。从这两位见多识广的人来看，用政体思维来思考政治问题不是中国人的思

① 梁启超：《中国专制政治进化史论》，《梁启超全集》第 3 卷，北京出版社 1999 年版，第 771 页。

维方式。但是这两位学者最初也都犯了错误，认为西方的一定是先进的，西方的一定是好的。一开始，他们把西方的政体思维用来分析中国的传统政体，后来碰了钉子又转回来，觉得这条思维方式是条死路。这里我要特别强调的是中国没有政体思维这种传统，中国有另外一套思维方式。

“道”的含义

西方政治思维的关键词是政体，那么中国政治思维的关键词是什么呢，就是“道”①。中国古代思想家，不论是哪一位思想家，著作里边很少找不到“道”这个字。所以“道”是中国政治思想思维方式的关键词，是核心所在。但麻烦也在于此，中国这个“道”恰恰是中文里边最难理解、歧义最多的一个词，这也是它有意思的地方。“道”的含义本来是指的人走的道路，但是这个词后来引申出几十个意思。如果我们不强调“道”在别的领域的应用，只强调“道”在政治领域的运用，那么我们可以把与治国理政相关的“道”梳理成三个方面的含义。第一个含义就是事物的本体及其规律，第二个含义是道德、道义，第三层含义是治理的方法和方式。中国的思想家在谈政治的时候用这个“道”，他们往往是在三个意义层面来使用这同一个词。

“道”的第一层含义是指事物的本体及其规律。明代著名思想家、政治家吕坤在《呻吟语》里说“道者，天下古今共公之理”，意思就是道就是事物本体的规律。吕坤既有理论基础又有从政的经验，可惜这本书在当代流传得不是很广，但这本书非常之好，我们可以从中得到很多治国理政的思想启发。再例如我们看荀子、管子各种书里边讲的“道”都在这个

---

① 在英文中，“道”往往被译为“way”。例如，Jana S. Rosker，“Searching for the Way：Theory of Knowledge in Pre－modern and Modern China”（Hong Kong：Chinese University Press，2008）。该书作者将中文书名叫作“求道”。

意义上，荀子讲“道存则国存，道亡则国亡”①，商鞅讲“道明，则国日强；道幽，则国日削”②，就是这个国家不按照事物的本来规律走的话就会麻烦，按照规律走的话就会走得比较光明。我们讲的“正道”是什么意思呢，“正道”实际上在中国的古代意思里边就是“正道”，不是“歪道”，像习近平总书记讲的要不能走邪路，不能走老路，这就是“道”。政治的“政”跟正确的“正”本来就是一个含义，“正道”就是指政道，所以管子说“政者，正也。正也者，所以正定万物之命也。是故圣人精德立中以生正，明正以治国”。③ 政治一定要行得正，就是沿着事物本来规律走，才能治国理政比较顺利。这个“正道”又会落实到每个人，我们不同的人有不同的角色，不同的角色都有自己该行的道，如果所有的人都按照自己该行的“道”行事的话，这个国家就天下大定，就是有秩序了。陆象山曾说：“君有君道，臣有臣道，父有父道，子有子道，莫不有道。惟圣人能备道，故为君尽君道，为臣尽臣道，为父尽父道，为子尽子道，无所处而不尽其道。”④

如果所有人都归其属，按照自己应该做的方式来做，这个国家就可以大治了，这是“道”的第一层含义，一个国家也罢，一个政治角色也罢，都有本体的规律，要按照它来走。比如说君道，我们往往会说中国古代是君主专制的国家，但是我们也会讲“君道”，萧公权曾说“二千余年之政论，大体以君道为中心”，⑤ 最中心的是君道。中国古代很多思想家都有谈君道，当君主的人怎么当这个君，这是有一个“道”的。君道是什么意思呢，我们以前说“君君、臣臣、父父、子子”，君得像个君，也意味着这个当君的人不能唯心所欲，因为君要做一个君的样子，因为君主必须

---

① 《荀子·君道》。
② 《商君书·错法》。
③ 《管子·法法》。
④ 《象山全集》卷二十一，《论语说》。
⑤ 萧公权：《中国政治思想史》（一），辽宁教育出版社 1998 年版。

遵循思想家为他们设定的君道，而不能胡作非为。比如说吕坤是做官的，他并不是君，但是他在书里面提醒君主应该做什么，不应该做什么，做错了就不是一个当君的人应该做的事。还有些中国古代典籍里没有写君道，但实际上提到的就是当君主，比如说《吕氏春秋》里边有。像黄宗羲、钱穆这些人，他们都认为儒家的终极政治理论与其说是助长君权，不如说是限制君权。有很多人一想到“君君”就仅仅想到君权至上，但实际上“君君”也谈到了君必须像君主的样，而君主的样并不是君主自己想起来的，而是各种思想家为他设定的，大家已经期待君主应该做一个什么样的人，如果君主不是那样做的话，大家就觉得你是个昏君、暴君，不是一个好的君主。

西方其实也有君道，只不过因为西方主流思想讨论政体而不是讨论道，所以他们这一套文献大多被今天西方的学者忽略掉了。西方人不知道，中国人就更不用说了。其实西方在中世纪的时候也有一些人谈论君道：同样是君主制，有些君主制比较好，有些君主制不太好，就是因为有些君主制下的君是按照君道行事的，没有按君道行事的就会做得比较差。

“道”的第二层含义是指道德、道义。我们都知道这句话，毛泽东曾引用过，是“得道者多助，失道者寡助”，这个“道”就不是规律了，而是某种意义上的道德和道义了。如果我们看古代中国思想家各种典籍，关于道德道义的内涵谈得非常之多。从儒家来讲，最重要的“道”是仁义。比如说东汉的荀悦曾经讲“夫道之本，仁义而已矣”①。韩愈有一篇文章就讲道，叫《原道》，道德道义最重要的就是仁和义。古代思想家都非常强调道以及教化，我们讲以德治国，这是跟中国古代思想家的德行一脉相承的。以德治国跟西方的政体论是截然相反的。西方觉得是政体决定有没

① 《申鉴·政体》。

有德，是好的政体大家就有德，不是好的政体就没有德。但我们认为不管什么样的政体都要强调德的重要性、强调教化的重要性。同样的制度，尧舜用之则治，桀纣用之则乱。所以德非常重要，因为这个理由也要强调道。

“道”的第三层含义指的是治理及其方法、技艺和途径。上文提到“道”本来就是道路的意思，所以董仲舒讲“道者，所由适于治之路也，仁义礼乐皆其具也”①，就是说，有利于治理的方式就是道，仁义礼乐都是治理之道的方法。吕坤也讲：“圣王同民心而出治道”，“为政之道，以不扰为安，以不取为与，以不害为利，以行所无事为兴废起敝”②。梁漱溟非常看重吕坤的这篇文章，他在读这一段话的时候说：“这是心得，不是空话，虽出于一人之笔，却代表一般意见。”一般意见是指古代思想家的一般意见。治国应该怎么治，虽然是吕坤一个人说出来的，但是代表中国古代思想家治国途径的一般意见。中国古代思想家强调治理方法的时候有一个辩证的思想，这就是《商君书·更法》里谈到的“治世不一道，便国不必法古”③，这里的辩证思想是指不需要一直沿用某一种方法，要因地制宜，不同的情况用不同的方式来治理国家。这个跟用政体思维来考虑问题完全是两码事。政体思维叫做一锤子买卖，只要有好的政体，事情就解决了。但是中国的辩证思想就是说要因地制宜，环境变了我们就要重新去适应它。

中国的政道思维就是把前面的两者合起来，或者把三者都合起来，它既强调治道又强调治术。治道就是治国的理念——治国为了什么，是政治的最高目的，是要建立某种理想的政治秩序，这是目的和方向。治术讲的是方式方法，这个方式方法在中国的古代典籍里边含义非常宽泛，它既包

① 《汉书·董仲舒传》。

② 《呻吟语·治道》。

③ 《商君书·更法》。

括治术，就是治理国家的方针政策方法；又强调治具，治理国家的各项具体措施；还强调治制，强调国家的法制和体制。①

治道与制度

有些人以为中国的思想家只强调道德这些虚的东西而不强调制度，这是完全错误的。中国人也强调制度，但是中国人认为制度是治术的一部分。如果我们对中国古代最重要的几个思想流派作一个非常简单分析的话，那就是儒家治国理念叫“贵民”，把民放在最高，治术强调的是礼治或者德治，就是用礼和德而不是用法作为主要治理的方式。法家治道是“贵君”，君是最重要的，治术是强调法治，严刑峻法来治理国家，不管是有钱人没钱人，当官的和不当官的都要一视同仁用法来治。墨家是

① “政道”既是关于政权的道理，也是关于治权的道理。牟宗三在《政道与治道》（台湾学生书局 1987 年版）一书却把两者分离开来。他开宗明义便说：“政道是相应政权而言，治道是相应治权而言。中国在以前于治道，已进至最高的自觉境界，而政道则始终无办法”（第 1 页）。这个结论是如何得出的呢？他首先把政道定义为“关于政权的道理”（第 1 页），然后很快进入政体思维。他认为人类有史以来的政治形态，大体可以分为三种，即封建贵族政治、君主专制政治和立宪民主政治。在他看来，“唯民主政治中有政道可言”，“无论封建贵族政治，或君主专制政治，皆无政道可言”（第 21 页）。既然中国传统政治形态要么是夏至秦汉以前的封建贵族政治，要么是秦汉以来的君主专制政治，那么结论只能是：中国传统政治形态没有“政道”。由此可见，牟宗三实际上是把“道”与西方的“理”挂上钩，而不是分析传统中国政治哲学如何讨论政道。仅仅因为中国的政道不合西方的“理”，他便断言，中国的政道算不上“真正的政道”。这是一种莫名其妙的逻辑。难道中国的先哲从来没有讨论过关于政权的道理吗？徐复观对“治道”理解与牟宗三不同［见其“中国的治道”，收入李维武编《徐复观文集》第二卷《儒家思想与人文世界》（湖北人民出版社 2009 年版）］。他把“治道”定义为“政治思想”，与我对“治道”的理解相似。他说，“中国的政治思想，除法家外，都可说是民本主义，即认定民是政治的主体。但中国几千年的实际政治，却是专制政治。政治权力的根源，系来自君而非来自人民；于是在事实上，君才是真正的政治主体。因此，中国圣贤，一追溯到政治的根本问题，便首先不能不把作为‘权原’的人君加以合理的安顿；而中国过去所谈的治道，归根到底便是君道”（第 272 页）。显然，中国圣贤们一直都在讨论关于“政权”和“治权”的道理，即“政道”。只不过，中国的政道“一直是在矛盾曲折中表现，使人不便作切当明白的把握”（第 271 页）。

“贵兼”，墨家讲兼爱，治术是贤治，用贤人治。道家“贵己”，其他都不重要，君也不重要，自己最重要，所以强调无为而治，强调道治，又回到了道，道家这个道有独特的理解，要循自然之道，实际上就是无为而治。

表1 政道分析的思路

	治道	治术
儒家	贵民	德(礼)治
法家	贵君	法治
墨家	贵兼	贤治
道家	贵己	道治

我们现在主要辨析的是两种思维方式，西方强调政治的形式，中国强调的是道。政道思维强调治理的大的目标和治理的方式。

很多人误以为西方思维方式重视制度，其实西方的政体思维关注的是制度形式，尤其是一两项制度的形式，而事实上中国传统思维方式更重视制度。制度这个词在中国古代典籍里边早就有了，例如：“天地节而四时成。节以制度，不伤财，不害民”①，意思是自然有四季，人也需要制度来约束，所以中国人很早就开始强调制度。古代的儒生除了读孔子、孟子的典籍之外还要知道典礼和制度，这是非常重要的事情。西方人讲制度，往往关注在一两个点上，比如说最高权力归多少人执掌，但中国人讲制度的话就非常地宽。我们如果看中国各种各样制度史的话，比如说，礼、乐、律、历、典、章制度，关于皇帝的权力是有一整套制度安排，不能违背的。关于中枢机构，相当于我们现在的国务院了，谏议、封驳都有一整套制度，政府机关有六部署司四监大臣一整套制度，有官僚运作体系一整套制度，还有中央地方关系一整套制度，中国古代关于制度的讨论要比西方相应时期发达得多。很有意思的是西方人嘴上讲制度很重要，

① 《易·节》。

真正去查英文的关于西方制度史的书，几乎找不到。西方有大量关于西方政治思想史的书，但是关于西方政治制度史的书非常之少。我只找到这么一本，这本书第一卷翻译成中文为“统治史”，英文标题是“政府史”，但是这本书里政体思维也占主导地位，强调的还是政体而不是具体制度，就是围绕几种不同的政体来进行讨论的。中国历史上不管从思想上还是从制度安排上，对制度的重视程度远远高于西方，就是摆脱了这种政体思维。

中国政道思维的传统不仅仅是在思想家那里，还在历史学家那里有非常明显的体现，《资治通鉴》《贞观政要》这些书都是历史学家写的，他们都希望从历史的角度来帮助我们理解治道和治术。司马光写《资治通鉴》的时候目的非常清楚，就是要帮助大家了解怎么治理国家，当时的皇上宋神宗就觉得这本书好，因为它“鉴于往事，有资于治道”，读了这些书就知道怎么来治道。中国的君王也非常重视政道或者治道，像唐太宗、武则天、南宋的孝宗，很多人都亲笔写了一些东西，都是讲治道。从战国一直到清朝有一大批这种“官箴”，就是讲怎么为官。最近有些人把这些典籍编成了书出版，给各级干部看为官之道应该是什么样子。在中国古代，从思想家到历史学家，从官员到君主都非常重视治国的理念和治国的方法，这就是政道思维而不是政体思维。

中国先哲为什么不重视政体而重视政道呢？原因也很简单，就是到了周朝以后中国的政治体规模就比较大了。我们不能去讲夏朝，夏朝的时候中国有很多国，但可能都很小，跟后来的希腊那种小邦国差不多。但是到战国的时候每一个政治体都已经很大了，这些政治体里边的情况就比希腊那些小的政治体要复杂得多。像柏拉图那样以一两个简单的指标对政体进行分类，在中国那个时候既无可能也无必要，所以中国从一开始就不能用那种简单的方式来思考治国的问题。

中国在 20 世纪初的时候第一次接触到西方的政体思维，当时中国人也吓了一跳，他们当时也以为政体思维是个好东西，一定要引进来。梁启超可以说是最早把西方政体思维引到中国来的人。他按照西方的说法给中国贴一个标签，说中国古代就是一个专制政体。梁启超在 1897 年左右开始接触政体概念，并且很快应用，他视专制政体为大众之公敌。那时候他基本上是个“愤青”，所以很简单就得出一个结论来。但是过了几年，1903 年他去美国考察了 8 个月。到了美国不久他就对自己不久前还赞誉过的共和政体制度大失所望，并且得出很有意思的结论，他说：“自由云，立宪云，共和云，如冬之葛，如夏之裘，美非不美，其如于我不适何！”梁启超认为政体思维好是很好，但是就好像夏天要给你披一个裘皮大衣一样，这个裘皮大衣很漂亮，但是不适合中国，仅仅从政体的方式来思考问题不能随便拿来就用。梁启超后来又从美国到了日本，又写了一篇文章讲“吾醉心共和政体也有年”，“吾今读伯、波两博士之所论，不禁冷水浇背，一旦尽失其所据，皇皇然不知何途之从而可也”①。中国的传统思维是政道思维，一下转到了政体思维，觉得好像是很好一个东西，然后再移来分析美国也罢，分析中国也罢，尤其后来辛亥革命以后梁启超当了几年官，他发现用这种东西来思考中国问题简直没有办法解决，所以他说冷水浇背，一下不知道怎么办了。梁启超晚期写东西，基本上又回到政道思维，还要还原复杂的东西为复杂，不能把复杂的事情简单化。

政体思维和政道思维，西式思维和中式思维是不一样的，表现在很多方面：

政体思维叫做化约性思维，就是把复杂的事情化约为简单，这个从分析上来讲很好，复杂的事情马上化约为几样东西。中国的思维是整体性思维，这个东西跟那个东西相关，那个东西跟另外一个东西相关，有些时候

① 《政治学大家伯伦知理之学说》。

确实不知怎么做，但只能是把复杂的东西还原成复杂的东西。

西式政体思维关注最高权力的分配，而政道思维关心的是国家的目标、规范、方法三位一体。

政体思维把政治体制某一两项特征作为关键，比如说在当代就是有没有多党竞争。中国的政道思维则认为政治体制内各个主体的行为模式及他们之间的互动模式都非常重要，可以是中央政府，可以是中央政府与人大，可以是人大和政协，可以是政协跟执政党……各种主体之间的互动模式都非常重要，都可以影响政治体制的表现，而不仅仅是指有没有多党竞争。

西方的政体思维把复杂的现实化约为几个简单的政体，认为它们截然不同，非此即彼。中国的政道思维会认为所有的政治体制都是混合体制，里边有民主的有不民主的，有各种各样的成分互相搭配起来，没有截然划分的东西。

政体思维认为某些政体一定优于另外一些政体，比如说有选举的地方一定比没选举的地方好，而政道思维认为不管什么政体都会面临各种挑战，很难说哪个政体优于另外的政体。

政体思维认为只要它所关注的那一两项制度特征没有变化，那么其他的政治体制变化都可以忽略不计。比如我们经常看到西方评论中国的事情，他们说中国没有政治改革，因为中国到现在没有竞争式的多党选举，所以中国政治改革从来没有开始。这种看法就是把眼光注意到一两个关注点上，其他都完全忽略不计。而放宽视野，用政道思维来看，治国之道必须随变化了的条件而变化，一切治国之道的变化都很重要，不是哪一样东西是最重要的。

最后，落实到实践中，政体思维寻求一揽子解决方案，就是有一件事必须做，做完了就好了。1991 年初耶鲁大学政治学系曾派出一个代表团教苏联人怎么搞民主，美国人就认为这是一揽子解决方案，一旦把这个民主制引进来，以后苏联的事就好了。以前苏联人有过争论，一些人说我们改一改没准改成了非洲国家那样，但是另一些人想的是苏联一改就变成了北欧国家，因为北欧国家有多党竞争选举，所以这么改就够了，寻求一揽子解决方案。我们不能简单地说美国人是阴谋家，他们也相信那一套理论到哪儿都可以运作，但结果是苏联后来是一蹶不振。中国的政道思维就不是这种思维方式，是具体问题必须具体分析，在不同的范围阶段，不同的地理、文化、历史各种背景下一定要区分有适合自己的解决方案。

所以这两种思维方式是非常不一样的，这是中西思维方式的不一样。这个思维方式的不一样非常重要。现在大家都讲民主制是好东西，关键怎么思考这件事情很重要，是把民主化约成一两个简单的东西还是把民主看成是一个非常复杂的一种生活方式、一种治理方式。

表2　政体思维和政道思维的差异

政体思维	政道思维
化约性思维	整体性思维
关注最高权力的分配	治国的目标、规范、方法三位一体
政治体制某一两项特征至关重要	政治体制内各种主体的行为模式以及他们之间的互动模式都非常重要，都可以影响政治体制的表现
复杂的政治现实被化约为几个简单的政体，仿佛它们截然不同、非此即彼	所有的政治体制都是混合体制，只不过成分的搭配各不相同
某些政体必然优于另一些政体	不管是什么政体都面临着种种挑战，很难说这个政体优于那个政体
只要所关注的那一两项制度特征没有变化，其他政治体制的变化都可以忽略不计	治国之道必须随着条件的变化而变化，一切治国之道的变化都意义重大
寻求一揽子解决方案	具体问题必须具体分析

三、民主政体：多党选举

西方关于民主的思维方式强调的是政治体制的某一两个特征，认为这一两个特征就能确定一个政治体制是什么性质的。西方当代最流行的思维方式当然就是把多党竞争的选举作为政体划分的最关键标准。在比较中国关于民主的政道思维和西方关于民主的政体思维的时候有一句话很重要，如果把西方的政体思维当成唯一的标准，那就是“凡人之患，蔽于一曲，而暗于大理”①。民主如果要给它一个定义的话，西方定义是“Rule by the people”，中文翻译很简单，毛泽东讲的人民当家作主，就是人民来治理这个国家，这个听起来非常简单，但是人民怎么当家作主，怎么“Rule by the people”不是很容易。从政体思维角度让人民直接来管理国家不太容易，所以要通过一个代表。

多党选举在西方人看来为什么跟民主有关呢？他们的想法比较简单，因为现在人民不可能直接当家作主，所以只能通过他们的代表来当家作主，换句话说，不可能有真正原始意义上的民主。那么这个代表制在英文里叫作“representative government/democracy”。中文往往翻译成代议政府，代议民主。那代表从哪里来呢，就是通过普遍的、自由的、竞争性的选举。普遍的就是所有的成年人都有投票的权利，自由的就是这些人投票不受任何外在的干涉，竞争是至少有不同的政治团体。普遍的、自由的、竞争性的选举在当代实际上都不是个人之间的选举，都是政党之间的选举，所以这种普遍的、自由的、竞争性的选举最后落到多党选举，西方人认为这个是决定一个制度是不是民主的关键所在。

这一套制度怎么给一个理由呢？选民用参加选举的方式授权给议员以及其他选举出来的官员。我把你选出来，就是我把权力让渡给你，让你来

① 《荀子·解蔽》。

帮我行使权力，这是授权。反过来，议员以及其他选举出来的官员要对选民负责，否则就要承担一个后果，这个后果也不是很严重的后果，就是你下一步不能当选，英文是“Accountability”，中国现在叫做问责，这个问责其实也不是很严重的问责。假设西方政客唯一的目的就是要连选连任，选不上他认为这是一个很严重的惩罚，所以这是所有关于多党选举的理论依据所在。用直观的方式表达就是这样一种关系：一边是选民，一边是代表。这个代表既可以是国会议员也可以是总统。因为在总统制下总统是直接选出来的，在议会制下首相不是直接选出来的，首相是代表选出来的。比如说英国首相不是民众选出来的，是英国议会下院执政党的党魁来担任首相，不过，这个执政党的党魁也是议会的议员之一，是被人们选出来当议员，后来因为他这个党在议会里边占多数，他就自然而然地变成了首相。所以是选民选出代表，代表然后又会对选民负责，选民一方面给代表授权，一方面通过选举进行奖惩。在议会制和总统制有什么区别？总统制是有任期的，总统制比如说美国一届四年，最长不能超过两届，所以最多是八年。但是议会制是可以任很长时间的，比如说撒切尔夫人在位很长时间，德国以前好几位首相和总理都担任很长时间，很多人可以干十几年，二十年，只要这个党一直连选连任就可以干下去。这是多党民主的运作机制，说起来很简单，但很多人觉得这个很有道理。

很多人包括最优秀的思想家都认为民主跟选举的关联毋庸置疑，比如说有一个西方重要的思想家叫罗尔斯，他认为在自由民主的体制下所有的公民享有平等的基本自由，包括政治自由。政治自由最重要就是选举，担任公职，所以他把选举和民主就直接挂起钩来。但是，还有一些思想家会说代表这个词听起来很简单实际上是非常麻烦的，你选代表，这个选出来的一定是代表吗？比如说《斯坦福哲学百科全书》里边关于代表这个概念讲得很直白，说代表这个概念看起来很简单，简单得让人产生错觉，每个人似乎都知道它是什么，但没有人知道它的确切定义。事实上讨论这个难以琢磨的概念已经产生了大量的文献，给出了很多完全不同的定义。代议听起来很简单，但是仔细琢磨实际上是很难的事情。

在西方研究代表概念最重要的著作是汉娜·皮特金的《代表的概念》，作者认为代表其实至少有四种分类：即象征性的代表、实质性的代表、形式性的代表、描绘性的代表。因此代表这个概念听起来非常简单，很多西方人不深究，也认为很简单，包括很多政治学者也以为很简单，但一旦有人深究的话就发现这个概念实在是不简单。所以汉娜·皮特金提出四种代表，选举性的代表实际上是第三种叫做形式性的代表，不是象征性的，不是描绘性的，也不是实质性的代表。现在谈代表没有人不引《代表的概念》这本书。汉娜·皮特金 2004 年写了一篇文章，标题叫作《代表与民主：麻烦的联姻》，就是这两个东西连在一起不太对劲。她说自己的早期研究从来没有涉及这个主题，因为当时想当然地认为两者的关系确定无疑。就像今天的大多数人，汉娜·皮特金说她 1967 年写那本书的时候把民主和代表划了等号，她说在当时情形下只有代表能让民主成为可能，这似乎成了公理，大家都这么看。她说："这个假定不能说完全错误，却存在严重的误导，如果人们把它视为公理，只提出技术问题而非基本理论问题，这种误导就依然根深蒂固。"麻烦在哪里呢？就是当追问这些问题的时候就会发现回答很难。比如说选举选什么？听起来很简单，就是选代表。其实未必那么简单。候选人参选动机是什么？选民有多大的选择余地？选民是否清楚地知道如何做出选择？要选一个人代表你，你知道要选什么人可以代表你吗？选举的过程是否会被人操纵以及当选的规则能否产生公正的结果？这些都是麻烦所在。

选举制的弊病

国内现在很多人都以为一旦选举就能选出自己的代表来，很多在国内鼓吹这种观点的人都是这么假设的。但事实上这些问题都是非常麻烦的。

首先是选什么。选举的时候到底是在选领袖还是在选代表？领袖就是有领导才能，代表是可以代表你利益的人，但是有领导才能的人和能代表你利益的人不是同一类人，到底选出的是什么人，这个是不清晰的。如果是选领袖，为什么不用别的办法来选领袖？可以用推举的方式选领袖，用考试的方式选领袖，用锻炼考验的方式选领袖，这些都是选领袖的很好方式。如果是选领袖就不一定用选举的方式了。如果是选代表，真正选出能够代表的人最好的方式是随机抽签。其实抽签在政治生活中应该扮演非常重要的角色，西方现在有一大批人在谈抽签的重要性，但是现在的主流几乎把这个忘了，而且大多数人不知道，西方最早的民主的典范——雅典的民主，其代表不是选出来的，是抽签抽出来的，是随机抽出来的。所以真正要选代表的话不应该是选举，应该是抽签。

其次候选人动机是什么。用选举来体现民主有个假设，就是当参选人愿意代表别人，是出于公心的。但是这个假设又跟西方主流意识形态自由主义是截然相反的，因为西方自由主义的基本假设是每个人都是自私的，都要把自己的利益最大化，他们代表别人是次要的，关键是要把自己的利益最大化，这个跟假设他可以代表别人是完全相反的两个假设。另外如果是为了代表别人就会跟现实出现矛盾。现实是要花巨资才能参加选举，比如说在美国选一个参议员或者选一个众议员，没有上百万、上千万美金的资金想都不要想，根本不要进入那个游戏。那这些人为什么要花那么多的钱和那么多的精力去选这个东西呢？是出于一种什么心态呢？是出于公心还是为了私利？西方主流政治学很少探讨这个问题。

很多美国国会议员一旦离开国会都会投身于游说事业，就是游说政府官员按照某个利益集团的意愿制订政策。在 1992—2004 年，美国国会每年将近有 50% 的人退下来以后变成说客，游说他们以前在国会的同事，游说行政部门。2008—2012 年的数据也是将近 50% 。当说客有什么好处呢？原因很简单，说客比当国会议员挣钱挣得多。这些人还不是普通说客，都是高级说客。不光美国国会议员变成说客，议员的助手在过去3年里边至少有400人也变成说客。如何判断他们是出于公心？他们在竞选的时候说我要代表你，但可能瞄准的是当选议员后成为说客的可能性，因为要直接投身说客可能挣不到钱。这跟美国总统一样，总统年薪是40万美金，并不赚钱，但是克林顿卸任以后每年讲演费两千万美金。

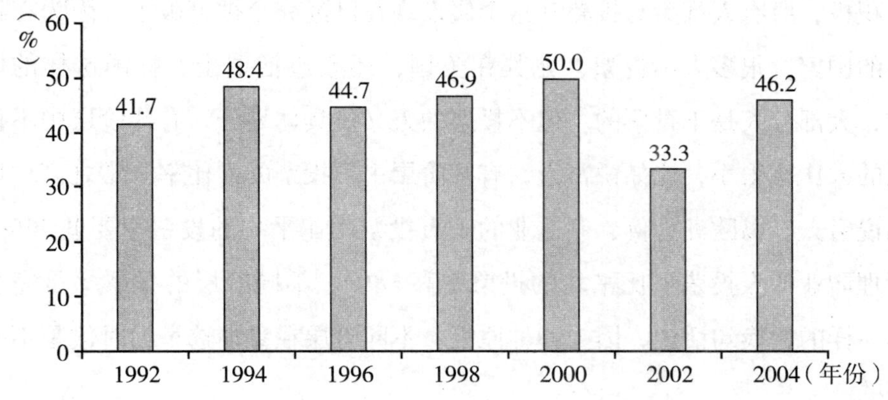

图1　美国前国会议员投身游说行业的比重

资料来源：Congressional Revolving Doors：The Journey from Congress to K Street（Public Citizen，Congress Watch July 2005，http：//www. lobbyinginfo. org/documents/RevolveDoor. pdf）。

再次，对于候选人的选择是非常有限的。假如说有两个苹果，吃过A发现它已经烂了，然后换一个B还是烂的，然后被迫选A，我们能觉得这是有选择吗？选举基本上就是烂苹果之间的选择。举个例子，马英九竞选的时候选民都不喜欢他，但是他还是胜了，因为选民更不喜欢另外一个候选人，所以马英九上台的时候信任度就只有15%—23%，这就是台湾本地人选了一个没那么烂的苹果。我们会觉得这些选民有很大的选择余地吗？

再看候选人的视野。候选人要代表人民，人民的利益不只是今天的利益，还有长远的利益。例如中国共产党讲2050年的目标是什么样的，这跟当不当代表已经无关了。要是当代表的话，可能有一种心态，就是死后哪怕洪水滔天，我下台以后不管了。我们期待候选人有长远的视野，但是他们有长远的视野吗？大量的研究发现他们就是一旦下台以后我管它的呢。政治家用选举的方式怎么能选出一些人考虑到后代的问题？比如说环境问题、生态问题、生物的多样性问题、能源问题，谁来代表这些利益？

再比如选举还有一个基本假设，就是不管什么人在投票的时候都是一样积极，所有人都参与投票。这个假设现在已经完全被打破了，因为在很多的国家，很多人不投票，尤其在美国，还有包括瑞士、韩国这样的地方，大部分人是不投票的。但不投票的人又要具体划分，有些阶层中不投票的人比率很小，比如说富人，有些阶层中不投票的人比率非常之高，比如说穷人。以欧洲为例，制造业的工人投票率比平均的投票率要低 24%，管理职业的人投票率比平均的投票率高 18%。不同阶层的投票率是完全不一样的，换句话说，因为种种原因，不同阶层在参加选举的时候是不平等的。

选举是假设选民清楚要选什么人，选民知道这些候选人之间有什么差别，知道他们的政纲是什么，政纲对自己的利益有什么关联，但这些假设全部被实证验证是错误的。美国从 20 世纪 50 年代到现在一直在做关于选民的研究，就是选民到底清不清楚。在一本名为《我们到底有多么愚蠢》的书中，作者指出选民非常愚蠢，大部分的选民根本不知道要什么。还有一本书是《关于理性选民的神话》，认为选民不仅是愚蠢的，而且是非理性的，经常做出有损于自己利益的选择。选举的基本假设是选民选代表知道选什么，现在证明根本没有这种可能性。广东乌坎 2011 年因为土地的问题发生过群体事件，进行了一次重新选举，而新选上来的人现在头痛不已，因为他们根本解决不了被他们推翻的前任留下来的问题，他们甚至同情前任，就是那些要求选举的人其实并不知道自己到底要什么。

有人认为选举过程应该是自由的、平等的、不受操控的，但是这个过程其实是非常容易被操纵的。选举早期是用暴力的方法抢票，这种方法在今天许多国家尤其是第三世界国家依然存在，所以一到选举就打起来抢票。文明一点是买票，花钱买票也有两种方式：一种是直接买票，这是比较低级的买票；高级的买票是竞选中间花大笔的钱打广告，做负面的宣传。骗票、抢票的方式就非常多了，让我们眼花缭乱，很多人只知道西方进行选举，不知道中间的奥妙或者诡计。举个买票的例子，美国 2012 年总统大选的时候不是只有两位候选人而是有六位候选人，但其他几位候选人的竞选经费在图 2 中根本看不出来，换句话说他们的竞选经费跟头两位候选人竞选经费根本没法比，奥巴马的钱多所以赢了。这个状况可以一直追溯到 1860 年美国总统选举，当时有两个候选人，林肯花了 10 万美金，另外一个人候选人花了 5 万美金，林肯获得了胜利。不只是总统大选，每个州的选举也基本如此，有钱不一定胜，没有钱肯定赢不了，这在本质上就是买票。

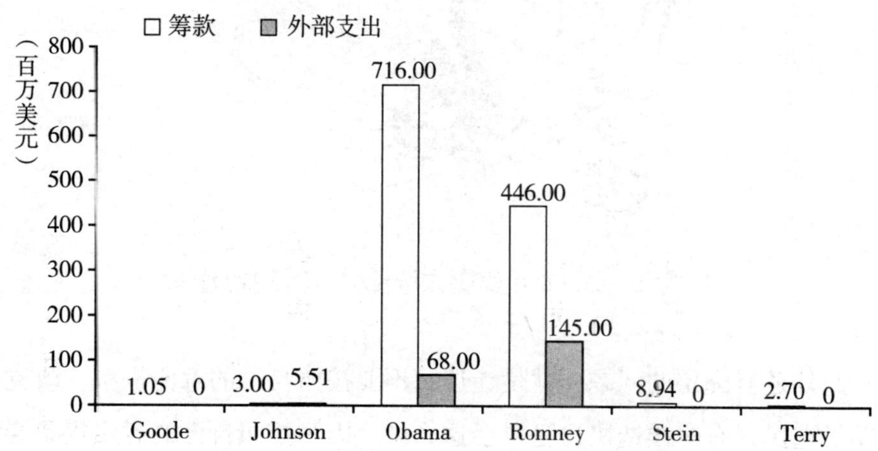

图2　2012 年美国大选候选人经费统计

资料来源：http：//www. fec. gov/press/bkgnd/pres_ cf/2012presinfo. shtml。

图 3 是美国非常有名的一幅政治漫画，发生在 1812 年美国麻省，当时州长盖瑞为了赢得选举把选区划得乱七八糟，目的就是把支持自己的

票集中，把支持对方的票稀释，稀释到让对方刚好不能赢。从那个时候美国就开始讨论要限制这种选区划分的方法，但到现在依然没有解决。美国这样的选区有很多，全是势力比较强的党在划选区上做的手脚，做了手脚以后基本不会输。很多人不会知道美国国会的选举有 40% 左右基本上是根本不选就知道谁赢，这个选区已经划到对方的政党没有赢的可能性。

图3　1812 年美国大选部分选区的划分

此外还有配票的问题，就是让选民不要按照自己的意愿投票。政党会来动员选民，有时候选民自己也会这么做，因为按照自己的意愿投票会让最不喜欢的人当选，所以叫配票。2004 年加拿大选举的时候，执政的自由党就说服了很多新民主党的选民把票投给自由党。如果这些选民把票投给喜欢的新民主党的话，保守党一定能成功当选，因为选票分散了。所以干脆投给自由党，这样至少保守党不能当选。这样的情况全世界都有。配票是各国选举中非常重要的一项工作，从理论上来说不配票就浪费票或者胜不了，所以一定要配票，但配票又违反了选举的基本假设，选举的基本假设是按照选民自己的意愿选代表，结果选民现在必须要违背自己的意愿来进行投票。

负面选举的问题也很突出，选举的时候不是宣传自己的主张而是攻击对方，并且攻击对方时不择手段，什么事都可以做。现在西方的很多选举都是紧咬性选举，就是你得51%我得49%，你得50.5%我得49.5%，大量的选举是这样的。紧咬性选举就出现这种情况，你把对方攻击一下，这个人差个1%或2%，你就大胜，所以美国经常出现一些选举的结果，比如说谁得了54%的选票就叫决定性的胜利。我们想刚刚过50%不就是刚过门槛吗，怎么54%就是决定性了呢？因为现在差只差几个百分点。这个时候负面选举就变得重要。现在大选经费一花就是几十个亿，恐怕大量的钱都花在负面选举上，就是抹黑对手而不是宣传自己，所以选的时候大家都不知道两个党到底在干嘛，他的长期主张短期主张到底是什么大家不清楚，大家只知道谁有什么丑闻，谁有什么绯闻，谁干了什么坏事。

选举计票也是一个问题。有人认为把票投到票箱里了，计票很简单，但这个事情可不简单。菲律宾选举中选民把票投到箱子里，这个箱子要到某个地方去计票。这个箱子搬到那个地方以后，里边的票还是不是原来的票就已经不清楚了，这是比较麻烦的计票。但即使是美国这种稍微规范一点的选举过程，计票也很麻烦。2004年美国华盛顿州州长的选举，初次计票是共和党胜，但最后计了几次票以后是民主党胜，因为就差那么几百票。第一次计票共和党在300万张选票里边多得了261票，所以就要重新点票；第二次点票共和党仍然胜出，但是多了42票，一共是300万张票，共和党只胜了42张票，民主党还是不同意；第三次计票民主党多了10票，300万张选票多了10票；第四次点票发现有700张没有点出的票，最后民主党多了129票，民主党胜利。因为现在都是紧咬性的选举，所以多一票都是麻烦事，计票非常容易出错。

选举结果：难以公正

什么样的选举计票方式是公正的计票方式也不清楚。大选都有得胜的规矩，有三种可能性：第一种可能性叫简单多数，就是候选人谁得的票多谁胜；第二种方式是必须得50%以上的选票才能为胜；第三种是按选民的偏好进行排序，获得最高分数那个人得胜。各种计票方式都有道理，但是公不公正呢？一位政治学家也是数学家做了一个一般性的推理，得出了阿罗不可能定理，结论是就是不管怎么计票，都不可能符合公正的所有标准。

以简单多数为例，台湾2000年“大选”的时候陈水扁得了39%的选票，他是属于绿营的，但蓝营也有两个候选人，分别是国民党的连战和亲民党的宋楚瑜，结果连战得了23%的选票，宋楚瑜得了37%的选票。按照台湾的选举规则谁得票比其他人多就当选了，因此陈水扁当选“总统”。但是如果换一个选举规则，不超过50%还得进行第二轮投票，在陈水扁和宋楚瑜之间再进行一次投票，那结果几乎不言而喻，支持连战的选民在第二轮投票一定会支持宋楚瑜，所以如果有第二轮投票的话台湾这次选举的结果就可能完全不一样，因此选举的得胜规则本身是不是公正就变成问题了。

美国的选举制度是简单多数。杜鲁门、肯尼迪、尼克松、克林顿、小布什，他们在选举中得票率都没有过半，都是低于50%的。比如说小布什有47.9%人支持。但还受到投票率的影响，就是合格的选民里边只有51.3%的人参加投票，参加投票这些人中小布什得到47.9%的票。换句话说在所有符合资格的选民里边只有24.6%的人选择小布什，其他的人要么没有参与投票要么把票投给了另外的人，小布什以24.6%的选民投票当了美国总统。最低的是亚当斯1824年的选举，他的实际得票率只有8.3%。我们看很多的美国总统得票率很低，实际得票率更低，都是在 40% 以下当选美国总统，只要比别人得的票多就胜了。

简单多数看来并不合理，美国也有人提出要改变美国的选举方式，比如说要得超过 50% 的票是不是就一定公正呢？假设只有得到 50% 以上的选票才能当选，如果第一轮投票没有人得到 50% 以上的选票，在得票最多的两位候选人中间就要进行第二轮投票。看起来这个就可以解决问题了，但实质上也未必。假设有三个候选人，甲乙丙，选民的偏好是 18% 甲 > 乙 > 丙；17% 甲 > 丙 > 乙；13% 乙 > 甲 > 丙；21% 乙 > 丙 > 甲；19% 丙 > 甲 > 乙；12% 丙 > 乙 > 甲。我们如果进行第一轮投票甲得的票数 35%，乙得 34%，丙得 31%，丙就被排除了，在甲乙之间进行第二轮投票，按照他们选民的偏好你可以算出甲在第二轮投票是 35% 再加 19% 是 54%，乙是从 34% 加 12% 是 46%，所以甲胜出。这个看起来很合理，但是如果再仔细研究就会发现，实际上偏向丙的选民比偏向甲的人还多，19% 的人支持丙超过甲，12% 的人也是支持丙超过甲，所以偏向丙的人实际上比偏向甲的人多，但丙在第一轮投票就被排除了。所以最后会出现一个矛盾的现象，就是如果是甲和乙对决甲胜，乙和丙对决乙胜，丙和甲对决丙胜。所以简单多数听起来好像很简单就可以解决问题，但还有个循环多数的问题，没有人真正是赢家，就看是如何制定规则，规则不一样结果就会不一样。

更复杂的投票方式是计分制。欧洲很多国家采取更复杂的计分方式，例如有三个候选人，排第一那个人得 3 分，第二人选得 2 分，第三人选得 1 分，然后计分。假设有 100 个选民、4 个候选人，选民偏好是 40 人甲 > 乙 > 丙 > 丁；35 人乙 > 丙 > 甲 > 丁；25 人丙 > 甲 > 丁 > 乙，结果甲得 205 分，乙得 185 分，丙得 185 分，丁得 25 分，那就是甲获胜。但是我们再假设一种情况，因为丁胜选无望，一旦丁退出以后会发现乙就会胜而不是甲得胜，这是选民的偏好排序出现的结果。这种选举方式在很多欧洲人看来是最合理的，但也会出现循环多数问题，不清楚到底谁真正赢得选举。所以阿罗写了《社会选择：个性与多准则》这本非常经典的书。阿罗假设如果有N个候选人M个选民，每个选民对候选人有个由高到低的排序，就是偏好的排序，最后阿罗做了大量的演算证明如果N大于3，就不可能出现公正的选举，就是从一般意义上论证了不可能出现公正的选举规则。

如何解读最终在选举中获胜的候选人和政党也是一个问题，因为我们不知道选民选某个候选人是因为他喜欢这个人，因为他说话声音好听，还是因为他绅士或值得同情。有大量的实证证明女性对有磁性声音的男性候选人支持率比较高，所以美国总统选举的时候，候选人的一举一动和衣着都有专门的人来帮他考虑。有一种顾问叫做声音顾问，用什么样的声音说话可以提高哪些选民对你的支持率，这些都是一些现实的影响因素。所以有一种可能性是候选人得胜是因为他的某种特征，比如说肯尼迪因为漂亮得到很多中年妇女的支持。选民们支持一个候选人也可能是因为他们支持某个党，还可能因为支持某党的政纲，这些原因都不清楚。每到选举的时候我们就可以把它叫做天花乱坠的假期，可以用各种各样的方式表演。而且现在出现一个趋势，就是演艺界跟政界趋同，我们可以发现很多国家突然出现一大批演员开始从政，最有名的例子是加州州长施瓦辛格。如果去细数西方国家演艺界跟政界合一的情况会有很多，因为政界选举在很大程度上几乎变成了表演。

选举选出来的人还很可能是寡头，两千多年前亚里士多德就这样认为。亚里士多德提出用抽签的方式产生的执政官是民主的，要真正选代表，选人民代表就应当抽签。他还说用选举的方式产生的官员是寡头政治。几百年前，意大利有政客弗朗西斯科提出他支持选举的最重要理由是因为他不喜欢民主，他说选举可以把自然的贵族选出来，所以他支持选举。孟德斯鸠作为西方重要的思想家，他的看法也是一样：用抽签的办法来挑选决策者，这是民主，用选举的办法挑选决策者就是贵族统治，就是寡头。[①] 举例来说，美国第105届国会，众议院加参议院一共是500多人，其中225个人是律师，差不多占一半，另外一半是商人或者银行家共214人，因此选出来就是一批精英分子，一批寡头，一批贵族。

通过以上分析可以看出选举有很多问题，但选举至少有一个好处，就是心理效应。在《同意的结果：选举、选民和认受性》这本书中，作者提出普遍的、自由的、竞争性的选举给选民产生了一个心理效应，就是他们认为选出来的人是我同意的人，所以人们感觉好——我参选，我作主，选出来的人有某种正当性，反正胜出者是我选出来的，如果选错了过几年再重新选一次。所以尽管选举有很多问题，但选举产生的心理效应使得这些参加选举的选民只能说我认了，上次没选好下次接着选。

政体思维跟代表、跟民主连起来会出现大量的问题，但它有一样好处，就是通过选举获得了所谓的正当性。但是当胜出者一次一次地犯错误，很多人就会怀疑这种看起来好像很可靠的民主。现代的代议制民主危机有三个特征：

第一个是民众对选举失去兴趣，致使投票率一路下滑，越来越多人不参加选举，他们认为选谁都一样，所以不参选。最近一些国家的选举投票率都在下滑，美国和韩国都是下滑比较多的。开始允许投票的时候大家都很热情，投几次以后觉得没什么劲了，结果都差不多，投票率就开始下降。

第二个是政党制度日益衰落，愿意集合在政党旗帜下的人越来越少。大家开始都愿意参加政党活动，到后来纷纷不参加了。欧洲大部分国家的党员数量都在下滑，只有几个地方在上升，如南欧的葡萄牙、希腊、西班牙，这些国家是20世纪80年代以后才进行了所谓的民主化（见表3）。

---

① 孟德斯鸠：《论法的精神》，许明龙译，商务印书馆2007年版。

但是经过这一次金融危机以后，这些国家的民众对政党的信心会遭到破坏，党员数量也很有可能会急剧下降。

表3　各国党员变化（1980—2008 年）

国家	时期	变化率	数量变化	数量变化所占比重（%）
捷克共和国	1993—2008 年	-5.05	-379575	-69.65
英国	1980—2008 年	-2.82	-1118274	66.05
挪威	1980—2007 年	-10.20	-284603	-61.75
法国	1978—2009 年	-3.20	-923788	-53.17
瑞典	1980—2008 年	-4.54	-241130	-47.46
瑞士	1977—2007 年	-5.90	-178000	-43.22
芬兰	1980—2006 年	-7.66	-260.261	-42.86
丹麦	1980—2008 年	-3.17	-109467	-39.70
意大利	1980—2007 年	-4.09	-1450623	-35.61
斯洛伐克	1994—2007 年	-1.27	-41204	-32.32
比利时	1980—2008 年	-3.45	-191133	-30.97
澳大利亚	1980—2008 年	-11.21	-422664	-28.61
荷兰	1980—2008 年	-1.77	-121499	-28.19
德国	1980—2007 年	-2.22	-531856	-27.20
匈牙利	1990—2008 年	-0.57	-41368	-25.03
葡萄牙	1980—2008 年	-1.05	+4306	+1.28
希腊	1980—2008 年	+3.40	+335000	+148.89
西班牙	1980—2008 年	+3.16	+1208258	+374.60

第三个是人们对选出来的官员不信任。在美国历次关于信任度调查中，排名最低的是银行家，人们认为2008年金融危机是美国银行家搞出来的；倒数第二是国会议员，在2008年金融危机出现以前排最低的是国会议员，选民选出来他们但不信任他们。这种不信任不仅出现在美国，欧洲这些国家信任警察的人比信任选出来的国会议员的人多，而警察并不是选出来的。在欧美国家凡不是选出来的人受到信任的程度都比选出来的那些人都要高得多。这是一个非常有意思的现象，但是并没有得到很有系统性的研究。所以，在西方有些人提出来超越选举式的那种民主，强调参与式的民主、商议式的民主和抽签的方法选代表的民主。

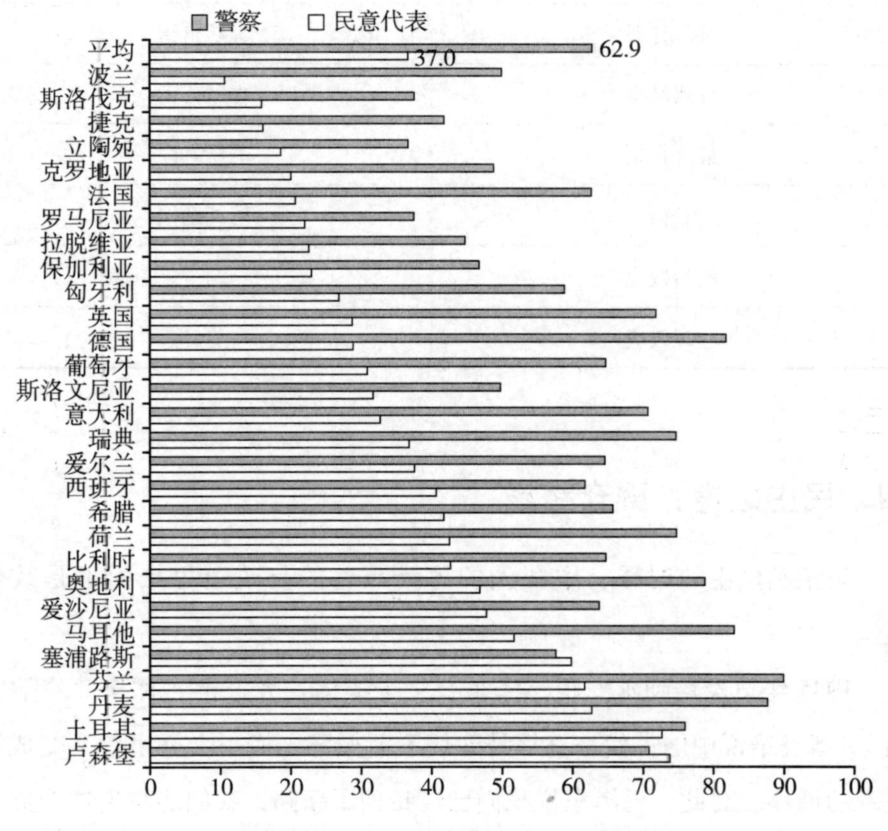

图4　民众对民意代表与警察的信任度（2005年）

表4　选举的特征

选举的各个侧面	特征
选什么？	模糊
候选人动机	不清
候选人与参选政党	有限选择
候选人的视野	短浅
选民参与	不平等
选民水平	愚蠢、非理性
选举过程	易被操控
选举计票	容易出错
计票结果	难以公正
最终得票	不易解读
当选者	精英把控
政治效应	
心理效应	正当性

四、民主之道：群众路线

讨论到民主的时候，中国人的思维更多的是政道思维而不是政体思维。

1945 年黄炎培到延安跟毛泽东有一个谈话，大家把它称作“窑洞对话”。黄炎培说中国古代一直都是朝代不断循环，换一个好皇帝又变成坏皇帝的循环。对此，毛泽东说我们已经找到了新路，我们能跳出这个周期律，这条新路就是民主，只有让人民来监督政府，政府才不敢懈怠，只有人人起来负责才不会人亡政息。毛泽东运用“民主”这个词，但这个民主的概念不是在政体思维中的那种意义。

中国共产党用民主这个概念都是在政道思维的条件下来使用，比如我们经常提到的“民主作风”，西方并没有这种思路。什么叫民主作风？民主就是选还是不选，就是政府的形式，没有什么民主作风的说法。还有说这个人比较民主，这个会议开得比较民主，这个东西翻译成英文没人懂得了，因为西方的思维方式就是政体，就是政府的形式，其他的跟民主不相关。所以中国人谈民主的时候不管是有意识还是无意识，实际上是在用政道思维的方式来谈民主，而不是用政体思维的方式在谈民主。

群众路线与民主之道

群众路线是中国民主中一个非常重要的组成部分，而且是一个独特的部分。在中国共产党历史上，特别是党的七大刘少奇作的报告里已经把群众路线作为中国共产党的根本政治路线和根本组织路线。西方学者认为把亿万普通老百姓第一次带上政治舞台的是强调群众路线的中国共产党，而要实现民主，如果亿万老百姓根本没有觉醒，不可能有什么民主，这是实现民主的先决条件。布兰特利·沃马克教授对毛泽东思想有非常深入的研究，他把以群众路线为特色的中国体制叫做“准民主体制”，这是民主的先决条件。

群众路线也是中国实现民主之道的途径之一。中国社科院政治所所长房宁认为“群众路线是人民主权的中国化表达”，我也非常赞同这个说法。在西方大家都会引用林肯“民有、民治、民享”这句话，孙中山也曾引用这句话。刘云山有一篇文章，标题是《为了谁　依靠谁　我是谁——关于贯彻党的群众路线的几点思考》，这篇文章中的几个思考实际上就是民享、民治、民有，刘云山的解读也把群众路线跟民主千丝万缕的联系分析清楚了。

群众路线的形成过程比较清楚。这个词出现得比较早，但是经过毛泽东、刘少奇、邓小平等第一代中国领导人不断地深化进而系统化了，表述为“一切为了群众，一切依靠群众，从群众中来，到群众中去”。群众路线的理论基础很简单，就是非常民主的思维方式，就是只有人民才是创造世界历史的动力，群众是真正的英雄，强调的是三个臭皮匠合成一个诸葛亮。这个理论观点不能小视，实际上现在西方有一批做决策理论的学者，用了一个新词就是集体智慧，现在在管理学中、在领导学里面变成非常重要的一个领域。西方现在有一个互联网辞典“维基百科”，它的理论基础就是集体智慧。这在中国共产党的思路里是一以贯之的。

如果从政治学上来做分析的话，群众路线有几个支点：第一个支点就是把接触群众变成领导干部的职责。西方强调政治参与是讲群众参与决策是他们的权利，但群众路线把这个逻辑反过来说领导干部接触群众是他的职责。一个是群众的权利，一个是决策者的职责。第二个支撑点就是到群众中去，要各级干部深入群众，首先是深入普通老百姓，是为了培植群众关系，要从他们的角度看问题，这个在西方的代表里是没有这种内容的。没有说我跟你一样尽量体会你的心情，我跟你一样的生活，所以我知道你的疾苦。第三个是要倾听群众呼声，要了解民意，但最重要的是群众路线还强调吸取民智，所以是培植群众观念，了解民意，吸取民智。这是从政治学上来进行解读群众路线。

群众路线：理想情形

我们可以进一步对群众路线进行分析，P 是决策者，S 是比较强的利益相关者，他们是强势利益相关者，WS 是弱的利益相关者，群众路线是说领导干部对这些相关者都得接触，但主要是接触弱势利益相关者，这是群众路线的模式。

西方的那种政治参与模式是说各种利益相关者应该都可以影响决策者，但无论是中国还是西方的现实证明，弱势群体主动去影响决策者可能性是非常小的，所以群众路线把这个逻辑倒转。关于西方的政治参与有政治参与阶梯的说法，从低的参与到高的参与，我们可以把群众路线划一个群众路线贯彻的阶梯。这是群众路线的解析，就是培养群众观点、了解民情、吸取民智。

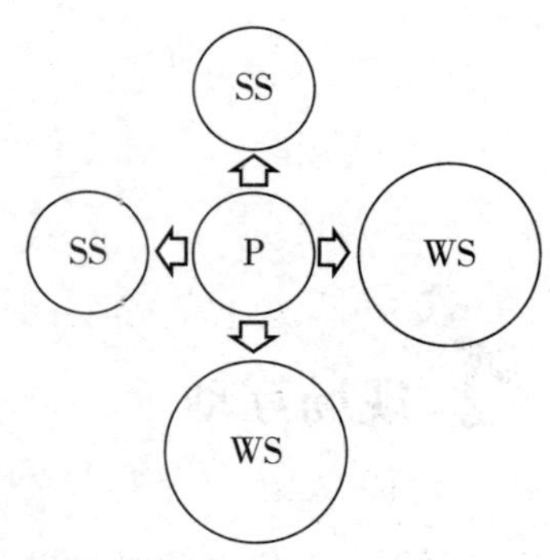

图5 群众路线的理想情形

但群众路线也有缺陷，缺陷在于群众路线取决于决策者是否有主动深入群众的意愿以及取决于决策者深入哪些群体。如果决策者每天和致富带头人、先进生产力的代表在一起，那也是一种接触，但接触的是某一类人，而且是强势社会群体。所以群体路线的理想情形是更多地接触弱势的利益相关者，但可能的情形却是领导干部大量接触强势利益相关者，所以群众路线也是有缺陷的。用政道思维，用群众路线解决民主问题是一个方式，但也有内在的一些问题，怎么克服还需要我们不断探索。总体来讲，用政道思维方式来考虑问题可以为当今或未来的政治变化的路径提供一个新的视角。

我们来看民主问题就似“横看成岭侧成峰”，用西方的政体思维是一种看法，用中国的政道思维看民主之路也是一种看法，对中国的很多事情我们有些时候未必很清楚，原因就是“不识庐山真面目，只缘身在此山中”。

现场互动

问：为什么您的政体思维方式会发生变化？

答：这可能也是个学习过程。30 多年前在北大的时候我学的专业是比较宪法，当然除了学中国宪法以外也要研究西方宪法，我们读书的时候还没有 1982 年的宪法，还是 1978 年的宪法。我们读书期间经常讨论，有很多想法。但当时因为知道的不多，所以大量的是想怎么借助西方的东西来改造中国的宪政体制。我毕业以后正好考上了出国留学，出去我就进了政治系，目的也是一样，就是看西方怎么治理他们的国家，对中国有什么可以借鉴之处。开始学的时候也觉得他们的很多东西很有意思，然后在耶鲁大学又教了十年书，这个十年对我的思维方式影响是比较大的。耶鲁大学政治系在很长时间里都是美国政治系中最好的，所以有很多美国研究民主的名家就是我的同事，比如说罗伯德·道尔这些人，在西方谈民主不可能不谈到他们，他们的思维方式也发生过变化，对我有启示。罗伯德·道尔最早写民主的时候也非常简单，他在《谁统治》一书中研究耶鲁大学所在地叫康涅狄格州的权力结构，他得出一个非常理想化的关于美国政治的说法。这位教授在我在耶鲁大学任教的时候已经 70 多岁，现在已经 90 多岁。他后来写了《经济民主》，他发现如果没有经济上的民主，政治上的民主仅仅靠选一选可能不能解决很多问题，他最后一本书叫作《美国宪法是民主的吗?》，是他已经快 90 岁的时候写的，他提出这么一个问题：美国宪法到底是不是民主的。所以他对这些问题的认识也在不断演化，当然他今天可能依旧在政体思维逻辑里边。

我的思想转变可能第一有中国传统文化的影响，第二是苏联东欧的变局对我的巨大冲击。1991 年我们去的时候苏联还没解体，我们准备去讲民主，但是我看到的那一幕真是触目惊心。在克里姆林宫对面一个非常贵的商场里，以前号称世界上最大的商场，那除了售货员什么也没有，货架上空空的。我看见老太太拿着一节香肠一片一片地卖，因为没有人买得起一根香肠。这对我冲击非常非常之大。俄罗斯的情况以前我们也了解一些，但是在很短的时间里一下子变成这个样子对我冲击很大。我从俄罗斯回来以后在美国的《华侨日报》上写了一篇很长的文章，就是俄罗斯之行对我思想的冲击。我以前很多朋友，他们后来都变成了持不同政见者，在今天依然活跃，他们一致说我变了，我说我确实想法变了，因为俄罗斯之行的经历。所以变化是一步一步潜移默化的，有直接的冲击，也包括最近这些年对政治理论有更深的一些分析和研究。我现在一个比较长远的计划是写一个关于民主的历史，民主作为一种理念，民主作为一种制度，它的历史是什么样子。我现在的看法是不只是中国人不懂，西方人也不懂，我要讲的东西可能对西方很多人也是很新鲜的。比如说我经常跟西方人讲的抽签，大量的西方学者没听说过。这是他们自己的传统，他们从来没听说过。这个传统一直贯彻到 18 世纪末，到 19 世纪以后才发生变化，这一套历史到底是怎么演化的，我想把它进行分析。

对西方政体思维局限性的逐步认识让我一步一步跳出政体思维。比如说民主会不会使经济发展快一点，我以前确信无疑，但是后来我做了大量统计分析以后，发现没有关系。政体没有什么决定性。经常有人跟你讲政体非常有决定性，你看富国都是民主的。那菲律宾也是民主的，为什么不是富国？我前两天碰到一个哈佛大学的历史学家，他说美国在越南战争中犯了一个大错误，美国如果不撤出越南的话，让南越取胜，让北越打败，这样南越就会变成另外一个韩国。说得好像很有道理。我说南越取胜很可能变成另外一个菲律宾。我可以讲出一千条理由来为什么南越取胜比菲律宾还要糟糕，而不可能变成另外一个韩国。韩国取胜、经济发展是有一系列的冷战的背景，还有其他的一些背景，南越没有这种可能性。这位历史学家就是政体思维的方式。我已经看到了大量这种所谓的有竞争性选举的国家，他们的情况没有发生任何变化，普通老百姓的福祉没有产生任何正面的变化。

习近平曾经说过穿什么鞋只有脚知道。海外一个持不同政见者说中国不妨穿一穿南非的鞋，但他们不知道南非 1994 年进行了民主改革，虽然国大党取胜了，但是普通人的福祉没有发生变化。中国的一些持不同政见者想当然的认为一旦实施民主了什么都好了。我知道大量这样的例子，我做统计收集大量的数据，所以我可以看到政体思维没什么用，局限性太大，唯一有用的是政府形式可能有一定意义上的作用，但是是非常局限性的作用，不是关键性的，复杂的事情绝对不能把它换成一两个简单的指标。这是我一个总的思路变化的过程，供大家参考。

问：西方的两院和中国“两会”的区别？

答：先打破一个迷信，认为议会一定是两院。其实大量的所谓民主国家不是两院的。两院制主要出现在联邦制国家，它的理由是一个院代表全体人民，另一个院代表地方利益。比如说美国众议院是把全国划分成 435 个选区，每个选区选一个人到众议院当议员。参议院是不管多大的州，每个州选两个人，他们代表州的利益，不管是加利福尼亚州这样非常大的州或者你从来没听说过的小州都是两个人，他是代表地方利益。所以联邦制的国家几乎没有例外都是两院制的。全世界只有 27 个国家是联邦制国家，世界上绝大部分国家是单一制国家。单一制的国家有两院的也有一院的，比如说英国是两院，但它不是因为什么民主的理念产生出来的，是由封建的传统而来的。英国上院不是选举出来的，而是个贵族院，是可以继承的，它不是代表地方利益，是代表保守利益。现在英国要改善上院，有些人就提出来上院干脆用抽签的方式来选，也有人讲直选什么之类的。很多人讲英国上院是个盲肠，割了也没什么事。日本是两院，但是日本的宪法是美国人起草的，当时美国人帮日本人起草宪法的时候都跟日本人讲，其实不需要两院，单一制国家就搞一院行了，但是日本当时决定起草宪法的人也不知道什么心理要产生两院，所以日本是两院。很多欧洲国家都是一院的。这个问题一定要厘清，不管国内是批评西方民主和拥护西方民主的人，都误认为西方一定是两院的。

还有一个相关的概念也容易产生误区，叫三权分立。大量国家没有三权分立。英国哪有什么三权分立，英国的行政权是完全依附于立法权的，哪个党在议会里边占据多数就掌握行政权，这两个权之间没有分立。司法权最高权力在上院，也在立法机构里边。这是权力的融合而不是权力的分离。国内有大量的这种误解是因为只看到美国，好像美国代表着全世界所有模式，但即使美国也没有三权分立。美国只有一个州的宪法是完全三权分立，18 世纪 80 年代麻省提到过三权一定要完全分立。但是美国宪法并不是三权分立的，权力是融合的，总统的权力、行政权跟立法权很多地方是融合的，不是完全分立的，完全分立就更没法运作了。所以三权分立是一个神话，现在拥护它的人和批评它的人都把它误解了。有些时候我看一些领导干部讲绝不走三权分立的道路，事实上西方很多国家也没走，这个误区也要打破。

中国的“两会”是跟西方制度是非常不一样的，它是历史的产物也是不同的理论的产物，人民代表大会制度跟西方议会制度的理论基础是截然不同的。代表有四种形式的代表，西方的这个代表叫做形式性的代表，那么另一种代表叫做缩样式的代表，就是被选出来的人所有的特征跟整个人民的所有的特征是重合的，比如说人民里有 50% 是工人，代表里就应该有 50% 是工人，如果人民里有 45% 是妇女，代表里就应该有 45% 是妇女。共产党的代表理论更多的是缩样性代表的理论，我们如果追溯这个理论的来龙去脉可以看得很清楚。如果看五届人大的代表构成就很清楚，工农兵占绝大多数。这个理论后来慢慢跟实际脱节了，直到最近开十八大选代表的时候强调要凸显基层的代表。这一次的人大会议选代表的时候也讲要凸显普通一线的人大代表。这个是往传统人民代表理论回归，但是还相差很远，比较好的做法是把理论和实际进一步统一起来。

我自己的主张是希望代表是缩样式的代表。用抽签的方式选举代表可能是一个很有意思的思路，而且中国在小范围也有这种试验。浙江有一个地方叫温岭，那个地方发展一种制度叫恳谈会，恳谈会就是让民众来谈当地应该做什么事情，恳谈会的代表是抽签选出来的，而这种实践被世界上研究抽签式的代表的最重要一个理论家发现了。斯坦福大学一位教授，他专门研究抽签式的代表，他的研究里浙江温岭是一个很重要的方案。这样的事情在中国其他地方也有，用抽签的方法选出村民代表，因为不可能所有人都去参加恳谈会，但是也不能干部指定，干部指定大家会说是假的，也不能用选举的方式，所以用抽签的方法避免了很多问题，在小范围里边现在已经开始有这些实践。

问：如何看待中国梦和宪政梦？

答：这两个梦不是联在一起的，现在谈宪政的人非常多，但他们都不很清楚。有些人是清楚，他们是有意识地推行这个东西，但大量谈宪政的人不清楚。谈宪政的人不是鼓吹宪法，一定要把它分清楚。谈宪政的人是说有一个基本假设，有一批聪明人，他们知道这个社会怎么运作，他们害怕这个政治制度里面有大量的民众参与，扰乱他们的计划，所以他们要有一小群人写一个宪法，把什么东西由民主来决定，什么东西民主不能决定搞清楚。他们的宪政梦是说要把很多的东西排斥在民主决策之外，政府不能干预、不能做，政府不能做意味着民众也不能管，民主决策程序完全不能参与，这叫宪政。这个在西方宪政发展史里边是非常清晰的。但这个假设本身是非常值得怀疑的，哪些人这么聪明，哪些人能够确定什么东西政府可以管、什么东西不能管？我不知道有这样的人，所以我从来不用宪政这个词。我觉得中国梦如果跟宪政联在一块，麻烦大了，这是我的基本看法。总之，我们一定要进行辨析然后才知道怎么来思考当前中国的问题以及中国的未来，这是我希望传达的最重要的一个信息。

主讲人简介

程文浩

现任清华大学公共管理学院教授、廉政与治理研究中心主任。1996年毕业于北京大学国际政治学系，获法学学士学位；2002年毕业于美国耶鲁大学政治学系，获政治学博士学位。研究成果曾获得中央纪委监察部纪念中国共产党成立八十周年大会暨反腐倡廉理论研讨会优秀论文奖、中央纪委优秀调研成果奖等奖励。近期著作有《预防腐败》。

“中国最大的安全威胁来自何处？核大国遭受外敌入侵的可能性有限，中国最大的安全威胁其实并不来自于外部的强敌环伺，而是来自于内部的腐败问题。

公职人员尤其是领导干部人生的最大风险是什么？恐怕也是腐败问题。这已经被大量的腐败案件所证明。”

第八讲　中国特色的廉政之路*

程文浩

一、腐败的定义与危害

中国最大的安全威胁来自何处？核大国遭受外敌入侵的可能性有限，中国最大的安全威胁其实并不来自于外部的强敌环伺，而是来自于内部的腐败问题。

公职人员尤其是领导干部人生的最大风险是什么？恐怕也是腐败问题。这已经被大量的腐败案件所证明。

何为腐败？一般认为，腐败是滥用公共权力以谋取私利。在这个定义中，当事人滥用的主要是各类公共权力（尤其是政府的行政权力），其目的是为了谋取私利（包括当事人个人、家庭、亲友、小集团的利益）。

---

* 本文系程文浩教授2013年4月11日在中央国家机关司局级干部选学“中国国情与中国道路”专题班授课讲稿，黄瑜协助整理。2014年12月，作者又作了修改。

随着社会的发展，这个定义已难以满足现实需要，因为出现了一些难以用这一定义解释的新型腐败行为。例如，某些国企负责人以权谋私，中饱私囊，他们滥用的并非是公共权力，而是国家授予其经营管理国有资产的权力。

从滥用公共权力到滥用授予权力，腐败行为的范畴已经进行了扩展。然而，随着社会的发展，又出现了一些扩展后的定义也无法有效解释的腐败行为。例如，某些公益慈善组织的腐败问题，他们滥用的又是什么？与其说是权力，不如说是社会对于他们的信任。公共信任一旦被滥用以谋取私利，就会严重破坏现代社会的信任基础，造成极其严重的社会后果。

从滥用公共权力扩展到滥用授予权力，再到滥用公共信任，腐败定义已经进行了两次扩展。由此可以看出，随着腐败行为本身的发展变化，腐败概念的外延在不断扩大。

为什么要反对腐败？因为腐败堪称是国家巨患、社会毒瘤和公职人员的人生大敌。在国家和社会层面，腐败的危害可概括为三大类：政治危害、经济危害、社会危害。

首先分析一下腐败的政治危害。从世界政治和中国政治的历史发展来看，腐败堪称人类的历史性顽疾，直接导致了很多政权的覆灭。中国更有所谓的“历史周期律”，即旧的王朝往往因统治集团的严重腐败官逼民反，最终导致政权覆灭。新政权的头几代领导者尚能吸取历史教训，励精图治，出现“贞观之治”等短暂的政治清明期，但之后的几代领导者很快便重蹈覆辙，从而引发新一轮的政权更替。明初朱元璋对贪官实行严刑峻法，刑罚之残酷令人发指，同样未能挽救明朝统治集团整体没落的命运，就是“历史周期律”的典型例子。

1945 年，黄炎培先生作为国民参政会参政员访问延安，其间与毛泽东多次促膝长谈，纵论国家大事。在一次对谈中，黄炎培发出了

“其兴也勃焉，其亡也忽焉”的感慨，并询问共产党人是否有信心在执政之后跳出“历史周期律”。毛泽东十分自信地做了肯定答复，认为我们能跳出这周期律，因为我们已经找到了新路。这条新路就是民主，只有让人民来监督政府，政府才不敢松懈，只有人人起来负责，才不会人亡政息。

由于第一代领导人的率先垂范，以及对刘青山、张子善等腐败分子的严厉打击，新中国在成立初期经历了相对廉洁的时期。然而，在改革开放之初，腐败沉渣泛起，并迅速向全社会蔓延。如何通过民主建设、体制改革和制度创新跳出“历史周期律”，避免人亡政息的历史宿命，仍然是我们当前无法回避的现实难题。

从历史经验来看，长期执政的政党面临的最大威胁就是自身的腐败。苏共最终亡党亡国，直接原因就在于苏共高层长期脱离群众，大搞特权和腐败，最终失掉民心。前车之鉴，不能不令我们加倍警醒。早在 1992 年，邓小平同志就曾一针见血地指出：中国要出问题，还是出在共产党内部。伟人的论断可谓振聋发聩。

刚才我们把腐败问题放在了历史长河之中进行审视。其实，腐败不仅是人类的历史性顽疾，还是全球性顽疾。世界各国虽然情况千差万别，但在腐败问题上具有三大共性：

第一个共性，是所有国家都存在腐败问题，不论其政治制度、经济水平、文化传统如何。当然，各国之间确实存在腐败是普遍现象还是偶然现象的程度差别。

第二个共性，是国家的某些特定发展阶段往往会成为腐败的高发期。尤其是在经济转型期和快速发展期，往往会出现腐败的急剧增长，需要经历一个由乱到治的过程。值得注意的是，我国正好同时处于容易引发腐败增长的两大发展阶段：一方面正在进行从计划经济向市场经济的转型，另一方面经济快速发展，经济交易极为活跃。因此，当前我国在反腐倡廉方面所面临的严峻形势，与我们所处的发展阶段息息相关。等我国最终建成成熟的市场经济之后，腐败机会可能会相应减少。当然，这种转变不可能一夜之间自动完成，而是必须借助大量的改革与创新。

第三个共性，是某些腐败高发行业和腐败行为在各国具有高度的相似性。例如，建设行业在很多国家都堪称腐败“重灾区”，各国的贿赂犯罪也有一定的相似性，基本都涉及行贿方、受贿方、利益输送渠道等。

上文主要分析了腐败的政治危害。与此同时，腐败往往给国家造成极大的经济危害，主要体现在以下几个方面：一是阻碍经济增长；二是降低国内和外国投资水平；三是造成地下经济的繁荣；四是扭曲公共支出和投资；五是减少公共物品和公共服务的供给，导致贫困人口的生活状况恶化。

除了政治危害和经济危害之外，腐败还会造成严重的社会危害。现代社会运行的基石是公共信任，人与人之间的信任关系一旦被腐败侵蚀，会导致社会运营成本的急剧提高。例如，堪称社会良心的公益慈善事业，近两年就因为本身缺乏公开透明而遭受了广泛的社会质疑。为了反映公益基金会行业的公开透明状况，中国基金会中心网与清华大学廉政与治理研究中心共同开发了中基透明指数（FTI）。截至 2014 年 12 月，全国 3050 家公益基金会的 FTI 平均得分仅为 49 分，不到满分 100 分的一半。换言之，中国公益基金会行业的透明状况整体不及格。更有甚者，全国有 20 多家基金会除了能找到名称之外几乎无其他任何公开信息，还有 40 多家基金会甚至不向社会公布联系方式。① 公益组织的不透明极易滋生腐败和丑闻，由此引发了整个公益慈善行业的信任危机。

综上所述，腐败堪称国家巨患和社会毒瘤，因此反腐败是每个国家都

① 中基透明指数的网址为 http：//www. fti. org. cn。

面临的艰巨任务。那么，正处于腐败高发期的中国应如何推进这项工作？下面我们从国家、组织、个人三大层面来探讨反腐倡廉之道。

二、中国特色的廉政之路

新中国建立后的前三十年，党政干部的思想水平总体较高，腐败并非社会的主要矛盾。20世纪80年代改革开放之初，腐败沉渣泛起，我国被迫开启了改革年代的反腐倡廉工作。到了90年代，腐败与反腐败激烈拉锯，一方面各种腐败手法不断翻新、层出不穷，另一方面各项反腐败策略也不断出台，双方激烈攻防。

通过多年的反腐败工作，高层决策者逐步意识到单纯依靠查办案件等治标措施，无法从根本上解决问题，要想有效扭转腐败高发的态势，必须切断腐败的上游源头。1997年，党的十五大提出了“标本兼治，综合治理”的反腐方针，这是我国反腐败战略的重大转变；党的十六大提出“坚持标本兼治、综合治理的方针，逐步加大治本的力度”；党的十八大进一步完善了反腐战略，明确提出“要坚持标本兼治、综合治理、惩防并举、注重预防方针，全面推进惩治和预防腐败体系建设”。

通过上文可以看出，中国反腐倡廉战略的重心已经从过去的以打击为主过渡到惩防并重。在未来的国家反腐败战略中，预防腐败将会发挥越来越重要的作用。应当说，经过改革开放三十年的探索，我们最终拥有了相对均衡的反腐败战略。

党的十八大以来，我国不断加强反腐败工作，其广度、深度和力度都达到了新的高度，并在打击腐败、预防腐败和反腐国际合作等方面都取得了重要成果。

首先，在打击腐败方面，近两年查处的腐败案件数量以及涉案人数都达到了新高。2014年1—5月，全国检察机关共立案侦查各类职务犯罪案件19854件26523人，立案人数同比上升6.1%。检察机关严肃查办发生在领导机关和领导干部中的职务犯罪，查办县处级以上国家工作人员1577人，同比上升33.1%。[①] 而且，中央重拳“打虎”成绩斐然，党的十八大以来的短短两年时间内已有50余位省部级高官因腐败落马，包含中央政治局常委。

我国在重拳打击腐败的同时，还积极开展了预防腐败的工作，力图从源头上压缩和规范公共权力，从而减少公职人员以权谋私的资本。最重要的预防腐败改革当属行政审批制度改革。我国各级政府掌握的行政审批项目一度泛滥，直接导致了大量的寻租空间和腐败机会。为了整治行政审批乱象，近年来中央政府率先垂范，自上而下强力推进了审批制度改革，各级政府都砍掉了半数以上的审批项目，从而大大减少了官员以权谋私的资本。当然，保留下来的行政审批项目恐怕利益更加丰厚，如不加以有效监管，腐败风险会更大。国家发改委原副主任、国家能源局原局长刘铁男在被新闻记者实名举报后自知在劫难逃，在最后三个月内突击审批了50多个大型能源项目，就是一个典型的例子。

在依靠制度创新预防腐败的同时，很多地区还积极探索利用现代信息技术预防腐败。例如，深圳市率先开发了电子监察系统，通过对电子政务系统网上审批的实时监控，有效克服了过去以人为主的监督所存在的主观性、滞后性等问题。我国未来的预防腐败工作一定是制度预防和技术预防两者有机结合，“把制度交给机器，把权力还给人民”。

在全球化时代，腐败行为日益国际化、全球化，越来越多的腐败行为（如商业贿赂、洗钱等）开始跨越国界。在这种情况下，各国单纯在国内开展反腐败斗争，无济于事。因此，我国在国内积极打击和预防腐败的同时，还广泛开展了反腐败国际合作，同样取得了重要的阶段性成果。

---

① 王治国、徐盈雁、戴佳：《检察机关2014年前5月立查职务罪案19854件26523人》，原载《检察日报》，中国网转载 http：//www.china.com.cn/guoqing/2014－07/04/content_32852787.htm。

首先，我国积极参与了国际廉政规则的制定工作。2005 年，中国成为首批加入《联合国反腐败公约》的国家之一。为履行公约规定的各项义务，中国专门成立了由 20 余个机关和部门组成的部际协调小组，具体承担国内履约的组织协调工作，做好有关国内法与公约的衔接工作。2014 年 11 月，亚太经合组织（APEC）北京峰会正式发布《北京反腐败宣言》，标志着中国在推进亚太地区反腐合作方面发挥了主导作用。

在广泛开展多边反腐合作的同时，中国还显著加强了与各国的双边司法合作，以解决信息共享、执法协作、追逃追赃等问题。据《中国的反腐败和廉政建设》白皮书统计，中国已与 68 个国家和地区签订了 106 项各类司法协助条约。最高人民检察院已与 80 多个国家和地区的相关机构签署了检察合作协议。公安部与 44 个国家和地区的相关机构建立了 65 条 24 小时联络热线，同 59 个国家和地区的内政警察部门签署了 213 份合作文件。为了具体落实双边合作，我国与美国建立了中美执法合作联合联络小组，并设立反腐败专家组，与加拿大建立了司法和执法合作磋商机制。

上述合作取得了重要成果。例如，公安部 2014 年 7 月启动海外“猎狐行动”，截至 11 月 24 日，已自 57 个国家和地区抓获在逃境外经济犯罪人员 329 人，其中 149 人主动向公安机关投案自首。①

综上所述，经过多年的探索和实践，我国已经形成了完整的反腐战略，并且在打击腐败、预防腐败和反腐国际合作方面都取得了重要的阶段性成果。今后，我们必须继续依靠党的坚强领导和人民群众的积极参与，坚定不移地发展民主、法治和市场经济，走有中国特色的廉政建设之路。

上文主要探讨了我国宏观层面的反腐战略和举措。那么具体到一个单位，如何在日常工作中推进反腐倡廉工作？下文将对廉政的中观层面进行探讨。

---

① 《海外追逃大限日到期“猎狐行动”浙江抓获 43 人》，新华网转载《新京报》报道，http：//www. js. xinhuanet. com/2014 - 12/02/c_ 1113478438. htm。

三、组织廉洁之道：以预防为基石，以消除腐败机会为核心

单位反腐倡廉工作的重心何在？关键在于预防腐败。很多腐败案件一旦发生，往往会使单位遭受灭顶之灾，其负面影响很难完全消除。因此，预防应成为单位反腐倡廉工作的核心任务。

正如预防疾病首先要找到病因和病理，预防腐败的前提是要找到腐败行为的发生机理，然后设法破解其必要条件，从而达到釜底抽薪之效。

腐败行为作为复杂的智力犯罪，是否需要借助一定的条件？答案是肯定的。当事人为了逃避处罚，必须设法掩盖自己的行为，以解决自身如何“安全退出”的难题。要做到这一点，腐败行为主体就必须利用一定的条件和机会。

腐败行为究竟需要借助哪些条件？我在理论专著《预防腐败》一书中提出，腐败行为需要三大必要条件，即资源和权力、腐败动机和腐败机会。

首先，当事人必须掌握一定的权力或资源，这是腐败行为的本钱。需要说明的是，权力和资源并不一定是公共权力和公共资源，因为时下腐败行为早已泛化。收款员、出纳员、停车场收费员、仓库保管员都能接触到资源，理论上都有以权谋私的可能性。

一个人掌握权力和资源，是否一定会以权谋私？不一定。他还需要以权谋私的心理动机。腐败行为绝大多数情况下是个人的自愿选择，被别人胁迫或欺骗而腐败的情况并不常见。既然是自主选择，就要为自己的选择承担责任、付出代价。

一个人掌握权力和资源，也想捞一把，是否一定能够得手？不一定。他还需要第三个条件，即腐败机会。何为腐败机会？就是帮助当事人当时在不被发现的情况下以权谋私的机会和条件。请注意，当时不被发现并不意味着永远不被发现。腐败机会可以管一时，但绝不可以管一世。

腐败机会究竟是如何产生的？无规可循、有规不循、制度缺陷是最常见的三种腐败机会来源。例如，北京市最年轻的一名贪污犯落网时只有19岁。他能够轻易得手，直接原因在于其所在企业为了减员增效，完全无视会计和出纳必须分设这一最基本的财务制衡原则，让他同时担任会计和出纳这两个职务，使其能够左右手互倒，大肆贪污挪用。在这个案件中，单位之所以发案，究竟是因为小伙子本人太聪明，还是单位领导过于疏忽大意？谁应承担主要的法律责任？这是制度执行不力导致腐败机会的典型案例。

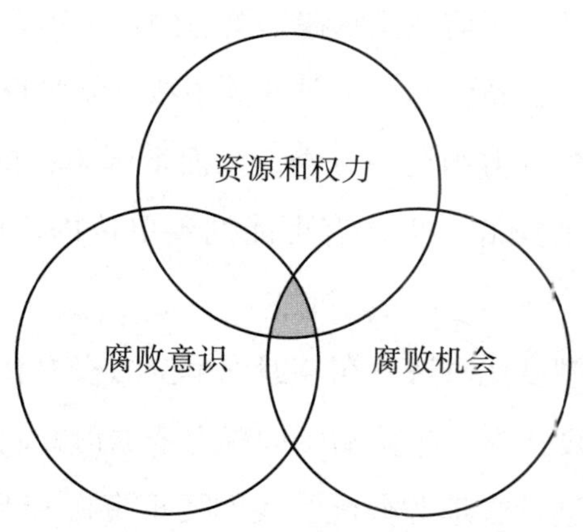

图1　腐败行为的三大必要条件

如图1所示，一般只有当三个条件同时存在的情况下，腐败行为才能发生。这三大条件所发挥的作用各有不同。其中，权力是资源条件，腐败意识是心理条件，而腐败机会则是制度或技术条件。当三者同时存在，发生腐败案件几乎是必然的结局。

与上述的解释模式相对应，反腐倡廉主要有两种战略选择：一种是在下游查处已经发生的腐败行为（治标），另一种则是在上游消除腐败行为的必要条件，从而达到防患于未然的目的（治本）。

与上述的腐败行为解释模式相对应，治本工作又分解为四大具体任务：一是有效地压缩、约束和规范权力；二是抑制公职人员的腐败动机；三是及时有效地发现并消除腐败机会。在这三项任务之中，权力可以被压缩、约束和规范，但是无法消除；腐败意识可以通过警示教育等方式被抑制，但由于人侥幸心理的存在，同样不可被根除。因此，预防腐败的关键在于发现并消除腐败机会，这是单位反腐倡廉工作的关键。

腐败风险是一种客观存在，我们不能一味回避，而必须正确面对、超前预防。如何在本单位发现并消除腐败机会？主要有四种方法：

第一种方法是资源梳理法。权力和资源是腐败行为最重要的前提条件，所以预防腐败的首要前提是掌握本单位的权力和资源家底。例如，单位有哪些主要的业务链条？每一个业务链条涉及哪些权力的行使和哪些资源的流转？只有通过权力和资源普查，全面掌握单位的权力和资源总量，才能够从源头上摸清家底，也才有可能发现单位内部的管理漏洞和监督盲区。

第二种方法是制度比对法。在掌握了单位的权力和资源家底之后，需要将其逐一进行制度比对。单位的每种权力依据何种制度具体行使？每种资源按照何种规则进行管理和分配？我们要把资源和制度进行一一匹配，同时检验各项制度的执行力度和执行效果。在逐一匹配之后，那些有权力无责任、有资源无规则的情况，自然就是个人自由裁量权大行其道的空间，也就是以权谋私的温床。

第三种方法是案例研究法。常言道：亡羊补牢，犹未晚矣。我们通过已发生的案件可以反推出其中的腐败机会，然后溯本求源，找到并堵塞现有管理体系中的漏洞，以此来排查和化解潜在的腐败风险。其实，孤立的案件看似个个都有所不同，但是一旦把它们整合起来分析，其犯罪手法和发案规律就会浮现出来，相应的预防措施也就一清二楚。

第四个方法是举一反三法。案例研究法是研究本系统、本单位的前期案件，举一反三法则是突破地域和部门局限，从一切腐败案件中吸取教训。因为公共部门管理体系内在的相似性，从理论上讲每一个腐败案件对于本单位都有深刻的警示作用。真正的高手要吸取别人的教训，而不是自己以身试错。

上述这四种方法能够帮助发现本单位的大部分腐败机会，从而达到防患于未然的目的。

四、个人廉洁之道：四大误区、两大原则与三大保障

上文主要分析了国家和单位层面的反腐倡廉工作，最后我们回归到最微观的个人层面，探讨领导者个人的廉洁自律。

人生是一个不断应对和管理风险的过程。作为公职人员尤其是领导干部，首先要防范政治风险，同时还要防范经济风险、法律风险、人身意外等。

腐败行为堪称是各类人生风险的集大成者。腐败行为一旦败露，当事人往往身败名裂、家破人亡。但是，很多人为何明知腐败行为风险重重，仍然不惜以身试法，甚至是前赴后继？为什么从“59 现象”到“29 现象”再到“26 现象”，腐败主体的年龄门槛在不断降低？这似乎违反了“理性人”这一基本的经济学理论。经济学理论认为，人是趋利避害的理性个人，所以在面对高风险行为的时候，做与不做的决策主要取决于当事人对此事的预期成本和预期收益的估算。一般情况下，只有当预期收益远远大于预期成本时，此人才会做这件事情。那么，为什么明知腐败行为风险重重，还有这么多人敢于以身试法？为什么所谓“理性人”反而不理性？这是因为人的理性是相对的，人在面临利益选择之时往往存在四大思维误区。

第一个误区是人容易高估收益而低估成本。当我们选择时，往往习惯于关注事情一旦成功后的诸多收益，而忽略事情失败后的各种成本。在当前的全民创业时代，大家明知初创企业多以倒闭而告终，仍然热衷于创

业，就是这种心理在起作用。

第二个误区是人容易高估现实收益而低估未来成本。如果收益在前而成本在后，两者之间有时间差，很多人会选择先取甜头，把能拿到的利益先拿到手里，而忽略今后可能付出的成本和代价。这就是典型的侥幸心理。

第三个误区是人容易高估自己成功的可能，而低估自己失败的机率。即使在股市暴跌之时，还有很多老年人不惜拿出自己的一生积蓄进场抄底。每位老人在进场之时都认为自己会一夜暴富，而实际上散户盲目进场，大多会血本无归。这是人的盲目自信在作怪。

第四个误区是人容易高估自己的智商而低估别人的智商。越是成功者，越容易存在这种心理倾向。职业生涯一路顺风顺水，会使人高估自己的能力并低估别人的能力，往往认为自己的运作天衣无缝、滴水不漏。这种成功人士一旦失手，往往前功尽弃、元气大伤。

人生风险重重，领导干部又是商人等逐利群体重点拉拢的对象，应如何加强自我保护？有两个原则可以作为护身之法。首先是香港廉政公署开发的“阳光原则”。简而言之，当我们面对制度未明确规定究竟是否可为之事时，只要问自己一句话，如果此事被第三个人知道，我还敢做吗？如果只要有另外一个人知道，我就马上缩手，此事注定有较高的法律危险，要尽量避免。

第二个原则是广泛应用于各类生产型企业的“安全生产三原则”：第一，我首先遵循安全规则，绝不伤害自己；第二，我绝不伤害别人；第三，要防止被别人伤害。首先我们自身廉洁自律，同时绝不拉别人下水，另外也要防止别人处心积虑地把我们拉下水。这样你我就都安全了。

如果我们能够综合采用“阳光原则”和“安全生产三原则”，可以识别日常生活中大部分的腐败风险。

人生在世，风险重重，每个人都需要找到靠山。那么人生最可靠的保障是什么呢？

首先是天理。何为天理？《菜根谭》有言：生民生物。宇宙法则使万物生存、发展、繁衍。那么何为违反天理？就是反其道而行之，残害生命、侮辱人格、恃强凌弱、落井下石、乘人之危等行为都有违天理，必遭天谴。

人生的第二大保障是国法。我们都认为法律相当烦琐，其实法律既是对人最大的束缚，亦是对人最大的保护，法律之内基本可以高枕无忧。

人生的第三大保障是良心。如果一件事情尚未上升到天理与国法的高度，究竟做还是不做，要用良心去检验。何为良心？如果一件事我们每次想起来内心就隐隐作痛，此事可能就有违人的基本良知，应当竭力避免。

人生在世，当以天理、国法和良心为依归，方能光明磊落、俯仰无愧。

五、中国廉政建设的未来发展趋势

使广大干部不敢腐、不能腐、不想腐，是廉政建设的三大目标。党的十八大以来的反腐高压态势使得干部“不敢腐”的近期目标已经初步实现。中国廉政建设的中期目标应设定在“不能腐”上，即通过采取更多的治本之策，降低腐败行为的可能性和成功率。具体地说，就是要逆流而上，追根溯源，从查办个案上升到防范类案，从关注行为到关注制度，通过堵塞上游的制度漏洞来预防腐败，这才是解决腐败问题的根本之道。在“不能腐”的基础之上，再通过长期不懈的思想政治教育以及适当改善公职人员的待遇，最终实现“不想腐”这一远期目标。

要实现上述目标，我国廉政建设应致力于“四化”建设，即法治化、社会化、国际化、信息化。

廉政建设“法治化”，就是要全面提高反腐倡廉的法治化和制度化水平。首先，公共权力本身要实现法治化，要对各类各级公共权力进行普查、清理、确认、公开，实现公共权力的公开透明运行。这是从源头预防腐败的最有效举措；其次，廉政工作体系要实现法治化，各反腐部门（如纪检、监察、检察院）之间的权利义务、分工协作关系要以法律的形式固定下来；再次，廉政规则要实现法治化，党规政纪国法要加强衔接、整合与提升，最终整合为一套更为简明高效的廉政规则体系。

廉政建设“社会化”，就是要夯实廉政建设的社会基础。公职人员并非生活在真空之中，其意识和行为深受社会风气影响。鉴于腐败现象已蔓延到社会的各个领域，仅靠在党政系统开展廉政建设，无法从根本上防止社会风气对公职人员的污染与侵蚀。在这种情况下，我们不应局限于党政部门的廉政建设，而应扩大反腐倡廉的工作范围，致力于构建廉洁社会，力图为廉政建设奠定坚实的社会基础。廉洁社会建设包含一些具体任务，例如以打击商业贿赂推动经济领域的廉政建设，以公益慈善组织的信息公开和廉洁管理推动社会领域的廉政建设，以青少年廉洁教育提高未来成年人人群的整体廉洁意识，等等。

廉政建设“国际化”，就是通过打造全球反腐之网，堵塞腐败分子的“安全退出”渠道，以此来惩罚和震慑腐败犯罪。今后我国的反腐国际合作应把握三个要点，即扩展网络、抓住节点、内外联动。扩展网络，就是要加快同更多国家签订双边司法合作协议，消除全球反腐之网的盲点和盲区；抓住节点，就是要优先同一些关键的国家和地区加强反腐合作，力争在关键节点上实现重点突破，这些国家包括中国外逃贪官的主要目的地国、中国海外投资的主要流向国、国际金融枢纽（新加坡、瑞士等）；内外联动，就是国内外司法机关要建立信息共享和案件联动机制，实现国内外同罪同罚。例如，对于外国司法机关已查处的跨国公司在华行贿行为，国内司法机关应有所作为。

廉政建设“信息化”，就是要显著加强预警能力和主动发现腐败行为的能力。以高官腐败案为例，很多官员的腐败行为潜伏期长达十余年之久，而且其间一路被“带病提拔”。贪官能够长期潜伏，主要是制造和利用了信息不对称。在大数据时代，这种悲剧不应继续存在。各政府管理部门应通过主动和充分的信息共享，提高对关键岗位关键人员的监控能力。2014年底出台的不动产登记制度向这个方向迈出了重要一步。今后应尽快建立连通银行、证券、保险、工商注册、不动产登记的官员资产信息系统，力求及时发现腐败嫌疑，及时进行预警，防止小案拖成大案，小贪拖成大贪。

纵览古今中外，腐败始终阴魂不散，时刻困扰着人类社会，“历史周期律”犹如达摩克利斯之剑，始终高悬于天际。腐败与反腐败之间的斗争将长期进行，不可能毕其功于一役。虽然前路漫漫，但是我们坚信在党的正确领导下，在全国人民的共同支持下，我们一定能够跳出“历史周期律”，实现廉洁政治与长治久安。

主讲人简介

杨伟民

现任中央财经领导小组办公室副主任。1982年吉林大学经济系毕业，历任国家发改委发展规划司副司长、司长，国家发改委副秘书长、秘书长。长期从事中长期规划和宏观政策的研究制定工作，是国家一系列重大规划与政策制定的参与者和执笔人之一。参与了国家“九五”计划纲要的起草，是国家发改委“十五”计划纲要、“十一五”规划纲要起草组组长，“十二五”规划纲要领导小组副组长，参与了中央“十一五”规划《建议》和“十二五”规划《建议》起草。主持编制了《全国主体功能区规划》《汶川地震灾后恢复重建规划》等重要规划。参与了党的十八大报告起草工作。

“开发，尽管不是必然的罪恶，但开发必须有节制，必须控制。尤其是在环境危机的今天，经济效率不应是唯一的考量。我们需要更多的绿地和农地，来净化人类活动所产生的脏空气和脏水，来让动植物有个栖身之地，来确保国家有稳定的粮食供给。这些，都需要我们在城市化、工业化的开发中，有点自律精神，保留必要的农业空间和生态空间。”

第九讲　中国生态文明建设之路*

杨伟民

党的十八大报告有很多亮点，其中能够被称为重大历史性贡献的内容，我以为主要有三点：第一，十八大报告首次比较完整系统地阐述了中国特色社会主义的内涵，更加明确了我们坚持和发展中国特色社会主义到底要走一条什么样的道路。第二，十八大报告关于科学发展观的表述，从十七大所提的“重大战略思想”，改为“指导思想”，成为我们党和国家长期坚持的指导思想。第三，十八大报告把中国特色社会主义总体布局从四位一体改为五位一体，把生态文明建设纳入其中。这就将生态文明建设提升到与经济建设、政治建设、文化建设和社会建设同样重要的位置上，对保障国家经济持续健康发展和改善人民生活质量非常重要，对于中华民族的永续发展将产生长远的战略影响。

我在这一讲结合十八大报告关于推进生态文明建设和建设美丽中国的

---

* 本文系杨伟民同志 2013 年 4 月 11 日在中央国家机关司局级干部选学“中国国情与中国道路”专题班授课讲稿，沈若萌协助整理。

精神，介绍一些新提法、新要求的背景，并作相应分析。

一、生态文明的内涵与基本特征

理解生态文明的内涵，首先要理解人类文明的演进。马克思主义对人类文明演进的总结，主要是从人与人关系的视角出发的，将人类文明划分为原始社会、奴隶社会、封建社会、资本主义社会、社会主义和共产主义等若干阶段。学术界也有另一种人类文明的划分标准，是从人与自然关系的视角出发的，因为人类文明的历史不仅是人与人之间的关系，也一直在处理人与自然的关系，一旦这对关系没有处理好，就会反过来激化人与人矛盾的爆发，最终导致社会的崩溃。这种观点将人类文明史划分成原始文明、农耕文明和工业文明等几个阶段，工业文明之后，如果人类可以处理好人与自然的关系，就可以进入到新的阶段——生态文明阶段。

从人与自然关系的角度来看待人类发展史，最初的原始文明阶段大约从史前400万年前开始。当时的人类完全被动接受自然，原始的生产力水平使人们无法改造和征服自然。到距今1万年的农耕文明阶段，人类开始对自然进行探索和初步开发。铁器发明之后，人类改造自然的能力大幅提高，开始改造自然。所谓农耕就需要开垦耕地，因而需要砍伐森林得到可供耕种的土地，这就是对自然的重大改造。到距今300多年前，人类开始进入工业文明阶段，人类开始征服自然、利用自然，现在科学技术和大机器工业的出现，使人类改造自然的能力远超农耕文明阶段。

面向未来，生态文明可能取代工业文明成为新的文明形态。如何理解这种文明形态，首先就需要理解生态文明的含义。“生态”一词起源于古希腊语，是指家或周边的环境。从哲学角度讲，生态和环境两个概念并不相同。环境是指人类周边的自然环境，是从人类中心主义出发提出的概念。而生态的概念则是将人类和自然放在平等的视角下，你中有我，我中有你，而不仅仅把自然看作人类周边的环境。

生态和环境是两个相近的概念，但实际上差别很大，不能混用。生态概念范畴的产生需追溯到19世纪中期，1866年德国生物学家海克尔最早提出了“生态学”的概念。1935年英国学者坦斯利首次提出“生态系统”的概念。1944年日本学者梅倬忠夫率先用生态史观来研究文明史，也就是从人与自然关系来研究人类文明史，并认为自然环境、生态条件对于文明史的进程有着重要的作用。他的观点后来被很多学者所认同。

到二十世纪六七十年代，发达国家陆续出现以“六大公害”① 为代表的重大生态危机，并产生了巨大的社会问题。生态危机促使人类对生态的认识开始转化为实践。1962年美国学者雷切尔·卡森发表了代表作《寂静的春天》，介绍了由于DDT农药使用毒死了大量鸟类，引发生态系统破坏的事件，引发了广泛的社会反响。1972年罗马俱乐部发表报告《增长的极限》提出了可持续发展理论的雏形。1987年联合国发表了报告《我们共同的未来》正式提出了可持续发展的概念，之后的联合国大会通过了共同宣言，然后又陆续通过了《里约宣言》和《21世纪议程》。可见，自20世纪80年代开始的可持续发展道路从理论走向了实践，正确处理发展和环境的关系，被提到政治层面，成为世界各国的实践行为。

1995年美国学者莫里森在《生态民主》一书中首次使用了“生态文明”一词，认为生态文明将会成为取代工业文明的一种文明形态，在这之前经济学界一般将其称之为后工业化文明，与工业文明相对应，而没有将其提升到新的文明形态的高度。

总结看，目前对“生态文明”的概念有两种定义。狭义定义认为，

---

①　指发生于20世纪的六大生态危机事件，包括比利时马斯河谷烟雾事件（1930年）、美国洛杉矶烟雾事件（1943年）、美国多诺拉事件（1948年）、英国伦敦烟雾事件（1952年）、日本水俣病事件（1953—1968年）、日本四日市哮喘病事件（1955—1961年）。

生态文明只是工业文明当中与政治文明、物质文明、文化精神文明并列的一种文明形态，通过更加尊重自然的办法来利用自然，有一定进步，但是这种观点的支持者不认为生态文明可以取代工业文明。另外一种广义定义则认为，生态文明将是未来可以取代现在工业文明的一种新的文明形态。

生态文明的第一个基本特征是人与自然和谐，这是生态文明的本质要求。原始文明时期人与自然是和谐的，因为人类没有力量去改造自然。农业文明时期，就全人类和整个地球生态来讲，总体上也是平衡的，但局部地区曾经出现过生态遭到重大和毁灭性破坏，最后导致社会发展难以为继文明衰落或大范围文明转移的情况。像黄河文明、古印度文明、古巴比伦文明和古埃及文明都曾经发生过文明中心的转移，其中就有原有地区生态破坏难以为继的原因。而像玛雅文明、复活节岛，等等，尽管还能够看到原有文明的辉煌，但由于对原有生态的毁灭性破坏，人口快速减少，社会崩溃，最终使文明崩溃。到工业文明时期，人类征服自然的能力和改造自然的能力极大提高，同时也给自然带来了很大伤害，这是人与自然关系很不和谐的阶段。进入生态文明阶段，首先要求人类在继续走工业化道路、继续创造物质财富的同时，尊重自然、顺应自然、保护自然，给自然留下休养生息的空间和时间。

生态文明的第二个基本特征是一种新的文明境界。工业文明时期人们认为文明就是人类征服自然和改造自然的胜利。但是生态文明对文明的看法不一样，它认为人与自然是平等的，人类不是自然的上帝，自然更不是人类的奴仆。在生态文明的概念里，自然对人类来讲有两个方面的价值：一方面是经济价值，例如煤炭、石油等支持经济发展的资源；另一方面则是支持人类生存的基本条件，包括水和空气等保障人类健康生存的资源。

生态文明的第三个基本特征是一种新的社会形态。生态文明不仅仅是节能减排，而是要把生态文明的理念和原则全面贯彻到我们经济建设、政治建设、文化建设、社会建设的各方面，最终贯彻于整个现代化的全过程。由此可以知道，十八大报告中的“生态文明”，是指一种新的文明形态和社会形态，而不是狭义地处理工业文明进程中的人与自然关系；是贯彻在工业化、城镇化和农业现代化等全过程的文明形态，而不是仅限于几方面的工作。因此，生态文明不是凭空而来的，它是建立在工业文明发展到一定阶段以后的产物。如果还吃不饱、穿不暖，人类可能对自然生态就不会很在意，但一旦生存需求基本得到满足，人类对生态文明的需求就会越来越强烈。

人类社会目前仍然处于工业文明时代，虽然生态文明未来可能会取代工业文明，但可能会比较久远。因此当前我们主要任务还是工业化。按照十八大报告，到2020年我国才基本实现工业化。工业化仍然是绝大多数国家的共同追求，即使是欧洲、美国和日本这些实现工业化的国家和地区，仍然没有真正走出工业文明，走入生态文明，最近几年又提出“再工业化”。面对中国现阶段的要求，我们需要在工业化的同时不断加入生态文明的理念和原则。

二、生态文明建设的国情背景

生态文明的概念不是中国共产党提出的，但将生态文明建设放到国家五位一体建设的重要位置上，则是中国共产党的伟大创举。之所以要将生态文明提到前所未有的高度，有三方面原因：第一是出于保持经济健康发展的目的。十八大报告中已经没有以往“又好又快发展”的提法，而是改为“持续健康发展”的提法。中央已经注意到生态环境问题对持续健康发展的影响，因而主动调低了对于经济增长速度的预期。第二是为了满足人民生活质量提升的迫切需要，生态环境问题已经成为老百姓最关心的问题，比如北京的雾霾天气已经演变为公共安全问题和社会问题。第三是为了实现中华民族的永续发展。十八大报告总结当前的资源环境问题，包括资源约束趋紧、环境污染严重和生态系统退化三个方面，这也是在党的文件中首次讲到环境污染严重，体现了直面严峻生态环境形势的勇气。从国外的历史经验来看，生态环境危机不仅可能带来社会危机，还可能使政府倒台。因而治理生态环境问题，长远来讲也与国家稳定和党的执政基础稳定有紧密的联系。

当前资源约束紧缺是我国的基本国情。目前我国能源人均储量最高的是煤炭，但也只相当于全球平均水平的86%。石油对外依存度也依然在较高水平。从淡水资源情况看，全国缺水量总计达到536亿立方米。资源约束特别是能源对外依存度问题正在对我国的发展战略产生越来越大的影响。

环境污染严重更是人们普遍有切身体会的问题。我国大气污染物排放和水污染都十分严重，可以说已经达到了临界点，再不扭转将面临十分危险的境地。例如北京的PM2.5排放如果以国际标准来看已经十分严重，再比如地下水污染已经开始对饮水和食品安全带来直接的影响。

生态系统退化趋势依然明显。全国水土流失面积、沙化面积和石漠化的问题得到一定遏制，但新的生态问题不断涌现，如地下水超采依然严重，带来地面沉降等。

只有弄清当前存在的问题，才能够对症下药。最近30余年尽管我们希望走不同于传统工业化国家“先污染，后治理”的老路，但实事求是地说我们还是走了老路，没有走出这个怪圈。

三、生态文明建设的理念和原则

十八大报告提出了六个生态文明的理念和原则，其中开发强度、空间结构、主体功能、生态产品等四个概念是直接提出来的，空间均衡、承载能力两个概念是通过“人口资源环境相均衡、经济社会生态效益相统一”的论述体现出来的。这六个首次在中国共产党文件中出现的重要概念，是我们推进生态文明建设需要牢固树立和把握的理念和原则。

空间均衡

空间均衡，就是在一定空间单元内，以满足人的需要、提高人的生活水平为目的，以资源环境承载能力为基础，实现人口、经济、资源环境承载能力三者之间的均衡。

树立空间均衡的理念和确立空间均衡的原则，对如何正确认识和科学地促进区域协调发展，对促进人与自然的和谐发展、促进生态文明建设具有重大意义。如果不树立空间均衡的理念和原则，不从根源上考虑转移生态脆弱地区的人口，就挡不住这类区域根据其“发展权”进行的经济开发，也就无法从源头上扭转生态恶化的趋势。当生态被严重破坏后，就不得不花费大量资金进行退耕还林、退牧还草，以及一批又一批的“生态建设”工程。再如，如果不树立这一理念和原则，不从根源上控制资源环境承载力已经减弱区域的开发强度，不推动这类区域调整已经不适应资源环境承载力的产业结构，也就挡不住其继续消耗更多的能源、更多水资源，难以从源头上控制污染物排放的增加。还有，如果不树立这一理念和原则，不从根源上严格掌控“城市病”已经很重的超大城市中心城区城市功能，不推动这类城市适度疏解一些城市功能，放任其继续拓展和强化经济中心、工业基地、商贸物流中心、交通枢纽、航运中心、教育中心、研发基地、医疗中心等的功能，也就堵不住人口的蜂拥而入，挡不住房价的“蒸蒸日上”，也难免道路交通的拥挤不堪、环境的不堪重负，特别是雾霾的频频光临。

在经济发展条件较好的区域，适宜人口高密度居住的区域，应当想办法把经济转移过来，就业岗位增加，人口自然流过来。反之，不适宜人居住的、经济发展条件较差的区域，不能引导经济向那里转移，否则人口增加后，既是对生态资源的破坏，经济效率也不高。空间均衡要求把经济引导到适宜人居住的空间，不能引导到高山峻岭、戈壁荒滩、黄土高原上。

总之，要实现空间均衡，在一定空间内，是移动人、移动经济、移动资源，要充分考虑哪个更合算。政府的作用是为人口的移动做好规划等方面的准备，不是强迫人的移动。确立空间均衡的原则，就要从战略上规划好我国未来的14亿人口、上百万亿的GDP在960万平方公里的陆地国土空间上如何分布，并与18亿亩的耕地、2.8万亿立方米的水资源以及其他资源的分布总体适应。

生态产品

生态产品，是指维系生态安全、保障生态调节功能、提供良好人居环境的纯自然要素或经过人类加工后的人工自然要素。

产品通常是指经过劳动加工制造而生产出来的产品，按照产业分类，从生产角度产品可以分为农产品、工业品和服务产品。但是，产品是用来满足人们需求的，人们的需求除了对农产品、工业品和服务产品等产品的需求外，也包括对清新空气、清洁水源、舒适环境、宜人气候等的需求。产品既可以从生产角度定义，也可以而且应该从需求角度进行定义。从需求角度，清新空气、清洁水源、舒适环境、宜人气候也具有产品的性质，因为它能满足人的需要。我们应该与时俱进地丰富产品的内涵，确立生态产品的产品性质，确立提供生态产品也是发展的理念。

生态产品的生产需要生态空间，即森林、草原、湿地、湖泊、海洋。生态空间除了产生满足人们生存需要的生态产品外，还通过诸如吸收二氧化碳、制造氧气、涵养水源、保持水土、净化水质、防风固沙、调节气候、清洁空气、减少噪声、吸附粉尘、保护生物多样性、减轻自然灾害等功能，满足人们保持身心健康和提高生活品质的需要。

生态产品的特性，一是地域性，即生态产品只是在一定的空间单元发挥作用。二是不可计量性，即生态产品不像其他产品那样，可以分割消费，其消费是集团性的。三是生态产品是无形的。森林、草原、湿地、海洋是提供生态产品的"耕地""机器"，是生态产品的"生产能力"，但它们本身并不是生态产品。若是破坏了这些生产能力，生态产品的数量就会减少、质量就会降低。

将生态产品定义为产品的重要意义在于：一是有利于从思想深处树立人与自然平等、人与自然和谐的理念。人类与自然是平等的，人类不是自然的奴隶，人类也不是自然的上帝。在开发自然、利用自然中，人类不能凌驾于自然之上，人类的行为方向应该符合自然的规律。二是有利于解决重点生态功能区的发展权问题。重点生态功能区也有人类居住和生活，他们也有发展权，也有谋求过上美好生活的权利，只不过发展的内容不同，不是生产有形的农产品或工业品等物质产品，而是通过保护自然、修复生态提供生态产品。重点生态功能区保护和修复生态，就是落实科学发展观，就是坚持了发展为第一要务。三是解决"生态补偿"的理论依据。生态产品也是有价值的，因而也是可以"卖"的，只是由于技术上无法切割或计量每位生产者贡献的大小和每位消费者消费的多少，只能采取政府购买即"生态补偿"的方式进行交换。所以，所谓"生态补偿"，实质上是政府代表生态产品的消费者购买重点生态功能区提供的生态产品。

树立生态文明的理念，就是要树立自然价值的理念，使生态产品成为需要付费的产品。生态文明建设的成果就是生态产品，工业文明的成果是工业产品的极大丰富，生态文明的成果就是生态产品的极大丰富和质量提高。

承载能力

资源环境承载能力，是指在自然生态环境不受危害并维系良好生态系统前提下，一定地域空间的资源禀赋和环境容量所能承载的经济规模和人口规模，主要包括水、土地等不宜跨区域调动的资源，以及无法改变的环境容量等。资源环境承载能力，体现的是尊重自然、顺应自然、保护自然的生态文明理念。资源环境承载能力是不以人的意志为转移的客观规律，是物理极限，不是价格机制所能决定的，当严重超出资源环境承载能力时，就会带来对自然的严重破坏直至人类的毁灭。

资源环境承载能力是自然决定的，因而是客观存在的。不同空间的自然条件不同，资源环境的数量和种类不同，集聚人口和经济的能力就不同。当然，承载能力的大小不是绝对不可变的，但不能产生根本性改变。社会进步和科技进步，可以提高一定地域空间的承载能力，但社会进步和科技进步提高承载能力的程度在一定的历史时期内是有限的。一定地域空间承载人口的能力，取决于人的消费水平及其为满足这种消费而形成的产业结构状况。重点生态功能区、农产品主产区的产业结构是以提供生态产品和农产品为主，就业能力小，因而承载力就低，必然要有一部分人口逐步转移到就业机会较多、收入较高的城市化地区。一定空间单元内，以高排放、高耗水、高占地为主的产业结构，承载能力相对就低一些。

城市化地区的资源环境承载能力也是有限的，人口和经济的过度集聚也会给资源、环境、交通等带来难以承载的压力，使人们生活得不是很舒服。我国有些地区按地市这一行政单元衡量的国土开发强度已经超过40%，继续开发下去，这些地区就可能变成一块不适宜人类生活的“水泥板”。当地面水资源难以满足需要时，办法无非是两个，一是超采地下水，结果是地面沉降以及未来的基础设施甚至城市的毁灭性破坏。二是长距离、跨区域调水，这不仅要花费输水工程的财务成本，还会给水资源输出地区带来难以估量的负的生态外部性，还会在国土空间铺满输水管网，占用我们本不宽敞的空间。在水资源严重短缺地区，到底是调水，还是“走人”（指不再继续扩张人口规模，不是把现有人口转移出去），需要从全面、长远考虑，不能仅看输水价格能否承受。

主体功能

一定的国土空间具有多种功能，但必有一种主体功能。从提供产品的角度划分，或者以提供工业品和服务产品为主体功能，或者以提供农产品为主体功能，或者以提供生态产品为主体功能。在关系全局生态安全的区域，应把提供生态产品作为主体功能，把提供农产品和服务产品及工业品作为从属功能，否则，就可能损害生态产品的生产能力。在农业发展条件较好的区域，应把提供农产品作为主体功能，否则，大量占用耕地就可能损害农产品的生产能力。因此，必须区分不同国土空间的主体功能，根据主体功能定位确定开发的主体内容和发展的主要任务。

根据自然属性区分主体功能并根据主体功能进行开发具有重大意义。从满足人类需求来讲，三类空间都是稀缺的，因为稀缺所以要选择，要遵循规律进行开发，不能浪费。当然，区分主体功能并不完全排斥其他功能，但若主次功能不分，则会带来不良的开发后果。如，若把天然草原定位为提供农牧产品的主体功能，把涵养水源、防风固沙、保持水土、调节气候、维护生物多样性等作为次要功能，就挡不住牧民尽可能地多放牧，就难免造成草原退化甚至沙化，最终损害提供生态产品的能力。尊重自然、顺应自然，根据不同空间的自然属性确定不同的主体功能，根据主体功能定位进行经济开发，根据经济规模集聚人口，这样，才能从根本上保护自然、保护生态，也才能实现社会公平。

主体功能区的“主体”，就是不排斥其他从属的功能或辅助的功能，农产品主产区也可以适当发展农产品加工等产业，重点生态功能区也可以适当开采矿产资源，也就是说，并不排斥特定的“点”的其他主体功能的开发。

主体功能区的“功能”，是指经优化或重点进行城市化开发和工业化开发后，就形成了城市化地区，其主体功能就是发展经济、提供就业、集聚人口，从城市化形态来看，就是城市群。经限制或禁止进行大规模、高强度的工业化城市化开发后，就形成了以提供农产品或生态产品为主体功能的农产品主产区和重点生态功能区。因此，城市化地区、农产品主产区、重点生态功能区是从结果定义的，优化开发、重点开发、限制开发、禁止开发是从过程定义，针对开发中问题提出的，针对性更强。

空间结构

空间结构，是指不同类型空间的构成及其在国土空间中的分布，是经济社会结构的空间载体。空间结构的变化在一定程度上决定着经济发展方式及资源配置效率。

从提供产品类别来划分，一国的国土空间，可以分为三类空间：第一类是城市空间，以提供工业品和服务产品为主体功能，包括城市建设空间和工矿建设空间，前者主要是城市和镇的建成区，后者是独立工矿区；第二类是农业空间，以提供农产品为主体功能，包括农业生产空间和农村生活空间，前者为耕地、园地和其他农用地，后者为农村居民点和农村其他建设空间，包括农村公共设施和公共服务用地；第三类是生态空间，以提供生态产品为主体功能，包括绿色生态空间和其他生态空间两类，前者主要是林地、水面、湿地，后者为沙地、裸地、盐碱地等形态的自然生态空间。除上述三类之外，一国的国土空间还包括纵横于上述三类空间中的交通、能源、通信基础设施，水利设施空间，以及特殊的军事、宗教等其他用地等。

区分国土空间类型对生态文明建设具有重要意义。一是区分国土空间类型，才能限制人类活动的空间范围，给生态修复留下一定的空间。国土空间的面积是有限的，人类活动占据的国土空间越多，生产农产品的农业空间和生产生态产品的生态空间就越少，生态文明就是人类必须自觉地控制自己的活动范围，尽可能少地占据自然空间。二是区分国土空间类型，才能清晰界定人类活动的空间界限。人类活动的主体空间——城市不能无限蔓延，不能遍地都是人类活动的足迹。三是区分国土空间类型，才能高度重视和有效管理生态空间。有些国土空间在现在的国土分类中被定义为

“未利用土地”，这是人类主体地位价值观的反映。从生态文明的角度看，这些“未利用土地”作为自然存在的生态空间，十分珍贵，更需要保护，也不是可以随随便便开发的。

国土空间根据自然属性及其提供产品的不同存在类别之分，就必然存在结构性问题。从总量上看，目前我国的城市建成区、建制镇建成区、独立工矿区、农村居民点和各类开发区的总面积，已基本能够满足我国工业化城市化的需要，主要问题是空间结构不合理，空间利用效率不高，国土空间被切割得七零八碎，功能定位很不清晰。到处都有树，但成林的少；到处都有田，但成片的少；到处都有工业区，但形成产业链并具有集聚经济的少；到处都有居民点，但形成“入门人口”规模具备城市功能的少。反观已经现代化的一些国家，其较大尺度的国土空间，大体上是“四片两线”：一片森林，一片水面，一片农田，一片城市（或农村居民点），一条河流，一条高速公路或铁路。我国空间结构不合理的问题，概括起来是“三多三少”：一是就农业空间与生态空间来看，生产空间偏多、生态空间偏少。二是就城市空间来看，工业生产空间偏多，城市居住空间偏少。三是就城乡之间的生活空间来看，农村居住空间偏多，城市居住空间偏少。

因此，把经济结构的战略性调整作为转变经济发展方式的主攻方向，不仅要调整那些人们所熟知的产业结构、需求结构、收入分配结构等，也要把调整优化空间结构纳入经济结构调整的内涵，国土空间开发的着力点应放到调整和优化空间结构、提高空间利用效率上来。

开发强度

开发强度是指一定空间单元中建设空间占该区域总面积的比例。建设空间包括城市和建制镇的建成区、独立工矿区、农村居民点、交通、能源、水利设施（不含水面）和军事、宗教等其他建设用地等。

从基本国情看，经对全国陆地国土空间土地资源、水资源、环境容量、生态系统脆弱性、生态系统重要性、自然灾害危险性、人口集聚度以及经济发展水平和交通优势度等因素的综合评价，从工业化城市化开发的角度看，尽管我国陆地国土空间辽阔，但适宜开发的面积少。我国山地多，平地少，约60%的陆地国土空间为山地和高原。适宜工业化城市化开发的面积有180余万平方公里，扣除必须保护的耕地和已有建设用地，今后可用于工业化城市化开发的面积只有28万平方公里左右，约占全国陆地国土总面积的3%。从人多地少空间窄、适宜开发的国土面积较少的基本国情出发，我国必须走空间节约集约的发展道路，必须十分珍惜每一寸国土，特别是平原。

从趋势上看，今后我们既要满足人口增加、人民生活改善、经济增长、工业化城市化发展、基础设施建设等对国土空间的巨大需求，又要为保障国家农产品供给安全而保护耕地，还要为保障生态安全和人民健康，应对水资源短缺、环境污染、气候变化等，保护并扩大绿色生态空间，在国土空间开发中，我们面临诸多的两难挑战。实现现代化，需要占用必要的自然空间，但也要给有限的森林、不多的水源、已经少得可怜的野生动植物，以及保障食物安全的农作物留下必要的空间。

因此，开发，尽管不是必然的罪恶，但开发必须有节制，必须控制。尤其是在环境危机的今天，经济效率不应是唯一的考量。我们需要更多的绿地和农地，来净化人类活动所产生的脏空气和脏水，来让动植物有个栖身之地，来确保国家有稳定的粮食供给。这些，都需要我们在城市化、工业化的开发中，有点自律精神，保留必要的农业空间和生态空间。

四、生态文明建设的总体要求

如何推进生态文明建设？十八大报告给出了明确的回答，就是要把握好以下总体要求：

一是尊重自然、顺应自然、保护自然。在经济发展中，我们比较注重遵循经济规律，但对自然规律尊重不够，一些地区不顾资源环境承载能力肆意开发，对自然造成伤害，削弱了可持续发展能力。要认识到，人类与自然是平等的，人类不是自然的奴隶，人类也不是自然的上帝。在开发自然、利用自然中，人类不能凌驾于自然之上，人类的行为方式应该符合自然规律。我们必须摒弃人定胜天的思维方式和做法，按照人与自然和谐发展的要求，在生产力布局、城镇化发展、重大项目建设中都要充分考虑自然条件和资源环境承载能力。

二是把生态文明建设融入经济建设、政治建设、文化建设、社会建设各方面和全过程。推进生态文明建设，是涉及生产方式和生活方式根本性变革的战略任务，不单单是做好资源环境方面的工作。我们既要做好资源环境等方面相对独立的工作，更要在物质文明、政治文明、精神文明各层面，在经济建设、政治建设、文化建设、社会建设各领域进行全面转变、深刻变革，把生态文明的理念、原则、目标等深刻融入和全面贯穿到中国特色社会主义事业的各方面和现代化建设的全过程，推动形成人与自然和谐发展的现代化建设新格局。

三是坚持节约优先、保护优先、自然恢复为主的方针。节约资源和保护环境是我国的基本国策，制定其他各项经济社会政策、编制各类规划、推动各项工作都必须遵循。节约优先、保护优先、自然恢复为主，就是要在资源开发和利用中，把节约资源放在首位；在环保工作中，把预防为主、源头治理放在首位；在生态系统保护和修复中，把利用自然力修复生态系统放在首位。

四是着力推进绿色发展、循环发展、低碳发展。在经济发展中，要尽可能减少单位产品的资源消耗强度和能源消耗强度，减少污染物排放，减少废弃物产生。积极发展节能产业，推广高效节能产品；加快发展资源循环利用产业，推动矿产资源和固体废弃物综合利用；大力发展环保产业，壮大可再生能源规模。积极发展循环经济，促进生产、流通、消费过程的减量化、再利用、资源化。

五是形成节约资源和保护环境的空间格局、产业结构、生产方式、生活方式。要努力形成同传统工业文明的大量生产、大量消费、大量废弃、大量占用自然空间不同的经济结构、社会结构和发展方式。在现代化建设中，要尽可能集中集约利用国土空间，减少对自然生态空间的占用；提高能源资源消耗少、污染排放少的产业以及循环经济在国民经济中的比重；充分利用节能减排技术和生产工艺进行生产制造；倡导和推行绿色消费、低碳消费、适度消费。

五、生态文明建设的重点任务

今后一个时期推进生态文明建设的重点任务主要有以下几项：

一是优化国土空间开发格局。必须珍惜每一寸国土，按照人口资源环境相均衡，生产空间、生活空间、生态空间三类空间科学布局，经济效益、社会效益、生态效益三个效益有机统一的原则，控制开发强度，调整空间结构，促进生产空间集约高效、生活空间宜居适度、生态空间山清水秀，给自然留下更多修复空间，给农业留下更多良田，给子孙后代留下天蓝、地绿、水净的美好家园。优化国土空间开发格局，必须加快实施主体功能区战略，这是解决我国国土空间开发中存在问题的根本途径，是促进城乡区域协调发展的重大战略举措，也是当前生态文明建设的紧迫任务。要根据《全国主体功能区规划》，推动各地区严格按照主体功能定位发展，构建科学合理“三大战略格局”。一是构建“两横三纵”为主体的城市化格局，即以陆桥通道、沿长江通道为两条横轴，以沿海、京哈京广、包昆通道为三条纵轴，以国家优化开发和重点开发的城市化地区为主要支撑，以轴线上其他城市化地区为重要组成的城市化战略格局；二是构建“七区二十三带”为主体的农业发展格局，即以东北平原、黄淮海平原、长江流域、汾渭平原、河套灌区、华南和甘肃新疆等农产品主产区为主体，以基本农田为基础，以其他农业地区为重要组成的农业战略格局；三是构建“两屏三带”为主体的生态安全格局，即以青藏高原生态屏障、黄土高原—川滇生态屏障、东北森林带、北方防沙带和南方丘陵山地带以及大江大河重要水系为骨架，以其他国家重点生态功能区为重要支撑，以点状分布的国家禁止开发区域为重要组成的生态安全战略格局。

二是全面促进资源节约。要节约集约利用资源，推动资源利用方式根本转变，加强全过程节约管理，大幅降低能源、水、土地消耗强度，提高利用效率和效益。我国人均能源占有量低，能源消费总量增长过快，消耗强度高，能源消费供需矛盾是我国经济发展的长期软肋，必须推动能源生产和消费革命，控制能源消费总量，加强节能降耗，支持节能低碳产业和新能源、可再生能源发展，确保国家能源安全。我国水资源总量不足，时空分布不均，水多水少水脏并存，地下水过度超采，必须加强水源地保护和用水总量管理，推进水循环利用，建设节水型社会。我国人均拥有的土地资源特别是耕地资源不足，人均耕地资源面积逼近保障我国农产品供给安全的红线，必须严守耕地保护红线，严格土地用途管制。同时，要加强矿产资源勘查、保护、合理开发。循环经济是生态文明建设的重要经济形态，必须建立循环经济体系，发展循环经济。

三是加大自然生态系统和环境保护力度。由于部分地区对国土空间的盲目开发、过度开发、无序开发、分散开发，带来和造成了森林破坏、湿地萎缩、河湖干涸、水土流失、地面沉降，沙漠化、石漠化和草原退化，生物多样性锐减，各种灾害频发等自然生态系统严重受损的问题。必须实施重大生态修复工程，增强生态产品生产能力，推进荒漠化、石漠化、水土流失综合治理，扩大森林、湖泊、湿地面积，保护生物多样性。我国污染物排放量超过环境承载能力，部分地区环境质量较差。必须坚持预防为主、综合治理，以解决损害群众健康突出环境问题为重点，强化水、大气、土壤等污染防治。要推进重点流域和区域水污染防治，推进重点行业和重点区域大气污染治理，深化颗粒物污染防治，加强重金属污染和土壤污染综合治理。我国温室气体排放总量大、增长快，人均排放量不断增加。必须坚持共同但有区别的责任原则、公平原则、各自能力原则，同国际社会一道积极应对全球气候变化。

四是加强生态文明制度建设。制度建设是推进生态文明建设的重要保障。要加强生态文明考核评价制度建设，改变唯 GDP 的观念，淡化 GDP 考核，增加生态文明在考核评价中的权重，把资源消耗、环境损害、生态效益纳入经济社会发展评价体系，建立体现生态文明要求的目标体系、考核办法、奖惩机制。要健全基本的管理制度，根据我国国土空间开发管理制度缺失的问题，必须建立国土空间开发保护制度，完善最严格的耕地保护制度、水资源管理制度、环境保护制度，建立资源有偿使用制度和生态补偿制度等。要建立市场化机制，用市场化办法促进资源节约和生态环境保护，积极开展节能量、碳排放权、排污权、水权交易试点。要健全责任追究和赔偿制度，加大责任追究和环境损害赔偿力度。

主讲人简介

韩毓海

现任北京大学中文系教授、博士生导师。1991年毕业于北京大学中文系，获文学博士学位。曾获“五个一工程”最佳电视剧奖、“五个一工程”图书奖。近期著作有《马克思的事业：从布鲁塞尔到北京》《天下：包纳四夷的中国》《人间正道》《五百年来谁著史：1500年以来的中国与世界》等。

“资本主义是文化，社会主义也是文化，一个是建立在对债务的迷信上，一个是建立在对劳动的肯定上。表现在发展道路上，一个推崇投机、赌博、冒险，一个坚持有计划、按比例。资本主义和西方的宗教文化传统有很紧密的关系。中国社会主义文化也与中国传统文化的精华有关系。它是马克思主义与中国优秀传统文化的结合。历史证明我们这个文化、这条发展道路比较好，把它坚持下去就会取得最后的胜利。但是我们对这个问题没有自觉，因此文化上没有自信，以至于经济上崛起了在文化上反而觉得事事不如人。”

第十讲　从文化视角看中华民族伟大复兴*

韩毓海

引论

文化问题非常重要。近代以来中国面临的种种危机，大都表述为文化的问题。当政治的问题、经济的问题以及种种其他问题的讨论不能充分展开，不能找到一个好的表达方式，或者当时的时代不允许采用政治的讨论方式时，大家就说这是一次“文化讨论”。无论是五四时期讲中国文化的危机，还是 20 世纪 80 年代的“文化热”，其实都是这种情况，所以文化问题非常重要。这个词可能很抽象，但是它为非常深刻、非常有意义的政治和经济讨论提供了一个平台，这是因为文化讨论是可以进行的。

文化的问题，说简单也简单。就中国来说，我们今天说的文化主要是三种，即传统文化，西方的资本主义文化，以及我们的社会主义文化。中

---

* 本文系韩毓海教授 2013 年 4 月 9 日在中央国家机关司局级干部选学“中国国情与中国道路”专题班授课讲稿，刘韬协助整理。

国传统文化非常重要的载体就是士，后来是士大夫。士好比是公务员，大夫就是官员，中国历史上只有成为士才能成为官员。中国传统文化几千年的载体就是士大夫，这是中国传统文化的主体。《资治通鉴》一个总体线索就是士大夫演进的历史。比如在其第一卷，战国时代的四公子都是众人仰视的模范。中国传统文化的发展，士的沿革以及官制的沿革，都是以士为抓手的。西方的文化，说复杂其实也简单，就是希腊的、罗马的和中世纪的。反观我们自己的社会主义文化，从五四运动发展到今天，支持我们取得成功的东西究竟是什么？这是一个非常重要的问题，我认为往往是我们自己很以为然的问题往往我们并不知道，是最没有自觉的。所以这个就是我想讲的问题，即我们的“正道”究竟是怎么走过来的。

今天我们来探讨一下什么是资本主义文化，什么是社会主义文化，以及谁好谁坏。资本主义是文化，社会主义也是文化，一个是建立在对债务的迷信上，一个是建立在对劳动的肯定上。表现在发展道路上，一个推崇投机、赌博、冒险，一个坚持有计划、按比例。资本主义和西方的宗教文化传统有很紧密的关系。中国社会主义文化也与中国传统文化的精华有关系。它是马克思主义与中国优秀传统文化的结合。历史证明我们这个文化、这条发展道路比较好，把它坚持下去就会取得最后的胜利。但是我们对这个问题没有自觉，因此文化上没有自信，以至于中国虽然发展起来但却不知道是怎么发展起来的，经济上崛起了在文化上反而觉得事事不如人。这个现象是很普遍的。

邓小平同志讲过，如果以后出问题一定是在文化和思想领域。从表面上看，现在大家都有一点文化危机感。大家似乎有一个共识：经济发展好了，不一定就有文化上的自信心或者文化合法性。有一本书叫《旧制度与大革命》。从各个方面解读这本书的文章很多。这本书有一个启示就是，法国大革命实际上是发生在法国非常积极地、一心一意地发展经济，国家把所有的重心转移到经济发展和国家富强的时候。当时法国没有去注意文化合法性的问题，法国的社会精英甚至全盘否定法国乃至欧洲实施的制度的合法性，所以这本书提出法国大革命在某种程度上是一场从沙龙里掀起的革命。现在中国的经济发展非常好，但是随着经济的发展，怨言不是减少而是增多了，我们听到的都是牢骚抱怨。

再看看奥巴马的做法。2008 年，美国陷入金融危机，这应该是美国走向下坡路的一个关键的历史时刻。2008 年我在纽约，当时《纽约时报》登了一篇文章，说美国已沦为世界的反面典型。连伊朗的总统都敢在联合国大会上笑话美国，说美国完蛋了。可是奥巴马的做法跟我们不一样。我们在经济势头非常好的时候全力保持中国经济的增长和中国社会的科学发展。奥巴马上来以后发现好像美国经济这张牌打不动了，他就转而打文化牌。现在看奥巴马的做法可以总结出来几条。第一条就是世界环境大会。在世界环境大会上，美国从被动向主动转换了。他把世界关注的发展问题、贫富差距问题转向温室气体排放，并顺势把这个“温室气体排放危害全人类”的帽子扣在中国头上了。第二条就是东亚。东亚是世界经济的增长点，美国一改到处打仗的风格，转而扮演和平使者、各国争端的调解者以及小国利益的代言者。随着美国的参与，我们在东南亚出现岛屿之争。第三条是贸易逆差。美国闭口不谈自己发展方式上的弊端，而说是贸易不公正，说这个贸易逆差是通过剥削劳动者造成的。第四条更可笑，将金融危机解释成中国等国家的储蓄太多了。但值得注意的是，奥巴马的四张牌都不是经济的牌，他主要的成绩表现都是在文化方面。奥巴马通过抓住“文化领导权”，力图改变美国在 2008 年以后世界反面典型的形象。我们的经济发展势头他不可能遏制，于是他在文化方面对我们采用“围剿”的措施。美国现在把自己包装成一个“高富帅”，把中国说成“黑富丑”，在文化上鄙视中国。在这样的状况下，我们在包括外交等很多方面面临的一个很重要的问题就是文化的“围剿”。针对这个问题，党的十八大提出来非常重要的一点就是文化发展与文化建设，提出了24个字的社会主义核心价值观。这个核心价值观的表述是非常好的，如果说需要更进一步思考的话，我觉得有两点，一点是需要有中国特色；再一点是需要落实的抓手。

所谓中国特色，我们讲中国文化的发展就是每一个时代因时制宜，文化缺哪一块就补哪一块。如果这个时代太雕琢了，形式主义太严重，太“文”了，我们就要“尚忠”。“尚忠”就是朴素的政治，就是要简约的、朴素的政治。李克强总理说，建设一个朴素的政府。我觉得我们党的十八大以来，新的领导班子给全国人民最深刻的印象就是他们作风的改变，就是我们建设一个朴素的政治。我们讲反腐败，那么反腐败到底怎么落实？现在的腐败不是包公时代的腐败，因此很重要的一点就是对腐败的认识不能停留在农业时代，而且腐败的问题在于它的社会性，并不仅仅是几个官员在一起吃吃喝喝。所以问题的关键是怎么变动整个社会价值观。十八大以后中央转作风的一系列作为，一方面全国人民很欢迎；另一方面是有真正的抓手，表现了我们价值观的中国特点，就是“尚忠”、朴素的政治。

在价值观的建设上，一系列的国家工程是非常重要的，但是文化建设不能走“国家出钱、知识分子做课题”的路子，历史证明这是不行的，或者说，搞文化我们不太能用搞运动的方式。我认为对于文化发展来说，重要的问题不是钱而是时间。我们试想，国民党对于文化采用的方式是在你不反对他的前提下不管。国民党虽然采用了一种遏制学者的方式，但是仍然产生了很多优秀的学者，就北大来说，朱光潜先生、季羡林先生，等等，都是做出了原创性的体系性的学问的。这是为什么呢？说旧社会的知识分子有多好的条件是不可能的，他们那时候生活非常惨，但是国民党不管他们，他们反而做出了好的学问。所以从国家工程和国家体系来建设文化是有必要的。但是一个问题是，价值观是什么呢？这个文化的载体，应该落实到最普通的老百姓身上，很重要的一点就是先从基层开始，核心价值观的提倡仅仅靠几个知识分子是没用的。从最基层的老百姓身上，从他们身上看到核心价值观，大家可以向他们学，这个是很重要的转变。

还要重视基层劳动者的文化。近几年去了井冈山和延安之后我的感觉很强烈，自从他们做的产品进了旅游点之后，老百姓的收入极大地增加。胡鞍钢教授讲，现在文化产品在增加收入和促进就业方面的作用越来越大，特别是在中国的中西部地区，都是制作文化手工业品。中国传统文化不是停留在百家讲坛，而是作为中国的非物质文化遗产，作为老百姓的手工业产品，存在于广阔的中国。在西藏，每一个小姑娘唱得都比韩红好。但是，我们中西部地区生产的大量心灵手巧、多姿多彩的手工艺品走出去、进城，真是太朴素了。比如说，陕西有一种泥砚，我询问价格，店家说50元，陪我去的同志说这怎么可以，20元。后来我到香港，我建议他们把这些手工艺品收集起来。走基层转作风和基层手工业发展，这是我们最近解决文化问题的两个非常好的举措，使我们觉得中国核心价值观有抓手。看了这个之后感到我们国家有希望，同时增加了基层老百姓的收入。

这些问题还是一些表面上的问题，实质上的问题是，社会主义文化和西方的资本主义文化究竟谁战胜谁的问题，对此我们恐怕还缺乏自觉，或者说办法不多。

大家担心的就是邓小平说的，如果我们出问题就可能是在文化上。一方面是僵化；另一方面是不自信。我们在经济制度的创新层出不穷，可以说经济制度方面不会出很大问题。习近平号召领导干部要读点历史，我觉得他太了解我们领导干部和知识分子的状况了，他说所有的领导同志在管理经验方面，在自然科学知识方面，在经济学方面都是非常好的，大家可能缺乏的是马克思主义的理论和中外历史方面的知识，他还说理论可以使你的视野深，历史可以使你的视野宽，他还提倡我们讲理论要切忌空谈理论。理论是从历史发展中总结出来的，如果与治乱兴衰、与崛起和衰落没有什么关系，那就是教条了。这是一个引论。

一、马克思：信用是最根本的文化

下面讲第一个问题，这个问题是一个抽象的理论问题——什么是文化？最简单的说法就是能够把社会从精神和信念层面组织起来的就是文化。后面这个问题则是一个怪论——它对不对值得检验，今天就是围绕这个问题来讨论。

马克思说，在商品经济时代，信用是最根本的文化。马克思拒绝从抽象的意义上讨论文化。他说他分析问题跟大家不一样，他分析问题的出发点就是社会。社会这个词是真真正正的马克思主义的。社会是什么？马克思说，社会不管其形式如何无非是人类交往的场域。

马克思所有的分析方法都是从社会出发的。经济基础与上层建筑无论怎么说都是二元的，可马克思是三元的，是从中间开始的。中间很重要，马克思特别关心中间的问题。社会是人们的交往方式，因此有什么样的交往方式就有什么样的经济交换方式，就有相应的政治组织形式，这三个是连在一起的。

我现在越来越觉得如果我们对马克思的理解是错误的话，这个马克思主义坚持起来就非常非常困难。或者说随着中国的发展创新，很重要的一条就是对马克思主义的思想解放。马克思最主要的作品是《资本论》，但是写的时间太长。现在出版的三卷其实是《资本论》原来计划的第一部分。《资本论》的基本结构是，前面两章是理论性的，接下来讲商品生产，然后讲商品流动，之后讲信用。信用，而不是市场，是商品生产和商品交换的基础，这是马克思非常重要的一个观点。

现在有一个严重的问题是经常把马克思等同于亚当·斯密。我是在美国教书的时候才认认真真地看《资本论》，我看的时候正好是美国金融危机，我看到之后触动很大。马克思有一个特别的写作方式，即他引用别人的论点后，自己在后面加一个很长的注。这个写法是非常好的，先说别人的观点，然后加自己的观点，但是这个写法在翻译当中造成了巨大的误解，就是把别人的观点翻译成马克思的。比如，我们知道商品有使用价值和交换价值，这是亚当·斯密的观点，这不是马克思的观点。劳动价值论也不是马克思的观点，而是马克思要批评的观点。我们把这个观点当成马克思的观点，这是非常非常错误的。所以我觉得我们从根本上对马克思主义的理解存在着问题。

马克思深刻地分析了资本主义和欧洲文化的关系，他在某种意义上认为，资本主义是一种文化，而且这种文化和欧洲的宗教文化有非常密切的关系。马克思提出这个观点的时候比从新教角度考虑资本主义的韦伯要早不知多少。

马克思注意到债务关系的神圣性和创造性，以及把历史关系理解为债务关系，这在《巴黎手稿》里面谈到很多。马克思说宗教这个问题不是纯粹的意识形态，宗教是经济性的。这个说法是很有爆炸性的。他认为宗教是债务关系。为什么呢？宗教的实质是我们对于死去的人欠了债。因此，历史关系是债务关系的延续。毛泽东也用过这样一个类比，他在《论联合政府》里说："无数革命先烈为了人民的利益牺牲了他们的生命，让我们每个活着的人想起他们就心里难过。"① 他把我们和烈士的关系提高到一个债务的关系。在这个基础上，马克思说，欧洲发生的不是劳动的积累，而是债务的积累，重要的是信贷的发展。而信贷的发展，马克思说，这个是宗教性的。

信贷是什么呢？我们要了解经济学首先就要了解信贷，而不是生产和交换。马克思说："信贷是对一个人的道德作出的国民经济学的判断。在信贷中，人本身代替了金属或纸币，成为交换的媒介，但这里人不是作为人，而是作为某种资本和利息的存在。""人的道德本身既成了买卖的物

① 《毛泽东选集》第3卷，人民出版社1991年版，第1097页。

品，又成了货币存在于其中的物质。”① 因此马克思说，由于信贷的发展，欧洲社会的关系发生了急剧变化。在马克思那个时代人们还不太容易理解，今天我们已经很清楚地感受到这个变化。

亚当·斯密讲的商品经济条件下人和人的关系，就是彼此孤立的私人劳动者通过交换他们的劳动产品而建立起来的关系。马克思认为这句话完全是胡扯，完全是不对的。真正的关系是这样的：没有人拿一个产品去交换别人的产品，而是我们分别拿了各自的产品去交换货币，再用货币去交换产品。因此商品社会最核心的问题既不是经济基础也不是上层建筑，而是中介，中介是那个货币。马克思说，亚当·斯密是从劳动价值论角度出发研究经济问题的，这是小业主的经济学，而他是以货币为完成形式的价值形态去研究资本主义历史的。《资本论》的开头就是这样讲的。

马克思是货币价值论。由于有了中介，因此有了信贷，因此有金融机构的产生。我们所有人没必要保留很多现金，需要的时候可以随时拿来用，因此这个关系就不是彼此孤立的私人劳动者的关系，而是我们与信贷机构的关系和国家与信贷机构的关系，所以这个关系的实质是债务关系，这是马克思主义的基础。构成大规模的商品生产和商品交换的基础绝对不是市场，而是计划。计划是什么？是信用。没有信用这个基础，大规模的商品生产和商品交换根本不可能进行。这是真理，但是很少有人认识到。

资本主义文化说“强迫劳动是上帝的恩典”，这是《资本论》中马克思给原始积累加的一个非常重要的注。我们知道资本主义是一种文化，和宗教有关系，这是新教伦理与资本主义中讲的，但是什么是新教的精神？马克思关于新教精神的一个注超过一本书。他说，因为大规模的资本进入农村以后圈地，贵族破产了，小业主破产了，于是伊丽莎白时代出台了一个济贫法，让教会去救济他们，教会不愿意去救济，教会说宁愿建一个监

① 《马克思恩格斯全集》第42卷，人民出版社1979年版，第22页。

狱把他们关起来。所以马克思说，监狱是从教会的救济所里来的，工厂是从监狱发展来的。因此在新教当中蕴含着这样一种想法：救济是一种罪恶，救济会养懒人。要么饿死，要么劳动，这是新教的精神，被救济是一种耻辱。一系列关于社会主义的否定也是从这个源头来的。比如说：社会主义养懒人。

资本主义文化和欧洲文化有非常紧密的关系。一个是债务关系的神圣性和信贷制度的产生；一个是“强迫劳动是上帝的恩典”的新教精神。这两个构成了资本主义制度成立的基石。

那社会主义是什么呢？社会主义思想产生得很早。在英国工业革命以后有个“隗克尔教徒”叫做贝勒斯，我们现在很少提到他了，这个人才是社会主义的祖宗。马克思、恩格斯、列宁多次提到他，我最近发现毛泽东也提到过他。贝勒斯的看法很简单：资本主义是什么？是劳动交换。劳动交换什么？劳动交换货币。由于只有雇主手里有货币，无非是为劳动者找个雇主，这就是资本支配劳动的起源。但是还有一个办法，就是交换劳动。他说如果劳动是财富（这个观点比亚当·斯密还早），那么这些劳动者为什么不可以开发他们的财富呢？他们的做法就是组织一个合作社使他们发行的货币与劳动联系在一起就行了。后来欧文的思想，都是从交换劳动来的。

因此，如果从信念上、精神上把大家组织起来的就是文化，那么商品经济下的文化就是信用。这个时代最大的问题就是信用，区别仅仅在于资本主义的信用是建立在债务的基础上，社会主义对信用的理解是建立在社会化的劳动基础上。

亚当·斯密认为货币没有任何意义，只有劳动才有意义，货币只是劳动数量的度量。马克思就笑话说，亚当·斯密根本不懂银行，他只知道商品有使用价值和交换价值，他永远不知道商品有价值，商品的价值看不见摸不着；劳动的使用价值是在劳动场所（工厂）里产生的，交换价值是在市场里产生的，价值的自我增殖运动是资本的运动，是在金融机构里产生的。亚当·斯密根本不知道后面这一点。

马克思在《资本论》的开头部分写道：

> 万事开头难，每门科学都是如此。所以本书第一章，特别是分析商品的部分，是最难理解的。其中对价值实体和价值量的分析，我已经尽可能地做到通俗易懂。以货币形式为完成形态的价值形式，是极无内容和极其简单的。然而，两千多年来人类智慧在这方面进行探讨的努力，并未得到什么结果，而对更有内容和更复杂的形式的分析，却至少已接近于成功。①

马克思这些话表现了极大的自豪和骄傲。《资本论》首先是资本主义经济学的典范作品和开山之作，其次才是社会主义革命的指南。没有一个真正的资本家不是按照《资本论》的方式发财致富的。中国现在流行的经济学还是亚当·斯密的小杂货店店主的经济学，就是靠劳动致富、靠市场，跟资本主义根本挂不上钩，这个是理论问题。

二、西方如何实现大国崛起

第二个问题是一个历史的问题，来说明马克思的理论，就是西方是怎么样实现大国崛起的。

西方大国崛起的过程是从16世纪开始，一般的看法是由于生产力发展的结果，它的标志就是工业革命。一些高利贷者或者大商人因为投资于大工业，占有了工业革命所造成的大部分财富，从而成为工业资本家阶级。马克思在《资本论》的第一卷“工业资本家的产生”一节当中批评

---

① 《马克思恩格斯选集》第2卷，人民出版社1995年版，第99页。

了这个看法。他说，资本主义革命、资本主义制度的形成不是以一般的生产力的革命，而是以一场深刻的金融革命为标志。它的最大成果就是国际信用体系的形成。欧洲这场深刻的金融革命最初表现为两个东西，就是战争国债制度和现代国家财政税收制度的创造。正是这两个创造极大提高了欧洲国家的国家能力特别是战争能力。使得几个国家能够通过战争和国际信用体系迅速地把全世界的财富集中到自己手里。同时也开启了这几个霸权国家之间为了争夺殖民地而进行的旷日持久的帝国主义战争。16 世纪以来发生的一个人类历史的大逆转就是人类的财富迅速的集中起来，集中在欧洲的霸权国家手里。

马克思指出的最重要的问题是，尽管世界财富空前的集中在少数几个欧洲霸权国家手里，但是非但没有使这些国家的农民和城市手工业者的境遇得到丝毫的改善，恰恰相反，迅速地造成了这些国家的农民丧失了土地，城市手工业者迅速地破产，从而沦为一无所有的无产者。这个过程是很怪异的。

马克思分析说，之所以如此，就是因为战争国债制度和现代国家财政税收制度，既空前加强了国家的能力，但也更空前强化了国家的债务，从而必然使得国家空前地增加了税收，于是税收的空前增加，银行券的大量发行，势必造成农民和手工业者沦为无产者，他们想生存下去除了接受雇佣劳动制度之外别无他法。

欧洲发生的革命本意是想革别人的命，但导致了一个出乎意料的结果，后来发生的是欧洲内部的革命。为什么欧洲得革别人的命？亚当·斯密讲得很清楚，欧洲遇到发展瓶颈，农业没有发展好，没有小农，法国有但是构不成一个阶级，农民耕地没土地，贵族有土地不耕地，结果吃不上饭，吃不上饭就要革命，革命就是这样。

第一次出去革命是十字军东征。1095 年，教皇乌尔班二世在克勒芒宗教会议上发表了十字军东征的演说，他深刻地阐述了一番“革别人的命”的道理：

因为你们居住的这片土地，完全被群山和大海包围，十分狭小，无法养活许多人，不仅如此，这片土地还十分贫瘠，甚至不能达到耕者有其食的程度。正因为此，你们才会互相残杀，彼此争斗。结果让自己的兄弟在内耗中命丧黄泉。

让仇恨从你们中间消失，让争吵终止，让战争停歇，踏上奔向圣墓的征途吧！从那个邪恶民族手里夺回圣地吧！那个地方，如同《圣经》所说，是上帝赐给以色列的后裔的，遍地流着奶和蜜。耶路撒冷是大地的中心，肥沃而丰腴，超过其他一切地方。

十字军东征没有成功，斯密说它只是为后来的革命做了一些准备。比如意大利的一些港口城市作为十字军东征的补给基地得到了一些发展。第二次革命成功了，成功靠什么呢？马克思概括了西方大国崛起的过程：

原始积累的不同因素，多少是按时间顺序特别分配在西班牙、葡萄牙、荷兰、法国和英国。在英国，这些因素在17世纪末系统地综合为殖民制度、国债制度、现代税收制度和保护关税制度。这些方法一部分是以最残酷的暴力为基础，例如殖民制度就是这样。但所有这些方法都利用国家权力，也就是利用集中的、有组织的社会暴力，来大力促进从封建生产方式向资本主义生产方式的转化过程，缩短过渡时间。暴力是每一个孕育着新社会的旧社会的助产婆。暴力本身就是一种经济力。①

① 《马克思恩格斯全集》第44卷，人民出版社2001年版，第861页。

这个概括很好，超过了我们许许多多关于大国崛起的煽情。革命是什么？毛泽东说，革命不是绣花，不是做文章，革命是一个阶级、一个民族、一个国家推翻另一个国家的暴力。自由主义者们总是喜欢说资本是最温和的东西，它与革命和暴力完全套不上近乎，他们甚至以为资本家最胆小，有钱人最害怕财产损失，所以资本家不可能喜欢暴力和革命。马克思在这一节里有个注，他在这个注里对埃德蒙·伯克这位自由主义大师进行挖苦，这个注也非常精彩。马克思引用19世纪经济学家邓宁的话说：

> 《评论家季刊》说："资本逃避动乱和纷争，它的本性是胆怯的。这是真的，但还不是全部真理。资本害怕没有利润或利润太少，就像自然界害怕真空一样。一旦有适当的利润，资本就胆大起来。如果有10%的利润，它就保证到处被使用；有20%的利润，它就活跃起来；有50%的利润，它就铤而走险；为了100%的利润，它就敢践踏一切人间法律；有300%的利润，它就敢犯任何罪行，甚至冒绞首的危险。如果动乱和纷争能带来利润，它就会鼓励动乱和纷争。走私和贩卖奴隶就是证明。"①

没有暴力、没有冒险，没有以革命的方式去组织社会暴力，没有把人的价值货币化，也就没有资本。而没有"革命的资本"，便没有资产阶级的一切。讲大国崛起是革命的产物，首先要知道革命是什么。

首先西班牙人把美洲人的命革了，顺便把非洲人的命革了，那还不算完。亚当·斯密说，西班牙人在美洲杀那么多人不划算，只是为欧洲找了一个市场而已，还不如把这些美洲人留着给他们打工。马克思完全反对亚当·斯密这个看法。马克思说，遥远东方，中国用金银为货币，这使得西

① 《马克思恩格斯文集》第5卷，人民出版社2009年版，第871页。

班牙能用抢来的金银购买中国的产品，所以势必将这场战争扩展到遥远的东方，以鸦片战争为结尾。所以他们最后顺带把中国人的命给革了。

我还想提一下鸦片战争的问题。我特别反对一些媒体非常庄严地散布错误的言论。英国靠什么打败中国？我们有一个说法就是，清朝太愚昧。可是清朝的 GDP 是英国的 7 倍多，英国是怎么打败它的？英国人来中国打仗，英国的军需是怎么解决的？战争不是一天两天，英军漂洋过海来，运了一船粮食？不是的。是因为广东的商人跟英国人做生意，行商贸易早已经是以伦敦为核心的金融系统的一部分，英国人用英格兰银行的汇票在广东当地就可以换作白银，然后他们就可以用在广东当地兑出来的白银做补给打中国。清王朝没有进入这个国际汇兑系统，所以清王朝越打钱越少，英国越打钱越多。

简单地说，西方对于世界的革命为什么转换为自己内部的革命？马克思说，资产阶级起到了非常重要的作用。资本家阶级革了亚当·斯密的命，亚当·斯密代表小业主的思想。小业主的代表思想是自由主义。自由主义思想的核心是用自己的财产为自己活，就是一切为自己，但是资本家阶级利用这一套现代金融制度，把所有的小业主的财产转变为社会财富。为什么呢？很简单，国家要打仗。欧洲以前有 500 多个国家，现在只有 44 个，那些哪去了？打没了。

这些仗为什么能打下去？因为总有人借钱给国王。马克思说资产阶级是怎么发展起来的，就是从给国王借钱打仗发展起来的。我借钱给你打仗首先是作为保税人，我以国家发行给我的公债券为基础发行一种银行券，当这个银行券变成国家税收工具的时候，这个银行券就变成了国家政策。通过这个手法，资本家阶级把所有小业主的财富变成了社会财富。资本家阶级把所有的私人财富都变成社会财富之后干吗呢？他想自己抱回家去。接下来的问题是，怎么样把资本家垄断的社会财富，变成真正的社会财富。所以马克思说西方对于世界的革命为什么必然会转变成为它内部的革命？资产阶级发明的信用工具起到了把私人财富转变为社会财富的十分重要的基本作用。

我们今天学习马克思主义，有一些根本问题搞错了，马克思反对的从来不是资本而是资本主义，他从来不反对利用资本和信用的手段为社会化生产的扩大服务，他反对的是极少数人垄断了信用机制，垄断了资本。我们对马克思的这一基本观点说得不清楚。要是马克思反对资本，那我们还搞什么改革开放？

马克思说，信用体系是以货币为完成形式的价值形态发展来的，这是一个资本主义社会真正的基础。如果极少数人垄断了这个信用体系，资本主义这个文化特征发展出来了，就会把商品经济变成资本主义的经济。如果商品房真是商品房，它就是为了盖出来用的，所有的企业家都是希望赶快卖完；如果变成了资本房，谁都不想卖出去，等着将来有个好价钱。马克思的这些观点对于我们理解什么是资本主义非常重要，因为马克思本人是研究资本主义最科学、最深邃的一个思想家，也是最难懂的思想家。

三、中华民族如何实现伟大复兴

历代发行国家信用均以失败告终

接下来讲第三个问题，历史地说明中华民族怎样实现伟大复兴。

中国在历史上曾经灿烂辉煌，但一个根本性的问题是，中国完成国家的大一统虽然是很早的，但是这个国家不能在劳动财富的基础上发行国家信用，这是阻碍中国经济从农业手工业向社会化大生产迈进的一个根本瓶颈。

亚当·斯密在《国富论》当中说，最正常的发展道路应该是先从农业开始，其次是手工业，然后是外贸。他承认现实不像理论上这样前进，欧洲是从外贸开始的而农业没发展。

中国是当时世界上最富裕的，但是中国的一个问题就是不能把这么大的农业财富上升为手工业，除非中国有一个办法把农业的财富集中起来。中国大体上来说，汉代的时候是靠盐铁垄断来收税；唐代是靠土地税，但是盛世之后马上出现问题，就是土地的统计和人口的统计合起来非常困难，国家官员的数量太少，不能掌握土地和人口关系；宋代很大程度上靠北边和海上的贸易收税。

唐代、宋代、明代都曾经想发行国家信用，想发行国家纸币，但反复发行都失败了。这就是亚当·斯密说的，欧洲很快地发行国家信用之后，节约了大量金银，结果金银变成了外贸产品。中国因为信用发行的反复失败，导致了1567年之后白银的大规模进口。

明清统治瓦解的原因很多，但是1610年以后，荷兰控制了南海，白银流入中断30年，这个对明朝打击很大。清朝，大家知道，就是白银流出。《海国图志》的作者魏源在《圣武记》一书中指出，自从中国明代收税改银之后，大量的白银流到中国来，这些白银都是藩舶运来的，鸦片战争之后又被藩舶收去。康有为变法时主张要废两改银，就是把银两都集中起来，发行国家自铸的银圆。孙中山先生的改革很重要一条就是货币革命，一直到1935年国民党发行纸币。

为什么国家反复发行信用都失败呢？主要原因就是我们搞不清楚自己有多少财富，而不是说我们的官员太多。明朝官员是很少的，只有2万多正式官员。问题在于正式的国家官员——中国的士大夫阶级不懂行。

在中国的改革中，最重要的一篇文献就是王安石的《上仁宗皇帝言事书》，他说士大夫阶级都是一些好人，他们是按照儒家思想培养出来的，但是其“教、养、取、任皆不得法”。“教”的是圣人之言；“养不得法”是说就算社会空前腐败，经济非常活跃，唯独要求他廉洁，可是他也要养家糊口啊；“取不得法”就是选拔的标准跟治国理政毫无关系；“任不得法”，就是官不久任，怕在一地做官时间长了形成势力，就频繁调动。因此，财政困难和腐败的根源在于非正式的国家公务人员太多，也就是王安石说的“胥吏”。

胥吏到清朝发展为幕府或幕僚。正式的官员不太管事，“平日袖手谈心性”。司法、税收、行政，都操纵在胥吏的手中。胥吏的典型代表宋江，就是一个外聘干部。《红楼梦》有一章“薄命女偏逢薄命郎 葫芦僧判断葫芦案”。贾雨村做了官发现薛蟠打死人抢了人家老婆，正准备秉公办案，一个门子，也就是一个胥吏，给他使了个眼色，退堂之后告诉他“护官符”的几句诗，贾雨村恍然大悟。真正掌握官场的就是这些非正式官员。正式官员有调动有提拔，按明清通例，官员还不能在家乡当地任职。胥吏呢，永无调任、永无提拔、永远在当地，一切行政司法钱粮全抓在他手里，又没有提拔的希望，你说，他不腐败怎么办呢？

1935 年国民党把银圆废掉，发行国家货币——法币。它是以英镑和美国白银为准备金来发行，因此法币的基础是美国和英国。蒋介石说，关乎民国政权兴亡的关键是与英美的关系。但是他得罪了日本，因为法币与日元完全脱钩了。所以，法币发行之日则是日本侵华之时。法币发行最后也失败了。

中国共产党为何能成功发行国家信用

中国共产党有很多的成功，但是最核心的成功就是发行人民币的成功。人民币是 1948 年 12 月发行的，那时新中国还没有成立。1949 年 7 月，中共中央成立了中央财政经济委员会，陈云和薄一波任中财委的两位领导。人民币是中国历史上第一个以生产劳动为基础、以生产扩大为目标的货币。它不与任何外汇和贵金属挂钩，从而使中国经济彻底摆脱了西方帝国主义的控制。毛泽东当时讲战争就是打小米、打钢铁、打煤炭，不能靠发钞。他说：“军队向前进，生产长一寸。加强纪律性，革命无不胜。”加强纪律性就是指财经纪律。现在有人痛骂陈云搞统购统销。这是完全不懂行的说法。统购统销使得货币与人民的劳动必需品和生活必需品紧密挂起钩来，否则人民币就站不住。

为什么历朝历代都做不到的事情而中国共产党做成了？根本原因就在于中国共产党对于中国基层农村的组织。中国共产党完成了中国农村的组织化。

中国过去没有财政制度和税收制度。老百姓日出而作日落而息，国家不太管也懒得管。国家缺钱了就派几个胥吏下去征。胥吏征收来的钱三七开，七分给国家，三分中饱私囊。这在国家看来是正常的，这些流失的钱被叫作“火耗”。鸦片战争后，中国建立了现代意义上的税收制度。这个制度建立在债务——也就是赔款的基础上。从此，中国的历史就陷入了“赔款—征税—民反”的死循环。

中国共产党的立身根基在于土地革命思想。土地革命思想是亚当·斯密想出来的，但没有实行。亚当·斯密认为国家的财富由三个部分构成：一部分是资本投入，一部分是地租收入，一部分是劳动工资，这三部分也就是资本的收入、国家的收入和劳动者的收入。如果国家的税收和地主的剥削全部都压迫在农民身上，农民的收入就太少了，就活不下去了。“一出白毛女，唱响全中国”，为什么呢？在中国的农村，特别是华北的农村，地主早就不搞生产了，专门放债。而农民最缺现金，农村又没有信贷制度，农民只能去借。华北农村的帝国主义剥削是“公司加农户”。这个方法是英美烟草公司发明的，它鼓励农民种烟。种烟投入大，农民为什么还要种呢？就是因为农民很缺现金，而这个公司给农民现金。后来就进入了一个越缺钱就越种烟、越种烟就越穷的循环。这样，整个中国农村就成了一个债务机构。除非进行土地革命，否则没有别的解决办法。所以，中国共产党从基层进行土地革命，使中国走出了一条与西方完全不同的道路。

在这一过程中邓小平做了一件非常了不得的事。他在山西当八路军政委的时候，在黎城小寨村搞了一个银行叫做冀南银行，发行冀南银行币。当时法币、伪币和日币三种货币都到解放区来采购，因为解放区的物价低，别处通货膨胀。为了防止这三种货币来解放区采购，邓小平发行了冀南银行币，帮助解放区人民扩大生产。冀南银行币首先在革命根据地站住了脚。有一个著名的故事，日本鬼子逮住一个山西老乡问他小寨冀南银行在哪，这个老乡死也不说。为什么要拼死保护银行呢？要是银行被破坏了，老百姓手里的冀南银行币就没用了。冀南银行币发行政策是什么？按照邓小平的说法：第一，对外贸易以货易货，不积累法币、日币和伪币；第二，关起门来做皇帝，实行独立自主的政策。

我们中国特色社会主义最大的特色就是有计划、按比例。新中国成立以后走了和苏联不同的道路。社会主义国家一开始都是落后国家，所以都是优先发展重工业。我们走的是一条在农轻重之间按比例的道路，就是先让农业发展，农产品进城，轻工业产品下乡，城乡交换，之后再去发展重工业。薄一波、刘澜涛 1950 年给毛泽东写了个报告，这个报告写得很形象，说调查发现帝国主义在中国购买农副产品和手工业品，包括猪鬃、桐油，我们共产党解放了全中国以后如果不购买这些东西，那老百姓就不喊毛主席万岁了，你买了猪鬃桐油，老百姓就到处喊毛主席万岁，所以要加强城乡交换。后来毛泽东在《论十大关系》中划分农轻重的比例，这是我们的特色，当然这当中也有曲折。改革开放后，我们还是坚持有计划、按比例，按陈云同志的说法是在计划和市场之间保持比例。

前段时间有一个非常好的消息，就是我们国家的经济总量今年（指 2013 年——编者注）第一季度第一次彻底超过了美国。在西方，这是不得了的事情，美国虽然很傲慢，但几个主要媒体都在头条报道了。为什么在世界经济还处在危机当中的时候，中国经济仍在保持这么快速的增长呢？前些天，2001 年的诺贝尔经济学奖得主迈克尔・斯宾塞在新经济思维研究所的年度会议上作了一个发言，准确地概括了中国为什么成功以及中国怎样继续成功。为什么中国经济还能保持增长？他简单地说是“因为中国可以用投资拉动”。虽然国内不断批评这一点。他认为，中国的储备达到国内生产总值的一半，还要加上土地、国有企业所有权和其他资产。而政府发行的公共债务却低于国内生产总值的一半。中国庞大的政府储备和公共储备，仍然能够维持高水平投资来支持经济的持续增长，这就是中国能够安全渡过1997—1998年亚洲金融危机和2008年全球金融危机，而没有货币贬值的关键因素所在。他说：“不过，按照西方国家的标准（也就是资本主义的标准），有如此庞大的资产储备而未进行投资，那么这些资产就是负的。只有以这些储备为抵押进行超出自有资产投资的时候，这些资产才是正的。”在资本主义逻辑下，欠债的人反而其资产负债表是正的，因此中国有一份庞大的资产负债表，按照西方的原则，这是没有效率的，但是，“中国领导人和中国政策的制定者很难（几乎绝不可能）选择西方的发展模式”。说穿了就是以无资金准备的庞大负债来换取一个风险巨大的资产负债表。马克思说，资本主义到最后就成了毫无信用的信用发行。因此留给中国的问题是如何有效管理公共资产，这对中国而言是一个巨大的挑战。管理这些资产当然有办法，这些办法可以促进、也可以阻碍竞争的扩张和市场的活力，可以使这些资产增值、保值，也可以使它贬值。迈克尔·斯宾塞说：“未来的中国将用成本和效率的模式替代旧的管理模式，这是可以肯定的。这方面将展开一系列的争论，而这些争论会奠定中国不断演变的国家角色。”这个概括是非常准确的。

中国的问题在哪？中国的问题是这么庞大的储备怎么管理好和投资好。中国的发展建立在人民币的基础上。人民币是一种这样的货币——它是以中国的生产和财富为基础，以扩大生产和财富为目标而发行的货币。这个货币的性质是社会主义的。按照迈克尔·斯宾塞的说法，西方遇到了大麻烦——几乎所有的国家不单是国家负债，还有老百姓负债，高龄化，高福利，高债务，高消费。比如日本现在的情况，平均每个家庭的储蓄是

1400万，但是每个家庭的债务是1800万。美国就更严重了。这就是西方遇到的大麻烦，就是高债务下的国家破产、老百姓破产。相比较之下，我们中国遇到的是小麻烦，就是怎么经营管理好我们的资产。

十四届三中全会提出社会主义市场经济，它的实质还是有计划、按比例，就是在计划、金融和财政之间保持适当的平衡。它表达了中国政府和中国共产党的执政特色。一是中国的改革是渐进的，绝不是投机赌博的，中国输不起。改革措施会充分考虑到社会的承受能力、社会负担、社会代价。二是中国的改革一定是健康的。同时中国的货币信用制度是建立在中国财富和扩大中国财富的基础上。

社会主义文化与资本主义文化的斗争

最后一个舆论性的东西就是中国的社会主义文化和西方资本主义文化的斗争。如果我们简单地用经济基础决定上层建筑的说法，就不能解释今天的情况。还是马克思说得好——建立在债务基础上的信用制度。

现在大家都说反腐败，其实资本主义最腐败。美国“占领华尔街”运动说美国1%的极富人群剥夺了99%的普通民众的财富。美国、欧洲甚至一向有廉洁美名的新加坡都有让人吃惊的腐败，可是我们国内许多人对此视而不见。我们北大的李零老师说中国的知识分子走的是与美国的工农兵相结合的道路，美国精英分子不好意思说的话中国的知识分子都敢说。这是一种不自信的表现。我们的自信是什么？我们的自信就是用我们自己的信用来支持起生产和经济的发展与再发展。

今天资本支配劳动，集中地体现为西方资产阶级用他们垄断的国际信用体系来支配中国的劳动。邓小平同志特别指出，我们改革开放是为了引进西方先进的管理经验和技术。这是用我们一定的劳动产品、一定的资源来换取的，这是以劳动换取劳动。如果我们嘴里喊着自由贸易，实际上走重商主义道路，用我们的产品去积累金银或者美元，那就等于是让资本主义国家的资本来支配我们的劳动，那就走到邪路上了。所以，把国际信用体系重新建立在劳动的基础上，这是我们的责任。如果不能完成这个任务，我们就不能真正崛起，就不能实现社会主义，就不能把资本主义的危机转变为社会主义的契机。

这里的一个问题就是人民币国际化的问题。现在我们的争论简单地变成了开放资本账户。一部分人非常高兴，一部分人则很害怕。其实人民币国际化与开放资本账户没有最直接的关系。人民币国际化是指中国的企业走出去，是在中国企业走出去的同时用人民币采购和销售，而不仅仅用中国的产品走出去换美元。人民币国际化如果需要试水必须以上海为基点，这是当时我们提出的，也是中央现在采取的方案。上海的工人阶级是最成熟的，但又是最精明的中国民族资产阶级。我记得我们当时在研究报告最后的那句话："党从这里走来，走向全中国，同时还要走向全世界。"

总而言之，我给大家汇报的就是这么几个问题，谢谢大家。

现场互动

问： 您对中国文化走向世界怎么看?

答： 目前我们看到的跟陆上国家的争执是很少的，主要在海洋上。我们中国一直有一个想法，这是中国传统文化的想法，就是我们可以满足不同国家的利益，但前提是我们是一个共同体。只要承认我们是一个共同体，那么划定边界之后就可以进行贸易。但是海洋是无边界的，资本主义兴起之后一直是谁有能力谁走。从西班牙葡萄牙，到荷兰，到英国，再到美国。美国想要海洋无阻碍的航行权。

中国目前有差不多一半国土未开发，发展的潜力非常大。有一个很著名的英国战略家说，整个人类文明史原来是以欧亚大陆为核心展开的，到16世纪发生了一个很重要的转变，船代替了马和骆驼。但如果欧亚大陆能用铁路贯通起来，海洋时代就终结了。

我们国家主要的城市、大城市都集中在东南沿海，中西部地区缺乏大型新型城市。中西部地区新型城镇化应该实施中亚欧洲一体化思路的开放路径。中国在历史上、传统上就是一个对于经营欧亚大陆有长期深刻经验的国家。我觉得包括习近平主席最近的访问，都体现了我们很重要的战略调整。

图书在版编目(CIP)数据

中国道路十讲 / 胡鞍钢主编. —北京 : 党建读物出版社，2015. 1

ISBN 978 - 7 - 5099 - 0579 - 1

Ⅰ. ①中… Ⅱ. ①胡… Ⅲ. ①国情教育 - 中国 - 通俗读物②中国特色社会主义 - 社会主义建设模式 - 通俗读物 Ⅳ. ①D6 - 49

中国版本图书馆 CIP 数据核字(2014)第 260745 号

中国道路十讲

ZHONGGUO DAOLU SHIJIANG

胡鞍钢 主编

责任编辑:商晶 **责任校对**:钱玲娣 **装帧设计**:嘉信一丁

党建读物出版社出版发行

http://www. djcb71. com

(北京市西城区南横东街 6 号 邮编:100052 电话:010 - 58587632/7681)

新华书店经销 保定市中画美凯印刷有限公司印刷

710 毫米×1000 毫米 16 开本 17. 25 印张 225 千字

2015 年 1 月第 1 版 2015 年 1 月第 1 次印刷

印数:1—5000

ISBN 978 - 7 - 5099 - 0579 - 1 定价：35. 00 元